蒲亭众师行

——井研县教师培训实录

李勇成 ◎ 主编

四川民族出版社

图书在版编目（CIP）数据

蒲亭众师行：井研县教师培训实录 / 李勇成主编. -- 成都：四川民族出版社，2022.9
ISBN 978-7-5733-0655-5

Ⅰ.①蒲… Ⅱ.①李… Ⅲ.①中小学—师资培养—研究—井研县 Ⅳ.① G635.12

中国版本图书馆 CIP 数据核字 (2022) 第 109115 号

蒲亭众师行：井研县教师培训实录

李勇成　主编

出 版 人	泽仁扎西
责任编辑	王婕
责任印制	勾云溪
出版发行	四川民族出版社
地　　址	四川省成都市青羊区敬业路 108 号
邮政编码	610091
成品尺寸	170mm×240mm
印　　张	15
字　　数	360 千字
制　　作	成都书点文化
印　　刷	成都蓉军广告印务有限责任公司
版　　次	2022 年 9 月第一版
印　　次	2022 年 9 月第一次印刷
书　　号	ISBN 978-7-5733-0655-5
定　　价	76.00 元

ⓒ 版权所有·翻印必究

编委会

主　任　毛洪川

副主任　李　佳　宋　茜　吴　凌　杨君成　罗小航　雷　娟

成　员　周海燕　廖文武　龙正文　管　权　胡炳轩　雷志刚
　　　　熊绍明　杨　军　廖　颖　叶巧玲

主　编　李勇成

副主编　朱泽文　但木根　陈国祥　李元林　廖　旭

编　委　姜　研　张红军　王维华　李晓君　叶晓威　王晓勇　周　景
　　　　范　艳　梁　熙　熊海瑛　唐　雯　杨　疆　廖　频　袁淑辉
　　　　陈　丽　刘凤英　方晓辉　廖定友　刘智敏　朱文建　陈向军
　　　　卢　萍

目 录

名师培训篇

群文阅读　深化阅读品质	002/	陈秀红
群文阅读中概括文章主要内容的技巧	004/	陈秀红
浅谈提高县域农村初中《道德与法治》课教学效果的有效路径探索	007/	但木根
地理极简课堂的魅力	008/	淡　丽
高中化学教学对学生自主学习能力的培养	010/	邓　颖
团队列名法：高中历史课堂研讨教学模式的创新	012/	何　斌
初中悦享语文活动教学的具体策略	015/	黄继志
鲜活政治课堂	017/	黄　倩
浅谈小学生英语阅读素养的培养	020/	黄　琴
浅析幼儿户外自主游戏中教师的观察指导策略	022/	金　阳
以概念为本的地理极简导学课堂的魅力	026/	雷　刚
沉浸式学习让我的地理课堂变得极简高效	028/	李建钢
在古诗词教学中渗透情感教育策略研究	030/	李秀丽
跨班跨龄	033/	刘　勇
心中有儿童　让教育自然发生	040/	刘　勇
工欲善其事，必先利其器	041/	罗应松
浅议运用结构化思维优化小学数学教学	044/	潘　羽
浅议球类运动游戏化教学中幼儿体育精神的培养	046/	彭伶俐
柯尔文手势在小学音乐课堂教学中的有效性运用	049/	邱丽群

感悟初中化学教学的魅力	053/	宋文忠
浅议如何写好中考作文	056/	宋晓芳
心有猛虎，细嗅蔷薇	058/	谭　徐
与绘本融合的小学英语阅读教学	061/	谭　英
浅析科尔文手势在农村小学低段有效建立学生音高概念的运用	064/	王　芰
精创语文活动　乐增学生素养	066/	王　玲
浅议初中数学小专题中的微学习	068/	王守东
农村高中历史课堂核心素养落地策略刍议	072/	王学军
高中历史课堂运用头脑风暴法提高教学有效性的实践探究	077/	王佑东
悦享语文活动，装扮靓丽青春	080/	夏　钰
小学中段群文阅读教学中表格式研学单的设计与运用	082/	谢　静
如何在高中英语阅读课堂教学中培养学生的核心素养	085/	熊　菊
学、思、践	090/	熊　萍
农村小学音乐课中"柯尔文"手势应用初探	092/	杨建铭
平板助力　诗情画意	094/	杨元超
悦享语文，构建语文家园	096/	杨云梦
物理教学应注意培养学生三种能力	100/	尹建东
践行统编新理念推动语文教学高质量发展	101/	张　杰
交互式智能平板在高中物理新授课教学中的有效应用研究	103/	钟治刚
"探究式教学"在数学课堂中的运用	105/	周显华
引导小班幼儿在自主游戏中做计划的有效策略	108/	周雪樵
核心素养下初中数学中考复习策略	111/	周永康
在群文阅读教学中引导学生言之有序	113/	朱　慧
以《骆驼祥子》为例谈名著整本书阅读指导策略	116/	左旭梅

教师全员培训篇

专家指点迷津，前进更有方向	123/	何　斌
化爱为羽，以学促教，打造高效课堂	124/	贺圆莉

打造高效课堂我在反思更在行动	125/ 雷　刚
孩子们眼中的好老师	127/ 李婷婷
让课堂"活""力"起来	128/ 潘　羽
风好正是扬帆时	129/ 彭伶俐
打造高效的课堂　享受课堂的高效	131/ 邱丽群
盛夏的果实：管理出成效	133/ 宋佳昱
播种希望，静待花开	134/ 宋文忠
溯源幸福教师的真谛	137/ 宋晓芳
花开各异，取决爱的浇灌	138/ 孙焕军
你值得被仰望	140/ 谭　徐
行教育路，做高效事	141/ 谭　英
精耕细作，专业发展	142/ 王守东
在默默中绽放最美的青春光芒	144/ 向静燕
提高自身素质，做幸福好教师	146/ 熊　菊
素养立意　语言激励	148/ 杨元超
苔花如米小　也学牡丹开	150/ 尹建东
破茧成蝶，逐梦而飞	151/ 张　杰
花香载途，幸福未央	153/ 周星梅
心是一棵会开花的树	154/ 左旭梅

国培计划项目培训篇

"引""做""找""量""留"助推乡村幼儿教师专业成长	158
/李勇成　刘　勇　陈国祥　宋慧玲	
浅谈培智学生语言训练	160/ 曾永红
遇见最美的自己	162/ 陈碧英
浅谈如何培养小学生语文兴趣	163/ 范玉梅
小学语文统编教材课堂中媒体资源的选择与运用	166/ 龚　静

行走国培路静待百花开	169
/但木根　邝德友　王维华　叶晓威	
潜心服务　静心助力	175/ 叶晓威
整本书阅读教学指导之"四部曲"	177/ 汪艳丽
浅谈乡镇学前教育家长满意度	179/ 文秋霞
以绘本为载体开展早期阅读的研究	182/ 颜星熠
井研县国培计划（2019）青年助力项目小学数学跟进培训心得体会	184/ 易　义
初探习作	185/ 余　群
国培，教学生涯的新起点	187/ 周彦彤
不忘初心铸师魂　牢记使命育英才	188/ 周云富

其他篇

成长与修炼	193/ 李勇成
高中音乐教学中的多媒体应用	196/ 范　艳
家校互动双管齐下共创未来	198/ 范　艳
立足课堂　巧妙导学　发展学生思维品质	200/ 王　燕
浅谈"课外练笔"的重要性	203/ 潘介康
启蒙与奠基	205/ 李勇成
浅论教师与学生之间的矛盾	208/ 廖　频
"学以致用"是教育理论读书演讲的更高境界	212
/李晓君　李筱瑛	
守正创新，精准施策，井研师训新作为	217
/李勇成　但木根　陈国祥　邝德友	
展望十四五共盼师训新篇章	222
/但木根　陈国祥	

名师培训篇

群文阅读 深化阅读品质
——小学语文阅读教学的思考

井研县马踏镇中心小学校 陈秀红

摘要： 近几年，我国对传统的阅读教学模式进行了极大的突破，出现了新兴的群文阅读教学，就是按照一定的方式对所选定文章的组合，以此来对学生的阅读进行指导，并且，学生在阅读时能够使自我的观点得到拓展，使自身的思维能力和阅读能力得到不断的提升。这种模式简称群文阅读。古人曾经说过，教学最重要的是对学习方式的传授。语文教学不仅需要让学生对语文知识进行学习，还需要让学生学会怎样正确学习，因此阅读教学中对群文阅读方式的采用，能够使学习效率得到有效的提升。

关键词： 小学语文；群文阅读；阅读教学

语文阅读教学在小学阶段对教学模式的采用，需要对群文阅读进行渗透和运用，以此来使小学生能够获得阅读量的拓展，能够提升阅读的速度，并且能够从阅读能力和阅读水平方面对小学生进行全面的提升。在进行群文阅读教学的过程中，教师需要做好对单个或多个议题的选择，这也是群文阅读的重点，语文教师以及学生以此类议题为中心进行讨论，最终能够实现共识的达成。从本质上来说，群文阅读作为一种阅读教学模式，具有一定的高效性，能够使小学生具备更强的阅读能力，并且能够使语文教学中的单篇阅读缺乏扩展的情况得到有效的改善。

一、小学语文核心素养内涵

在新的形势下，培养学生的核心素养已经成为各科教学的主要目标。所谓的核心素养，主要是指学生所必备的能够满足自身发展、社会人才需求的一种品格和能力。可以说，在核心素养下，课堂教学不再单纯地以知识学习为主，而是在对学生进行知识教学的基础上，更加重视知识的实用性，不断提高学生的知识应用能力，并提高学生本身的素质，为学生的未来打下良好的基础，对学生未来走向社会提供很大的帮助。同时，在这一过程中，还要帮助学生形成正确的学习情感、学习态度、学习观念等，如果学生没有形成正确的学习情感、学习态度、学习观念，将会对学生的学习进度有着很大的影响，会导致学生对课堂中所学到的知识点无法深入了解，还有可能会造成学生在上课过程中不认真听讲的现象发生。因此，教师一旦发现这种问题，应当及时帮助学生改正，并对学生进行辅导工作，这对学生在日后的学习过程中的学习态度和观念有着很大的帮助，从而培养了学生适应社会需求的能力，并且提高了各项学习指标，对教师的工作进行也有着很好的效果[1]。

就小学语文这门学科来说，核心素养主要包含语言能力、思维品质、文化品格和学习能力四个方面。（1）语言能力：主要指语文的听说读写能力，还包括学生对语文知识的理解能力、运用能力、语言技能等；（2）思维品质：主要是指学生通过独立思考之后，可对语文知识中所蕴含的内在逻辑联系、现象等进行辨析、推断；（3）文化品格：是指学生在语文学习的过程中，理解其文化内涵，并在此基础上逐渐形成自己的文化立场、文化态度和文化鉴别能力；（4）

学习能力：主要是不断提升学生的语文学习能力、学习技能，进而使得学生在日后的学习中，能够主动拓宽语文的学习渠道，进行主动学习。

二、小学阶段如何开展群文阅读教学

（一）对群文主体进行选择

学生在对群文阅读进行学习时，语文教师需要给学生提供部分主题相同的文章，让学生有效地对其进行理解和阅读，以此来使学生能够根据语文教师的指导，从整体上对其进行把握和综合分析。在此类群文阅读教学模式下的小学生，通过对比的方式更容易做到对认识的统一，能够使学生从表达方式和内涵方面，对文章进行更好的了解，使学生能够根据主题，对文章进行深入的理解，并且能够具备举一反三的能力。语文教师将所选定的文章提供给学生后，需要让学生对此类文章进行概括、分析总结以及归纳，通过整合使自身能够形成相应的理解，以此来使小学阶段的学生能够具备更强的阅读能力[2]。

（二）对结构相似文章的选择

语文教师在进行群文阅读教学的过程中，需要根据体裁对相同的文章进行选择，学生通过对此类文章的把握，能够使自身的写作具备更加显著的风格和特点，能够更加便于根据相关问题对语文写作进行了解。例如对人物介绍文章的学习，需要将各种不同的人物提供给学生，以此来使学生能够从各个角度，对人物的不同性格特点以及表达方式进行了解；如果所学的文章是说明文，就需要让学生根据写作特点对说明文进行了解。学生在完成群文阅读学习后，根据写作特点对此类文章的掌握，能够使其获得极大的提升，同时会获得更大的成就感，并且能够具备更强的自信心。

（三）对阅读能力的提升

教师和学生首先需要对"授人以鱼，不如授人以渔"的道理加以感受。语文教师对学生群文阅读的指导，在过程中不仅需要根据内容和主题对学生进行指导，使其能够实现对阅读的掌握，还需要指导学生如何进行阅读。学生对阅读方法的有效掌握，能够使其具备更强的主动性以及积极性，进而能够自主地对其进行归纳和分析，从而具备更强的阅读能力。新课改提出语文教师需要做好对传统教学模式的改变，因此，语文教师需要对新兴的教学模式进行采用，以此来使语文阅读能够带给学生更加深刻的感受，使其能够体会到阅读的魅力，进而感叹语文知识的博大精深。此外，还需要在课堂教学中发挥学生主体性，让其积极主动地进行阅读和思考，学生在横向中通过对全文的有效分析和比较，能够实现对知识的整合，通过对信息的提取，能够使学生具备更强的综合能力[3]。

结束语：

综上所述，在核心素养的教育理念下，小学语文教师不仅要充分认识到语文阅读教学的现状，还要突破小学语文阅读教学模式的限制，进而通过对群文阅读模式的积极采用，全面加强小学生的语文阅读教学，以提高学生的语文阅读能力，进而实现核心素养下的人才培养需求。

参考文献：

[1]崔宇,核心素养培育视域下小学语文教学有效性思考[J],中国校外教育,2018（31）.

[2]李芳,核心素养下小学语文拓展阅读教学研究[J],科学咨询（教育科研）,2018（10）.

[3]蒋丽叶,浅谈核心素养下小学语文阅读教学的方法[J],读与写（教育教学刊），2018（6）.

群文阅读中概括文章主要内容的技巧

井研县马踏镇中心小学校　陈秀红

群文阅读已成为小学语文阅读教学的新常态。有限的时间内学生要完成多文本的阅读、理解、分析、思辨，这对学生的阅读理解水平和分析概括能力提出了更高的要求。多文本阅读理解的基础是概括文章主要内容，只有在把握了文章主要内容的基础上，才能更好地体会文章的主题和作者的情感，进而对文本进行比较分析。因此，群文阅读教学中应注意培养学生概括文章主要内容的能力，为实现其他教学目标打下基础。

同时，群文阅读也已成为小学语文期末测试题的一部分，并且是最能拉开学生学业水平的一部分。而概括群文主要内容，又是其中的一种常见题型。在紧张的期末测试中，留给群文阅读题的时间通常为 30 分钟左右，培养孩子的群文阅读能力、快速把握文章主要内容的能力也成为必然。在日常的群文教学中，可从以下五个方面教给学生概括文章主要内容的技巧。

一、利用表格，梳理文章主要内容

由于小学生还缺少对多文本的整体把握能力，想要快速概括出群文的主要内容有一定难度，这时，我们可以设计表格类研学单，帮助学生梳理文章主要内容。不同类型的文章，其表格内容的设计也不同，下面分类介绍。

（一）写人、叙事类群文

概括文章的主要内容，这样一提问，孩子们一定会觉得很难，害怕回答不准。但是如果你换一种提问方式：这篇文章告诉我们时间了吗？有哪些人？在什么地方干什么呢？孩子回答起来一定很轻松。最后让孩子们把这些用一句话连起来，这就是文章的主要内容。例如：我在教学《童年时光》这组群文时，我没有让学生概括主要内容，而是先让其读群文然后完成表格：

题目	时间	地点	人物	事件
《快乐的星期天》				
《偷钱》				
《青铜葵花》节选				

孩子们很快就把表格填写好了：

题目	时间	地点	人物	事件
《快乐的星期天》	星期天	家里	爸爸妈妈和我	打扫卫生
《偷钱》	清早	家里	父亲母亲和我	偷钱
《青铜葵花》节选	黄昏	大树下	青铜和葵花	识字写字

接着我让孩子们将每篇文章各用一句话把这些要素连起来。《快乐的星期天》讲述的是星期天，爸爸妈妈和我在家里打扫卫生的事。《偷钱》讲的是清早我在家里偷了钱，被母亲发现，后来父母把东西悄悄买来放在我枕边，从此我再也没干偷钱了的事。《青铜葵花》节选，

讲的是妹妹葵花教哥哥青铜识字写字的事。

（二）写景类群文

阅读这类群文需要思考：文章写的是什么景物？有什么特点？按什么顺序写的？例如：我在教学这类群文时，也设计了表格。

题目	景物	特点	顺序
《美丽的关山牧场》			
《爷爷的园子》			
《颐和园》			

当孩子们完成了这个表格的填写后，让他们把每一横栏用一句通顺的话连起来，每篇文章的主要内容也就出来了。

（三）状物类群文

阅读这类群文要抓住：写的是什么事物？从哪些方面进行描写？具有什么特点？

题目	事物	从哪些方面进行描写的	特点
《茉莉花》			
《竹赞》			
《仙人掌》			

只要能把这个表格完成，用上面的方法，也就轻而易举地概括出文章的主要内容了。

二、标题扩展，概括文章主要内容

一篇文章的标题往往言简意赅，是文章主要内容或主题思想的反映，因此，很多时候，我们可以对文章标题进行扩展，从而把握文章的主要内容。

在教学写人类群文《达尔文和小松鼠》《两个媛媛》《方正的林枫》这三篇文章时，我就采用了这个方法引导学生把握主要内容。《两个媛媛》一文，我是这样引导的：为什么会有两个媛媛？两个媛媛分别是哪里的？这两个媛媛有什么不一样？学生在我循序渐进的引导下，弄清楚了学校里的媛媛爱学习，爱劳动；家里的媛媛娇气，不爱劳动；然后我再让学生将刚才的答案连起来说一说，就得到了文章的主要内容。再如《方正的林枫》一文，可以这样提问引导：从课题可以看出林枫有什么特点？林枫哪些地方表现出方正？学生很快便把握住了文章的主要内容，文章主要写林枫长相方正，字方正，性格方正。

写事类群文《快乐的星期天》《偷钱》《青铜葵花》这一组，《快乐的星期天》一文标题中已经告诉了我们时间，再扩展出地点人物事件，即可得出文章的主要内容；《偷钱》一文标题中已经告诉了我们事件，再扩展出人物时间地点即可；《青铜葵花》也已在标题中告诉了我们人物，再扩展出时间地点和事件即可。

三、寻找中心句，概括文章主要内容

在一篇文章中，中心句就是文章的魂，它或是概括了文章的主要内容，或是表现了文章主题，是作者情感观点的集中表达。因此，我们可以通过让学生寻找中心句来把握文章的主要内容。

中心句一般处在文章开头或结尾的部分，教学时，我们可以让学生快速浏览全文，尤其关注开头和结尾，看是否有中心句，如有，就用笔勾画下来，利用中心句来概括文章主要内容。

如写景类群文《三峡的秋》《美丽的小河》《爷爷的园子》，后两篇文章在开头都出现了中心句，我先让学生找出中心句，孩子们很快便找出来了：《美丽的小河》一文的中心句是"离我家不远处有一条小河，我喜欢它四季皆美的景色"。《爷爷的园子》一文的中心句是"爷爷有一座漂亮的园子，一年四季美不胜收"。接着，我再让学生抓住中心句中的关键词"四季皆美"和"一年四季美不胜收"，进行浓缩提炼，概括出文章的主要内容：《美丽的小河》主要写小河的四季美景；《爷爷的园子》主要写爷爷的园子一年四季美不胜收。

可以看出，利用中心句来概括文章主要内容是一个很不错的既快又好的方法。

四、梳理人物关系，概括文章主要内容

对于一些比较复杂的叙事类文章，或小说类文章，由于出场的人物众多，人物的活动相互关联，学生想要准确简明地概括出文章的主要内容会比较困难，怎么办呢？这时，我们可以教给学生一个新的方法——梳理人物关系，弄清彼此之间的联系和相互影响。当把人物理清楚后，文章的主要内容也就基本把握了。

如我在教学人物类群文《识奇人之奇，悟写法之妙》时，就采用了这个方法。这组群文包含了《泥人张》《苏七块》和《好嘴杨八》三篇文章，三篇文章皆选自《俗世奇人》这本书，由于其小说的文体特点，文章出场人物众多，情节一波三折，学生在概括主要内容时会感到无从下手。这时，我首先让学生找到文章中出现的人物，再依次说说这些人物之间的关系，他们两两之间发生了什么事，再找到主要人物，把握住故事的主要情节线，进而概括出文章主要内容。以《苏七块》为例，我是这样引导的：

提问1：《苏七块》中出现了哪些人物？学生很快找出人物：苏七块、牌友、三轮车夫张四、牙医华大夫。提问2：那谁是文章的主要人物？答案显而易见，是苏七块。提问3：其他人和主要人物苏七块之间有什么事情发生？学生依次答出：牌友找苏七块打牌；三轮车夫张四摔坏了胳膊找苏七块看病，苏七块因为张四拿不出七块银圆而拒绝给张四治病；华大夫和苏七块一起打牌，因同情张四，偷偷拿钱给张四，苏七块在张四走后把钱还给了华大夫。提问4：这些事情你能按先后顺序连起来说一说吗？就这样，在我的引导下，学生理清了人物之间的关系，也弄清了事情的前因后果，从而整体上把握了文章的主要内容。但这还不够，还要教会学生用一句简明扼要的话来概括出文章的主要内容，因此我又设计了提问5：你能抓住主要人物用一句话来概括文章的主要内容吗？学生们争先恐后，跃跃欲试，最后比较简练地概括出主要内容：文章主要写苏七块给三轮车夫张四看病的事。

其他两篇文章也可用同样的方法进行引导。

五、串联小标题，概括文章主要内容

对于比较长的叙事类文章或小说，可以将单篇阅读教学中学到的拟小标题的方法加以运用。可引导学生先将长文章分成几个部分，分别拟定出各部分的小标题后，再将各个小标题的内容连起来，就能把握住文章的主要内容。这种方法因为学生在课堂中专门训练过，这里不再赘述。

总之，概括文章主要内容的训练是一个长期的、循序渐进的过程，在群文阅读的教学中，要注意将单篇教学中积累的引导方法运用到多文本的教学中，根据不同的文体特征，选择合适的引导方法，帮助学生快速提取关键信息，把握文章主要内容，完成对文本的整体建构。

浅谈提高县域农村初中《道德与法治》课教学效果的有效路径探索

井研县教师进修学校（乐山开放大学井研分校）　但木根

众所周知，县域农村初中教育面临不少的问题：留守儿童引发的家庭教育的缺位；优质生源流失导致"领头羊"效应缺失；因绩效考核和职称评定带来的教师教学积极性问题；农村社会舆论环境下的"读书无用"论等等。这一系列的问题制约着县域农村初中教育教学的发展。加之，因中考《道德与法治》学科分值低和学科课程因素，学校、学生、家长、社会对县域农村初中《道德与法治》课程的认知和重视存在较大的差异性，导致学科教学活动中学生难言喜欢，教学面临一定的困境。

如何破解困境？在当前大环境下，关键在于利用《道德与法治》这门课的实效和趣味性提高课堂教学的有效性。笔者深耕县域农村初中《道德与法治》课多年，在提高教学有效性方面，探索了一定的经验。

一、落实新课改理念以调动学生内驱力是提高教学有效性的前提

传统的《道德与法治》课以教师作为中心。教师在课堂上不断地讲，学生则被动地听课、做笔记、记问题。县域农村初中《道德与法治》学科采用这种"老式"的方法则更为普遍，许多教学活动就是教师通读教材，提个点子。这种教学方式让学生综合能力很难形成，限制了学生的思维能力。

在新课改理念的指导下，在教学过程中注重以教师的教为主转化为以学生的学为主，尝试着让学生通过小组合作等方式参与教学活动，甚至让学生试当"教师"开展教学活动，他们从被动学习中走了出来，积极收集资料，向教师请教，与同学商讨，很大程度促进了学生思维的发展。有人可能会产生疑问：能完成教学任务吗？教学效果会好吗？学生在参与过程中可能会出现一些问题，诸如对知识把握不到位、讲解深度不够、空洞等，但如果教师善于总结、应对、把握，这些是可以弥补的。

在备课方面，根据农村学生的年龄特点设计教学模式、选择教学方法，对教材的理解和把握更加细致、深入。这种备课方式，改变了以往简单的备教材转向备学生，进一步把学生主体性凸显了出来。

二、引导学生动起来是提高教学有效性的关键

初中《道德与法治》课有些内容比较抽象，学生不易理解，加之农村初中的孩子视野有限，阅读不够深入，学习理解能力可能会不如城市孩子。因此，在上课时尽力做到：重视运用恰当的教法，引导学生既主动讨论，又主动思考。

1. 让学生自己主动讨论。组织学生开展系列讨论，通过讨论使学生能初步认识到学习《道德与法治》课的重要性、紧迫性。这样，既让学生有了学习目标，又为下一步学习重点做了铺垫。

2. 让学生自己主动思考。课堂教学的关键在于让学生动脑，发挥和培养学生的抽象思维能力。要让学生逐步学会由浅到深，由外到内。常常在教学中注意设置有效环节，设计提问。对于基本的问题，通过强化设问，并要求学生联系具体事例应答。对于一些关键点，积极引导学生主动思考来解决。

3. 让学生自己主动预习。教师在上新课前，给学生布置好预习提纲，让学生在预习时能够清楚地知道"自己要做什么，怎样做，要达到什么效果"。同时，在预习过程中要求学生把不理解的问题勾画出来，以便教师上课时有重点的理解。教师在上新课时让科代表组织学科小组长评比学生的预习情况，教师做好点评，让部分学生介绍有效的预习方法，做到相互促进、相互提高。同时积极开展课堂练习，切实提高课堂效率。

三、落实立德树人根本任务是提高教学有效性的宗旨

把县域农村初中的《道德与法治》课教好，必须贯彻为党育人、为国育才，必须落实立德树人根本任务。我们要尽心尽力地教好县域农村初中《道德与法治》课，着力解决好"培养什么人、怎样培养人、为谁培养人"，让党和国家事业后继有人、兴旺发达。

目前，县域农村初中的教育相对来说比较薄弱，而《道德与法治》学科的教学则是整个县域农村初中教育教学的短板。在迎接"两个一百年"的伟大事业中，我们有责任和义务把《道德与法治》课教得越来越好，把下一代教育和培养好，运用有效路径，提高县域农村初中孩子们的学科素养，进而提升县域农村初中的办学能力。

地理极简课堂的魅力

四川省井研县马踏中学　淡丽

摘要： 极简课堂就是要以省时、简明的教学形式追求高效、优质的教学效果。注重地理原理解析、注重地理方法养成、注重地理素养落实是地理极简课堂的魅力所在。

关键词： 极简课堂魅力

北京师范大学赵希斌老师在《魅力课堂高效与有趣的教学》一书的前言里说到为什么好的教学必须是高效的。每堂课教学都有目标，而每堂课的教学时间都是有限的，每堂课的教学时间也都是不可逆的，能够在有限的时间里出色地完成教学目标和任务，就是高效的课堂。笔者在此倡导的地理极简课堂，其核心也正是高效课堂。

所谓极简，就是指极致精简。我们国家最早提出极简教育的是上海师范大学教育技术系教授黎加厚先生。他在系列丛书《马九克极简教育技术丛书》序言中第一次提出极简教育的概念。在学校教学工作中，应倡导师生使用方便、实用、易学、易用、能够有效提高工作学习效率的技术。极简教育具有三大特点：1. 掌握简便：易学、易用、方便、省时；2. 提高效率：减轻工作强度，提高教学效率和质量；3. 解决问题：实用、有效，能够解决工作中的实际问

题。从中不难看出，极简的实质就是"省时、简明、高效、优质"。极简课堂就是要以省时、简明的教学形式追求高效、优质的教学效果。极简课堂的魅力表现在以下三方面。

一、以一敌百，注重地理原理的解析

在知识大爆炸的今天，教师如果仅仅只会讲地理事象，则会陷入一个讲不完的怪圈。旧的事象讲过了，新的事象始终在层出不穷地涌现。例如现在很爱考的"薄膜"，今天讲了透明薄膜的作用，下次考试钻出一个"黑色薄膜"，再下次考试又考的是"反光薄膜"，学生感觉云里雾里甚至抱怨："讲的不考，考的不讲"。极简课堂倡导教学必须要跳出知识的表象，透过现象提取本质，而这个本质就是产生这些种种表象的一般地理原理和规律。无论是哪种类型的薄膜，都属于农业覆膜种植技术。而农业技术的使用，目的都是为了提高农产品的产量和品质。为什么覆膜可以提高农产品的产量和品质呢，教师应该讲透其蕴藏着的作用和原理。（1）保温作用。原理：薄膜能阻断大气与地面之间的联系，使地面辐射的热量难以散失，从而达到保温效果；（2）保水作用。原理：薄膜能有效阻隔水分的蒸发，从而起到保水的作用。（3）保肥作用。原理：削弱雨水、风力等外力的侵蚀搬运作用，减少养分流失；同时改变土壤水热状况，利于保持土壤肥力。（4）抑制杂草和病虫害作用。原理：黑色几乎不透光，让杂草无法获得光照，达到抑制杂草目的；地膜能够有效切断病原物的传播，减轻病虫害的发生。减少除草和除虫的人工、农药投入，省时、省力、省成本。（5）增加光效作用。原理：白色地膜覆盖在土壤表层，当阳光照射到地膜时，部分阳光会被反射，从植株底部向上照射，采光均匀，使果实光泽好，品相好，品质高。讲透纷繁复杂的地理事象背后蕴藏着的地理原理和规律，才能让学生练就一招制胜、以一敌百的过硬本领，这就是地理极简课堂的魅力所在。

二、授人以渔，注重地理方法的养成

极简课堂绝不是知识缺斤少两、内容有所折扣的简单课堂，而是简而精、简而准的课堂。教学中不乏用几十张甚至上百张PPT冗长赘述知识的课堂，但这样的"豪门盛宴"不仅时间花费得多，学生的注意力也难以长时间集中。所以我们倡导的地理极简课堂就是只需通过一个事实性的知识事象去推导、归纳、总结出解决这一类问题的一般地理方法。例如在讲世界地理时，各个大洲都有许多著名且重要的河流，每条河流都各具特点。有的老师让学生们分别记住每个大洲的河流特征，单调乏味的重复记忆，真的让学生苦不堪言。其实在这里我们只需要选择任意大洲的一条河流对其特征进行分析。河流的特征分为水系特征和水文特征。水系特征包括流程、流向、支流多少与形状、河道等，大多是受流经地区地形地势的影响。水文特征包括流量、汛期、冰期、含沙量等，主要受流经地区气候类型的影响。掌握了河流特征的一般分析方法，无论考哪个大洲的河流，学生就都有应对之法了。授人以渔，教给学生有生命力的地理方法，这就是地理极简课堂的魅力所在。

三、拔高站位，注重地理素养的落实

著名科学家爱因斯坦曾说过这样的话："教育是人们遗忘了所有学校灌输的知识后，仍能留存的东西。"从学科的角度看，高层次学科素养，是该学科最精华、最能体现学科独有价值、对该学科知识的产生和发展具有重要意义的成分。从学生的角度看，高层次学科素养基于知识但又能超越知识，能够沉淀下来，使学生终身受益。作为一名地理学科的教师，随时要将地理学科四大核心素养（人地协调观、区域认知、综合思维、地理实践力）牢记于心。

由于教学时间有限，教学内容纷繁，一节课不可能面面俱到，教学目标就有主有次。地理极简课堂倡导教师在进行课堂设计的时候首先要摒弃海量的碎片化知识，化繁为简，去粗取精，透过知识的表象去分析该课最需要培养学生哪些学科素养，如何在具体教学操作中得以实现。例如在设计《影响工业的区位因素》这一课时，仅仅停留在让学生知道工业的区位因素有市场、交通、劳动力、政策、科技等方面是远远不够的。如何让学生用人地协调观去审视工业区位、如何根据区域差异去分析工业区位、如何用综合思维的视角去评价工业区位才是课堂要给学生构建的有生命力的东西。让教师拔高站位，用学科素养的视角设计教学，这就是地理极简课堂的魅力所在。

参考文献：

赵希斌，魅力课堂——高效与有趣的教学[M]，上海：华东师范大学出版社，2013.

高中化学教学对学生自主学习能力的培养

四川省井研县井研中学　邓颖

摘要： 化学是学校基础教育中的重要组成部分，作为教师要认识到化学科目对学生的重要性。高中是学生进入大学前的最后一个阶段，这个时期的学习对他们具有十分重要的意义。为完成新课程改革对教师的教学要求，老师要改变以往的教学方式，依据新课改理念的要求对学生开展化学教学，从培养学生自主学习能力入手，提高他们的化学学习能力。

关键词： 高中化学；自主学习能力；培养

引言： 对许多学生来说，学习化学是一项具有一定难度的任务，高中生的思维和学习能力虽然得到了一定程度的发展，但面对一些抽象的化学知识时依然会手足无措，这时教师就要充分利用自己的引导作用，帮助学生突破难题。在日常教学中老师要着重培养学生的自主学习能力，增加他们对化学知识的学习兴趣，激发他们的学习热情。

一、创建较为真实的情境，激发学生学习兴趣

教学情境的创建能有效激发学生的学习兴趣，让学生在较为真实的环境中勇敢表达自己的看法，提高学生的学习热情，促进他们思维能力和创新意识的提升。在化学课程中教师要为学生埋下思考的种子，通过有效引导让学生一步步找到问题的答案，根据自己的教学内容为学生设计不同的教学情境，为他们提供一个积极活跃的课堂，提高他们对化学问题的求知欲，让他们在具体的化学问题中提高自己的自主学习能力[1]。

比如，在人教版高一化学教材《生活中常见的两种有机物》一课中，教师首先用鸡蛋入瓶实验向学生展示本节课的主要内容乙酸溶液，之后引导学生阅读课文，了解乙酸的物理性质，教师使用多媒体向学生展示乙酸的分子组成与结构，之后对学生提问：乙酸的结构由甲基和

羧基组成，羧基决定了乙酸的化学性质，那么乙酸具备什么样的化学性质呢？为提高学生的学习兴趣，教师使用多媒体为学生播放验证乙酸化学性质实验，激发学生的探究欲望，加强学生的认识与理解，在此教学下有效调动学生的积极性，让学生在较为真实的情境下提高自己的自主学习能力。

二、强化知识与生活的联系

化学课程是一门与学生实际生活紧密相连的学科，书本中的许多知识都是现实生活中存在的现象，教师可以充分利用化学课程的这一特点对学生开展生活化的教学，结合教材内容对学生提出生活化的问题，让他们主动将化学知识与实际问题联系起来，激发学生的学习热情，让学生在学习过程中主动发现问题，并通过自主探究找到问题的答案，有效培养他们的探索精神，提高他们的自主学习意识。

比如，在《资源综合利用环境保护》一课教学中，教师为学生布置了课前预习任务，在课堂中教师向学生提问：大家课前预习得怎么样？有没有找到我们生活中常见的资源？我们应通过什么样的方式保护环境？教师问题一出，学生开始争先恐后地回答，让学生在生活与知识联系的情况下营造一个积极活跃的课堂。之后教师使用多媒体为学生播放煤、石油、天然气的综合利用情况，引导学生认识资源的利用情况，随后向学生讲解石油的分馏、裂化和裂解，让学生结合教材思考他们之间的区别，让学生在思考中提高他们的学习自主性。

三、善用化学实验提高学生自主学习能力

化学实验和基础知识是组成化学科目的基本内容，教师除了要教学化学概念知识以外，还要开展实验教学，通过实验操作加强学生对相关知识的认识与理解。实验是高中化学课程中的重要教学内容，也是引导学生深入学习的关键因素，在化学实验教学中，教师可以通过引导让学生主动观察、分析、研究化学实验中出现的现象，并找出其中的规律[2]。高中化学实验教学能让学生充分了解实验原理，让他们在学习中认真体会化学的作用，提高他们的自主探究能力，从而获得自主学习能力。

例如，教师教学《最简单的有机化合物——甲烷》一课，为加强学生对甲烷性质的认识与理解，教师引导学生开展实验。首先教师引导大家写出甲烷的分子式，进一步为学生明确甲烷的结构组成，之后通过燃烧纯净甲烷气体来观察甲烷的物理性质和燃烧现象，在实验的对比中观察它们之间的现象，在实验中激发学生强烈的求知欲，有效激发他们的自主学习能力。

四、帮助学生养成良好的自主学习习惯

学习是一个漫长的过程，不是一朝一夕便能完成，良好的学习习惯对提高学生自主学习能力具有十分重要的意义。作为教师要注重培养学生良好的学习习惯，让他们用正确的态度面对今后的学习。化学的学习具有一定难度，如果学生自身没有较强的自主学习能力，在今后的学习中学生会逐渐感到困难，这不利于学生今后的成长与进步，只有在学生高度配合的情况下才能有效提高学生的学习能力，因此教师要着重培养学生的自主学习习惯，让他们在化学教学中提高自己的自主学习能力[3]。

以《元素周期表》一课为研究案例，在课堂中运用视频、音频等多种学生感兴趣的教学媒体向学生示范教学，增添课堂的趣味性，提高他们的学习兴趣。教学后教师要求学生将元素周期表背诵下来，学生之间通过相互监督进行有效记忆，培养学生自主学习的好习惯。

结束语：

学习是一个漫长的过程，高中正是学生进入大学前的最后一个阶段，该时期的学习情况对学生今后的发展具有十分重要的意义，作为学生的化学老师要有效利用现代化的教学技术，提高学生对化学知识的认识与理解，运用多样化的教学方式激发他们对化学课程的学习兴趣，让他们主动分析、研究化学问题，在教师引导下切实提高自己的自主学习能力。

参考文献：

[1] 姜玉华、刁学涛，高中化学教学中培养学生自主学习能力的相关探讨 [J]，考试周刊，2021（03）：139-140.

[2] 曾明琴，学生自主学习能力在高中化学教学中的培养探究 [J]，新课程教学（电子版），2020（19）：42-43.

[3] 熊健，在高中化学教学中培养学生自主学习能力 [J]，知识窗（教师版），2020（06）：126.

团队列名法：高中历史课堂研讨教学模式的创新

四川省井研县井研中学　何斌

内容提要：如何让历史课堂教学更加高效？如何把历史学科核心素养的培养落到实处？这是广大历史教育工作者一直努力思考、探索的问题。课堂研讨法是大家普遍认可的一种教学模式，但这种模式也存在明显的不足，亟待革新。笔者正在进行《结构化研讨模式在高中历史教学中的实践研究》的课题研究，笔者认为：结构化研讨模式，团队列名法是传统课堂研讨模式的创新，它在很大程度上解放了教师，在完全意义上解放了学生，是学科核心素养培养的有效路径。

关键词：高效课堂；课堂研讨创新模式；结构化研讨；团队列名法

美国著名学习专家埃德加戴尔在 1946 年提出了关于学习效率的"学习金字塔"理论。他把学习效率在 30% 以下的学习行为，诸如听讲、阅读、视听等归为"个人学习"、"被动学习"。把学习效率在 50% 以上的学习行为归为"主动学习""团队学习"[1]。而基于团队学习的小组研讨模式，其学习效率在学习金字塔理论中高达 50%，远高于常规的学习模式。

传统的教学侧重于教师单向性的知识传授，整个课堂基本上是老师独角戏式的表演，"用教材教和教教材"，课堂气氛死气沉沉，学生昏昏欲睡。教师没有激情的发挥，学生也没有发挥的激情。这样的教学，注定是低效甚至是无效的。在高中历史的教学实践中，老师们也很清楚课堂讨论对于教学的价值和意义：研讨式的教学在很大程度上体现了学生的主体地位，提高了学生学习的参与度，有利于提高课堂活跃度，有利于优化学生的历史认知过程，等等。很明显，研讨式的教学模式正好切入了这些要点。所以，研讨式的教学是老师教学改革的重要方法，是老师们课堂教学提质增效的有效路径。

一、传统研讨模式之困局

"课堂分组研讨"的教学模式益处多多，老师们在教学活动中也会经常使用这种教学模式。但这种被大家所推崇的教学模式在实践中也不可避免地存在一些问题：（一）从教师的角度看，主要表现在对研讨模式认识的肤浅性、对研讨环节设置的盲目性、对研讨过程的放任性、对研讨结果反馈的低效性。单纯追求课堂气氛的活跃度而进行的"研讨"，那是为了研讨而研讨，是舍本逐末的表现，这是对研讨式教学的肤浅认识。教学中要抛弃那种逢课必讨的认识，有效地克服研讨设置的盲目性。传统的课堂研讨，老师更多的是布置了研讨任务，而没有关注学生研讨的过程和研讨的质量，这其实就是对学生的研讨采取了自由放任的态度。学生研讨结束后，很多老师并没有对学生的研讨成果进行收集、甄别，缺失了一个去伪存真的过程，而是直接把自己认为应该得出的研讨答案公布出来，学生再次回到被动学习的老路上。由于缺失了这一画龙点睛的环节，研讨完全成了一种形式，原本想通过课堂研讨培养学生素养的初衷完全落空。（二）从学生的角度看，主要表现在懒得开口的惰性和屈从于学霸权威而丢失话语权的附和性。在传统的课堂研讨中，教师往往只是布置了研讨的主题，忽视了对研讨的组织分工，更没有考虑到对研讨过程的把控。所以，在实际的研讨中，部分学生的积极性并没有被调动起来，他们没有参与的主动性。有的学生在研讨中过于强势，始终掌控着研讨发言的话语权，这就让部分学生想说而不能说、不敢说，最终沦为了研讨活动的附和者。传统研讨模式在很大程度上制约了课堂教学的有效性，那我们如何破解这一困局呢？

二、团队列名法在高中历史教学中的意义

（一）团队列名法的概念

国家行政学院培训中心于2007年在澳门承办了一场以行动学习方法为主要手段的特区公务员研修项目。为了更好地完成这次研修，项目小组创新了培训学习方法，开发了一系列研讨工具，比如催化师、头脑风暴法、团队列名法、鱼骨图法等，把学员的研讨过程层次化、工具化、结构化，从而大大提高了培训学习的质量[2]。这种培训学习模式，我们称之为结构化研讨模式。团队列名法是结构化研讨模式在实际运用中，诸多研讨工具中最常用、最具有操作性的一种研讨工具（方法）。我们来分拆一下这个概念，那就是团队和列名。教学中按照催化师（教师）预设的目标，遵循一定的原则把同学们分成若干个研讨小组，这就是"团队"。研讨进行时，团队中的每一个成员，都必须依照顺序，以闭环的方向依次发言，表达自己的观点，这就是"列名"[3]。长期以来，这种模式较多地运用于各种培训活动，在高中历史教学活动中的研究和运用还几乎是空白。

（二）团队列名法在教学中的意义

1. 变革传统教学认知和手段，解放老师

我们经常在讲，把课堂还给学生，教学中老师是主导，学生是主体。对于教师的角色而言，笔者认为，教师的角色定位应该是"引导者"而不是"主导者"。从学生学科核心素养的培养路径来看，教师不应该也不能去主导学生探求新知的过程。教师和学生分别处于教学活动的两端，两者都是教学活动平等的参与者。从结构化研讨模式的教学来看，教师应该扮演"催化师"的角色，做好课堂教学的引导者、指路人。在教学中运用团队列名法展开教学，教师为学生设置好研讨的问题，引导学生组建好研讨的团队，制定好研讨规则。剩下的研讨

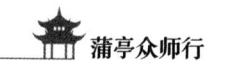

核心就留给了学生，让他们在预设的框架下展开"头脑风暴"。最后，在研讨反馈环节，教师要引导学生去伪存真，固化认知。整个课堂，教师更像是一名导演，老师就从传统的教学模式的束缚中解放出来，而这种解放，伴随的是学生的成长。

2. 完全意义上的激发学生的学习积极性、主动性，解放了学生

长期以来，学生都不是课堂的主角，他们更多的是扮演了接收器的角色。被动地接收教师输出的各种观点、理论，匆匆忙忙地抄写黑板上的笔记，拼死拼活地去完成老师布置的各种各样的作业。他们何尝体会到课堂主人的兴奋和喜悦？他们就是一台在不断高速运行的机器。在教学中引入结构化研讨模式，采用团队列名法等教学工具，学生的主动性、积极性会被充分地激发出来。在宽松的环境里展开头脑风暴，自由发表自己的见解，客观理性地接受别人的质疑。这在完全意义上提升了学生学习的参与度，让学生在知识的海洋里放飞自我，尽情展现。他们不再是单纯的接收器，而是知识的发现者、探索者。在知识获取的同时享受着发现、探究的自我解放，"并促进社会性发展和健康个性的养成"[4]。

3. 提升课堂实效，利于培养学生学科核心素养

英国著名哲学家约翰·斯图尔特·密尔在《论自由》中提到："一个人能够对某个问题有所知的唯一方法是听不同的人对这个问题所提出的不同意见，了解具有不同思维特点的人是如何使用不同的方法来探究这个问题的"。团队列名法恰好给学生提供了这样一种学习的模式。他们在发表自己的观点时，在接受别人的质疑时，他们一定会通过历史的时空观念、史料实证来提升对历史的认知，进而形成历史解释、唯物史观、家国情怀等历史素养。这样的教学方法无疑大大提升了课堂实效，学生的学科素养也在这一次又一次的激荡中慢慢养成。

三、团队列名法在历史教学中应该注意的几个问题

1. 根据历史学科核心素养的内涵和特点确定研讨主题

教师在教学中，什么时候需要课堂研讨，教师应该从培养学生学科核心素养这个学之本出发，设计课堂研讨，这是教学的顶层设计。根据学科核心素养的内涵和特点，根据教学内容的具体性、差异性，科学合理地设计研讨主题和环节，这是教学的具体要求。尤其是利于学生唯物史观、史料实证、历史解释等素养养成的环节要重点设置研讨。我们也要意识到课堂研讨只是教学的形式，学科核心素养的培养才是教学的根本，切不可本末倒置。

2. 以实用性原则组建研讨小组

在教学实践中，课堂研讨只是我们诸多教学环节中的一个，这个研讨环节最终要服务于整个课堂教学，而不是课堂教学服务于研讨，所以，研讨小组的组建可以应势而建，也就是按照实际的座位特点，灵活地安排4到6人为一个研讨小组。没有必要为了追求研讨的外在形式而大动干戈地打乱原有的座位，进而影响了课堂教学的稳定性和延续性。

3. 强调研讨规则，把控研讨过程

结构化研讨模式集成了团队列名法、头脑风暴法等研讨工具，能够在最大程度上激发学生的研讨热情，也容易造成研讨过程失控，主题跑偏的情况。让学生在遵守规则的前提下进行自由的研讨，这是团队列名法教学模式的关键。同学们在发言过程中，必须遵守研讨规则，不得对别人的发言提出批评，不得打断别人的发言。团队中应该安排一名同学为组长，负责记录每位同学的发言。所有同学发言完毕后，大家一起总结汇总，把发言内容条理化、系统化，使之成为本组的研讨成果。

4. 高度重视研讨反馈

通过课堂研讨，学生对历史史实的理解会有一个认识深度和广度的提升，进而形成一定的史论，也就是历史解释的形成，所以，教师必须高度重视研讨反馈环节。在教师的主持下，让学生把本组的研讨成果反馈、分享给全体同学，并接受同学的质疑、老师的斧正，从而形成有效的研讨成果。研讨成果分享给全体同学的过程就是学生知识内化的过程、学科素养固化的过程。这样，历史学科核心素养的培养才会真正落到实处。

参考文献：

[1] 刘大春，学生管理研究与名师成长，《乐山市井研县2020年打造高效课堂教师全员培训》2020年5月30日.

[2] 董明发，行动学习法在公务员培训中的应用，《中国浦东干部学院学报》2016年1月第1期.

[3] 骆光宗，结构化研讨：干部教育培训新途径、新方式，《行政管理改革》2017年9月.

[4] 陈维坚，在学习中互动合作，《教育导刊》2004年2—3月号.

初中悦享语文活动教学的具体策略

四川省井研县研城中学　黄继志

摘要：语文是初中阶段的一门重要学科，也是一门基础性的学科。通过学习语文能够扩展学生的知识面，拓宽阅读视野，同时也能够培养学生的阅读理解能力，强化其理解认知。在初中语文课程中开展语文活动教学，能够满足新课程标准的基本要求，同时也能够提升学生的学习效率以及学习兴趣，使学生的注意力高度集中，从而配合教师完成教学任务。因此，初中语文教师要不断优化和创新教学活动设计，使学生能够在语文活动中更好地感受语文知识的魅力，从而提升语文综合素养。

关键词：初中语文；活动教学；策略

前言：在传统的初中语文教学中，由于教师受到传统教学理念的束缚，教学课堂相对沉闷，学生的积极性不能被很好地激发出来。开展语文活动，能够使学生在课堂中学习语言、提升思维，从而营造出轻松愉悦的教学氛围，使学生在互动式的教学模式中彰显自身的主体地位，产生学习兴趣。基于此，本文针对初中语文活动教学的策略进行探究，以供参考。

一、悦享课前活动

所谓课前活动，是利用在上课前几分钟开展的一种辅助性的语文教学活动[1]。

（一）预习活动

无论学习哪一个科目，预习都是非常重要的。预习活动是课前互动的一个重要环节，学

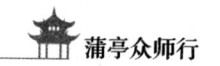

生提前对新知识进行预习，能够使自己在听讲时更加专注，也便于使学生更好地达成教师的教学目标。例如，在学习《秋天的怀念》一课时，学生可以首先查看一下课后的问题，并带着问题来预习课文，并将自己心中的答案圈出来，同时也重点标注自己不懂的地方，便于听课更有效率。

（二）积累活动

在初中语文教材中，有很多需要背诵的章节。在课前活动中，学生可以按照教材中的目录，将需要背诵的课文、古诗、文言文进行背诵，从而夯实自己的语文基础。例如，七年级上册的古代诗歌四首，都需要进行背诵。学生在背诵《观沧海》的过程中，还能够强化自己的语言积累，将其中铿锵有力的句子作为写作素材，从而为作文润色。

二、悦享课中活动

课中活动，是语文教学的主体性活动。课文活动主要是让学生理解文章内涵，挖掘文章的本质，从而掌握正确的学习技巧[2]。

（一）朗读活动

朗读是学习语文知识、认识文字、解读文本、探析情感的重要途径。在语文教材中并不是所有的课文都适合朗读，教师要进行精心挑选。如选取部分古代诗歌、散文材料，让学习者在诵读的过程中可以更进一步地体会散文的神韵。在朗读的过程中，教师可以按照课文的具体内容以及体裁，让学生个人朗读、集体朗读、分角色朗读等等。有时，为了增强朗读的乐趣，教师可以为学生播放适宜的音乐。如，在朗读《假如生活欺骗了你》这首诗歌时，教师可以播放轻音乐来进行伴奏，使学生陶醉在朗读声中。

（二）赏析活动

在语文教育中，审美观鉴赏是语文核心素质的主要部分之一。在课堂教学活动时，老师可指导学生开展知识的审美观鉴赏。也可以对词语加以鉴赏，感受字词的内在美。也可利用多媒体技术收看相应的视频，从中体验文字所描绘的美好景色。比如在教学《济南的冬天》时，老师就能够运用多媒体教学技术给学生们放映关于济南冬天的录像，让学生们从视频中赏析济南冬天特有的魅力，并从中体会作者对济南冬天的情感。

（三）写作活动

在课堂中，教师也经常开展写作活动。时常采取读写结合的模式，使学生通过阅读来学习写作技巧，积累写作素材。通过写作完善阅读理解，强化自身的思维创造力。因此，阅读《济南的冬天》时，老师可以指导学生掌握作家细心刻画景色的方式，品味散文的画面美感。之后还可以模仿作家写出一些散文作品，如《校园的冬天》《家乡的冬天》之类，让学生可以通过仿写掌握作家的写作技法，并以此提高学生的写作技巧。

三、悦享课后活动

课后活动是课堂学习的延续和拓展，是巩固知识的重要途径[3]。

（一）阅读活动

语文知识博大精深，包含着非常丰富的文化底蕴。学生想要增强自己的阅读理解能力，开拓自己的眼界，仅靠阅读语文教材是远远不够的，还需要进行课外阅读。课外阅读的范围很广，学生可以去阅读经典名著，感受名人大家的写作风格，去领略过去的人文和生活；可以阅读与教材相关的作品，进行知识拓展，打造丰富的群文阅读；可以根据自己的兴趣选择文本，从而丰富自己的眼界和思维。

（二）复习活动

在初中语文教学中，学生每天都需要学习很多知识，需要对知识进行理解和记忆。为此，学生要想牢牢地掌握知识点，就需要强化复习。复习是重复性的学习，学生可以按照自己记录的笔记，复习课文中的重点难点。这样便于随时查缺补漏，夯实自己的语文知识基础。因此，当学习了某个单元的知识点时，学习者便可在课下绘制思维导图，把各种知识点进行分类，并运用思维导图进行关联，使学生在今后的学习中能够更加轻松、便捷。

结论：总而言之，在初中语文活动中，教师要明确每一个活动环节。根据学生在活动中的学习和感受，随时调整活动的方式和内容，使教学活动更好地为学生学习提供便利，使学生学有所获，进而能够从根本上提升学生的语文综合素养。

参考文献：

[1] 柯生金，初中语文教学活动的生活化探讨[J]，文学教育（下），00（1）：186-187.

[2] 柳文琛，初中语文教学活动的生活化探讨[J]，科学咨询（教育科研），00（08）：63.

[3] 肖虹，主体性设计拓展初中语文教学活动域度[J]，语文教学通讯 D 刊（学术刊），017（1）：67-69.

鲜活政治课堂
——提高学生时政素养

四川省井研县井研中学　黄倩

摘要： 以备战高考为背景发现学生存在时政素养匮乏的问题，通过对时政素养作核心概念界定，连接时政素养对当下教育的重要性，提出高中政治老师通过鲜活政治课堂提高学生时政素养的必要性和策略。

关键词： 时政；核心素养；高考；政治课堂

2021 年 3 月，距高考不足三个月，我校老师在备考时政热点材料时发现班上百分之八十的学生竟不知当下热词"内循环为主体，双循环格局"的具体含义，更有甚者表示从未听过这种说法。同时他们对"巩固脱贫攻坚成果""碳达峰碳中和""民法典出台""地摊经济"等也知之甚少。为此，老师们深感焦虑，不仅忧心于学生无法在高考中取得好成绩，更为忧心的是同学们对国家大事如此不了解，何以成为社会主义合格的建设者。大环境的忽视、教师的随波逐流和学生的盲从共同铸就了以上局面。对此，笔者作为一个高中政治课老师深深意识到政治课堂应有所改变，融入社会时代信息，即更加鲜活接地气。

时政，又被称为时事或时事政治。内容包括事件、形势、政策。所谓事件也就是在近期，国内外所发生的大事，时间在于近期，侧重点在于大事情本身。时事政治的大事情通常是指在特定时期内发生的政治、经济、文化、法治、民生等领域具有重大意义或影响力的事件；而形势则是指当下国内外政治经济发展的趋势，具有很强的预见性；政策则是指党和国家的政策路线方针，可通过一定的方式如新闻联播、社区内的时事新闻政策宣传栏、组织学习等，将党和国家的政策、路线、方针传递给受教育者，使受教育者形成正确的社会价值观。而所谓素养则指的是由训练和实践而获得的一种综合修养，主要表现为：1.能够主动掌握一定程度的时政信息，而非他人告诉，即具有敏锐的信息捕捉能力。2.具有客观的信息辨析能力，能够理性地分析时政发生的原因、合理性并能清晰地表达出自己的看法，有理有据。3.能够采取正确的行动，如积极响应党和国家号召用自身言行支持党和国家的方针路线，又如在公共信息平台上发表正确的价值观观点。

众所周知，政治认同、理性精神、法治意识和公共参与是思想政治学科核心素养的主要内容，根据2017《普通高中课程标准》的要求，在为期三年的高中思政课的学习中，学生应取得具有本学科特点的相应学习成果，因此本课程的育人价值要求我们应培养学生形成一定程度的学科核心素养。而我们老师们在备课时的必备内容即知识能力、情感与价值观的教学目标无一不是在提醒大家：学生学科核心素养的培养是我们思想政治课的课程目标，而且这三个教学目标并不是毫无关联的独立个体，应是融会贯通的整体目标要求，这样才能在知识不断升华的过程中逐步加深学生对每个核心素养的理解和应用。而这个目标并不是一朝一夕就能完成的，不仅需要我们对教材研读то细致精，还需要我们长期对时政素材进行积累和剖析。

同时，通过分析高考真题可知，近年来政治高考的材料几乎都来源于本年度热点时事政治，甚至有热中之热的倾向。如2020年全国卷三第38题以脱贫攻坚为背景考察大力发展家庭农场的意义；再如2020年全国卷一第39题以中医药在抗击新冠肺炎疫情中的应用考察弘扬中华优秀传统文化的意义等。这些材料无一不是以当年深刻影响全国人民生活的大事件为背景，考察同学们隐藏在知识背后的情感价值观。而这一点也与我们政治学科的命题原则高度契合即理论联系实际，而且也考察了学生学科核心素养的养成程度，最大限度地保证通过高考选拔出利国利民的栋梁之材。加强时代性和思想性早已成为新时代高考的命题方向。所以以目前一部分学生死读书，读死书，毫不关心国家社会大事，不积极主动拓宽政治视野，也不能对时政事件作正确分析的状态，想要在高考中取得突出的成绩几乎是无稽之谈，所谓"天下兴亡，匹夫有责"，这大概就是最简单的要求了吧。

对于高中学生而言，学业繁重，高考压力大，其时政素养的提升途径主要是通过高中政治课堂来完成，即教师根据学生的发展，精心挑选对学生发展具有意义的时政内容，或开展形式多样的课外活动，系统地对受教育者施加思想政治影响，及时有效地向学生传达党和国家的政策，增强学生的责任感与使命感，拓展学生的视野，能够做到理论联系实际，把关心国家大事变成习惯成自然。关注社会，关切民生，通过社会生活中的热点问题把握社会发展的方向，形成对社会、对祖国强烈的热爱，这也是学校德育教育的重要内容之一。

高中政治教材主要由《经济生活》《政治生活》《文化生活》《哲学生活》四本必修构成，而教材本身的核心立意亦是围绕当下最新的经济政治文化形势为背景素材为国家培养时代才俊。但是因诸多因素教材必然具有相对的稳定性，而时事政治却瞬息万变，如果老师们脱离生活只注重教材知识的把握，造成学生时政知识匮乏的局面在所难免，而学生提取分析时政知识的能力素养更是差中之差，那么学生在高考中成绩不理想也就在意料之中，离党的十九大提出的培养全面发展的社会主义接班人也是相去甚远。因此如何搞活政治课堂，让学生时政素养的提高水到渠成是当下我们政治老师应该着重思考的问题。

"问渠那得清如许，为有源头活水来。"就学科教育而言，提升学生时政素养的关键在于搞活政治课堂，而如何搞活政治课堂，我认为有如下几点：

一、精心适时选择时政材料

课堂是思政课的主阵地，时政材料入课堂是思政课的应有之举，教师可以利用这个平台深入贯彻本课程理论联系实际的课程要求。但是时代瞬息万变，时政信息更新很快，时政内容也是让人眼花缭乱，因此时政素材的甄别显得尤为关键，这个时候就需要老师们精心选择一些有实际价值能反映国家政策方向的国内外社会热点关切，切记在精不在多，深刻有效最重要。

二、课堂渗透时政教育

政治学科教师应该把课堂教学和时政教育进行有机融合。其实很多学生都认为政治学科课堂是死板无趣的代表，但是时政素材是鲜活有趣的，往往同学们对日常生活中的新鲜事是极其有热情的，更甚者可以当作枯燥学习生活的调味剂，因此教师应用这种天然的学科优势，根据教材内容适当地引入时政热点——尤其是与当地相关的信息，不仅能增强学生的积极性，而且二者的这种融会贯通还能顺利完成教学目标的升华，引导学生树立正确的三观，提高学生理论联系实际的能力，好处不可谓不多。因此，根据教学要求将时政知识和课程知识进行融会贯通是我们有的放矢地进行核心素养培养的应有之义，也是提高课堂吸引力的有力之举。如：每日五分钟时政新闻导读、导入新课时尽量采用时政新闻、情境创设用热点贯穿等。

三、提高学生参与度

课堂是学生的课堂，没有参与度的课堂学生很容易犯困、走神，大有事不关己高高挂起之势，因此如何激发学生内驱力是我们要着重思考的问题之一。在结合课题研究的过程中笔者发现让学生自主寻找时政素材并在课堂上作主讲人效果非常不错，他们不仅会把近段时间的时政要闻精心挑选出来，而且会对此做出详细评析，且能与其他同学进行良性互动，整个课堂轻松有趣。这个过程下来大家的时政素养都有所提升。因此我们的课堂应该真正让学生来做主体，让学生来策划，群策群力，才会有意想不到的效果。

四、多样活动辅助培养

所谓教无定法，贵在得法，思想政治课时政教育也要讲因材施教。课堂教育不仅可以严肃也能活泼，如采用时政观点辩论大赛、时政热点知多少知识竞赛、场景再现模拟活动等学生喜闻乐见的形式，寓教育于乐，再如：建立时政兴趣小组、时政演讲活动、举办时政专题讲座与形势报告会等以取得实效成果。

通过一段时间多种方式的尝试，很多同学开始主动关心国家大事，而且有途径有方法，能够客观地评价各类时政信息，能够对当前的国内外形势和国家政策做出理性的分析，有一定的认同感与参与感。虽道阻且长，然未来可期！

浅谈小学生英语阅读素养的培养

井研县马踏镇黄钵小学校　黄琴

摘要： 在小学阶段的英语教学活动中，学习英语的方法有许多，其中，最重要的应该就是阅读。重视强化对阅读的训练，对于培养学生良好的英语阅读习惯有很大的帮助，还可以提高他们阅读理解的能力，以及形成精准捕捉有用的关键信息的能力。随着社会的发展进步和小学英语教学改革的不断更新，对小学生们的要求更高了，尤为关注其对于英语的综合运用能力。根据2011版《英语课程标准》中的描述，小学英语课堂中开展的阅读教学活动，不但要完成传授语言知识、发展学生语言能力这样传统的基本任务，而且还更注重拓展与延伸，包括课文内涵的深化与课文外延的拓展。由此可见，随着时代的发展，对于小学生的英语阅读方面的要求也提升了好几个高度，所以，在小学阶段创新地培养学生的英语阅读能力有着巨大的实际意义。

关键词： 小学英语；阅读素养；分享阅读

随着时代的进步，结合新课标的要求，在小学阶段的英语教学活动中，占有举足轻重之位的活动是关于阅读的教学。它也是小学英语教学活动的重要组成部分。因为学习英语之后，他们可以形成基本的语言运用能力，有利于他们的心智的发展，还能达到提高综合人文素养的目的。而在语言运用能力中的最主要的能力就是语言技能，它包含听、说、读、写等各方面的独立的技能的运用和这些独立技能的综合运用，非常复杂。听、说、读、写这四个维度的训练既是学习的主要内容，也是学生从事学习的根本方法，所以，在小学英语教学中要重视阅读，积极开展阅读活动，以培养学生的阅读素养。

笔者认为，培养学生的阅读素养，可以从以下几方面着手。

一、营造学习英语的氛围，让学生爱上英语学科

农村小学生受环境、家境等条件的限制，只有在课堂上、学校里才有操练英语的机会，除此之外，几乎没有英语的用武之地。但是对于语言学科来说，没有交流运用的场景，就是纸上谈兵。脱离了交际运用的英语是没有灵魂的。怎样激发学生的阅读欲望，这是上阅读课的教师需要思考的问题。根据学生的年龄特点及喜好等，设置一些适合他们口味的场景，巧妙地设计有梯度的问题，根据学生已有的知识补充一些背景介绍等，都能激发小学生的阅读兴趣，让学生产生读的欲望和兴趣，所以，我会根据本地实情、学生情况，在课堂上尽力打造真实的场景，带领学生一起操练、习得。根据教学内容精心设计合适的活动，引导学生积极参与，努力让英语课堂与传统的语文、数学的课堂不一样，牢牢吸引住学生的眼球，让他们的注意力始终追随教师的引领，真正做到在玩中学，并且将创设的情景延伸到课外，在校园里、上学、放学的路上用英语亲切地与学生打招呼、交谈，于无形中巩固课堂上所学的知识。

二、立足课本，培养学生良好的阅读习惯

我们现在使用的教材图文并茂，真是阅读的好材料。近年来，越来越多的教育工作者关

注到英语绘本阅读对于英语语言教学的重要价值和作用。在英语国家或英语作为第二语言的国家，绘本阅读一直是应用最为广泛的英语教学方法。我们的小学英语教学也可以借鉴英语国家绘本教学经验。随着阅读材料难度的加大，绘本阅读的优势就发挥得更加淋漓尽致。基于小学生有限的词汇量储备和语言知识，对于纯文本阅读很难理解透彻。绘本阅读有助于学生理解阅读，提高阅读效率，进而提高阅读兴趣。而且，绘本阅读有助于学生理解超出自己词汇范围的语言材料，这比纯文本阅读更有助于学生阅读习惯的培养。相同的绘本教学内容，运用适当的阅读策略能够更有效地提高学生的阅读素养。由浅入深，循序渐进，慢慢地学生就会独立进行阅读。而我们现在使用的教材恰好就是一个很好的绘本。

教师要教给学生阅读英语的巧妙方法，培养学生对英语的阅读兴趣，引导学生提炼、归纳有效的阅读的方法，使阅读成为学生的需要，增强学生的阅读能力。刚开始的时候，带领学生从观察图片入手，要求学生读书时要眼到、手到、心到，设置学生容易完成的任务，训练学生的速读能力、整篇把握文本的能力，通过抓文章的关键词句及高频词汇，初步掌握文章的梗概，理清文章脉络，并回答简单问题。在此基础上，设计一些稍有难度的问题交给学生，指引学生进行深层次的阅读。

带着任务进行阅读才有意义。在进行阅读时，我都会让学生做一个"找证据"的游戏。不论阅读后完成的是判断、选择还是回答问题都必须有据可查。每次都引导学生从原文中找到证据支撑自己的回答或者判断。久而久之，不用你要求，他们自己都会从文中找证据，这就提高了做题的正确率，让他们体验到了成功的喜悦，还树立了他们学习英语的信心。真可谓一举多得。

三、读书百遍，其义自见。这是不变的真理

我觉得，语言学科，不管中文还是英文，有些地方还是相通的。比如在阅读上面都是一样的效果。通常，我要求学生在拿到一篇文章时，先至少读三五遍，读熟了再说下文。如果你真正把一篇文章读通了、读透了，那你的阅读能力肯定没问题，在这个过程中还会慢慢提升。落实到测试中阅读题就是送分题，因为小学阶段的阅读题都比较简单，无非就是考查你的细心程度，或者一点点理解能力。

四、推荐合适的读物，引导学生进行表演

课内的阅读是基础，是根本；课外的阅读是延伸，是补充。丰富多彩的课外阅读决定了学生阅读水平的高低。它既能促进学生英语阅读理解能力的提升，又能加快学生综合技能的发展。农村的小学生阅读面窄，教师应该为学生提供创造英语课外阅读的机会，创设有利于学生进行英语阅读的合适环境，提高其学习英语的兴趣。为了拓宽他们的阅读面，要根据他们的实际情况适当推荐一些阅读刊物。首先，难易程度要适中。其次，对于不同年级的学生要根据他们的所学知识和阅读水平，选择合适的刊物。

推荐给他们的刊物，老师肯定要很熟悉，并且在不经意间与他们交流读书心得，鼓励、支持他们对读过的文本进行排练、表演、分享阅读。这样也能提高他们阅读的兴趣。因为阅读是输入，表演是输出，是内化、提升的过程。学生们在阅读、表演等过程中领略到了成功的滋味，兴致高昂、受益匪浅。

总之，在小学英语教学中，应当让学生在阅读活动中领略愉悦之情，且能在不经意间获得有用信息和学到一些语言基本知识。所以，授课教师应该从多方面对阅读教学进行优化，时

刻关注学生的阅读兴趣，耐心细致地指导他们进行阅读。通过课内外相互配合，改革传统的阅读教学模式，创造性地开展英语阅读教学活动，采用新颖的阅读方式，精心设计，周密组织，突出培养学生的阅读能力，使学生树立正确的阅读意识，培养形成良好的阅读习惯。只要我们坚持不懈，真正重视阅读教学活动，充分挖掘出他们的英语阅读潜能，必将大大提高其阅读水平。我们的教学不但要让学生获得知识，而且还要充分提升学生的自主能力，实现小学生英语阅读素养的培养，从而促进学生英语核心素养的发展。

参考文献：
[1] 王圆圆，《培养小学生的英语阅读素养有效策略探究》.
[2] 谢学梅、赵勇、解丽丽，浅谈小学生英语阅读素养的培养.
[3]《英语课程标准》2011版.

浅析幼儿户外自主游戏中教师的观察指导策略

井研县幼儿园　金阳

摘要： 游戏是幼儿的天性，是幼儿园活动的基本形式，在众多的游戏形式中，自主游戏因将游戏场地、材料、玩法、同伴等选择权交还于幼儿，有效促进幼儿的身心发展、社会化发展，在幼儿游戏中具有较为重要的地位。在幼儿自主游戏过程中，教师并非完全置身事外，让幼儿放任自流；也不应该跟随自身设计的思维，去打断、左右幼儿游戏。教师在幼儿自主游戏中应加强观察分析，并以相应的策略进行指导，提升幼儿自主游戏的有效性。

关键词： 自主游戏；有效观察；适时指导；策略

根据《3~6岁儿童学习与发展指南》的要求，幼儿园课程游戏化成为教师探索的教学方式，其中，幼儿"自主游戏"以其自发、自主、愉悦、创造的过程，成为众多幼儿园开展游戏过程中所追随的发展方向。

然而，在自主游戏开展的过程中，由于环境、材料等的不确定性，安全保障成为老师最大的顾虑，对游戏认知的不清晰，行为的不自觉等，往往成为幼儿园推广"自主游戏"的最大阻碍。那么，教师在幼儿自主游戏过程中，怎样观察才算有效，何时介入为最佳时机，以什么样的方式进行指导，给予幼儿怎样的启发与帮助……一系列问题都值得我们深入思考。结合我园开展混龄混班的户外自主游戏的实践经验，从教师的有效观察存在的问题入手，分析成因，助推自主游戏的开展，做出了关于教师有效观察指导策略的相关探究。

一、自主游戏中教师有效观察的前提保障

在我园的户外自主游戏中，采用的是混龄模式，完全打破了班级界限，全园成为一个大集体。因游戏玩法、材料、场地、同伴等决定因素都交还于幼儿，孩子们可以自由地选择任意场地满足自身游戏需求、实施自己的游戏计划。而教师是幼儿游戏过程中的观察者、指导者，

能引领幼儿自主游戏的正确发展方向，确保游戏目标的实现。但所谓的观察指导准备绝不是简单地看看写写而已，从游戏计划开始，思考每一个环节，在顾全幼儿安全的前提下保证游戏的顺利进行，做好充分的前期准备。

1. 教师定点站位

在开展混龄混班的户外自主游戏前期调查中我们发现，老师们开展此活动最大的顾虑就是幼儿安全，一旦将孩子们全部放开，很难保证孩子们不发生安全事故。我们思考如何让宽阔的户外场地不留死角，在保证幼儿安全游戏的前提下又能做到有效观察。于是，我们兼顾教师的自身特长与优势互补，将老师以班级为单位分别安排到幼儿园户外九大区域之中，让老师定点站位，以便于幼儿能在户外知道教师的准备位置，教师也能对幼儿游戏进行更加持续有效的观察、指导。通过实践证明，在开展户外混龄自主游戏后，孩子一旦专注于游戏情境之中，安全事故的发生率微乎其微，反而他们在"自我放飞"以后，游戏的愉悦性、创造性凸显，同时，社会交往、解决问题等诸多能力也得以提升。

但一段时间后我们也发现弊端，因教师是以班级为单位布点观察，而小班宝宝对本班老师的依赖性决定了他们会围绕老师参与游戏，因此他们"窜区"游戏的发生率很低。为了鼓励小班宝宝能到其他区域参与游戏，我们调整之前的思路，将老师打破班级界限，进行交叉布点，老师走出去了，小班宝宝也自然跟着走到了其他游戏区域参与游戏。

2. 幼儿专属游戏牌

观察记录是判断幼儿游戏水平的最佳途径，在混龄混班的户外自主游戏中，如果教师不能有效地识别幼儿年龄及姓名，就不能准确地判断幼儿在现阶段的游戏水平，也无法进行观察记录，更无法将发现的精彩"哇"时刻向该班教师分享，于是我们思考到：孩子们需要一个专属于自己的游戏牌，上面有幼儿照片、姓名、班级等信息，以便于他班教师进行有效识别，并在游戏过程中准确地判断幼儿的能力特点及所属年龄的游戏水平。同时，我们还将每个班级中需要关注的"特殊宝宝"用桃心符号进行标记，让他班教师在观察时能特别关注他们言行举止，保证每位宝宝在安全的前提下参与混龄混班的户外自主游戏。

3. 教师观察工具的优化

在教师观察幼儿游戏的工具中，使用频率最高的莫过于手机，它不仅能对幼儿的精彩瞬间进行拍照记录，同时还能通过视频拍摄还原幼儿游戏中的某个时段，并能让老师通过回看视频中幼儿的语言与行为，判断幼儿的游戏水平，同时，笔记本与笔也是很好的观察工具，能如实地记录幼儿在游戏中的言行。但当多种观察工具都集中于手，总会有手忙脚乱之时，为了解放老师们的双手，我们为每位教师提供了盛放观察工具的游戏小挎包，将观察工具放置于游戏小包内，以保证教师在观察指导幼儿游戏中不被观察工具所拖累。

二、自主游戏中教师观察与指导的策略

（一）教师应把握和指导游戏时机，做到有效介入

在幼儿园户外自主游戏中，幼儿自身拥有无限的想象力，幼儿在游戏活动中与材料的互动，使得自身的多项能力得到锻炼与提升。在自主游戏中，幼儿会遇到各种各样的困难，但在困难面前，你要相信幼儿是有能力的学习者，应给予他们充分的时间与空间去探索。这整个过程中，教师应时刻关注幼儿的表现，放手让幼儿自己学着去解决，虽然幼儿自身的成长需要教师帮助和支持，但是这样的支持并不是说教师要随时、不分时机地进行干预。而幼儿只有在不断发现问题和解决问题的过程中，才会感受到成功的快乐，更好地成长。

案例：月亮湖边的"桃心宝宝"

晨间，户外自主游戏时间，一个小男孩一直趴在湖岸边往水里看，我悄悄走上前去，当发现他的姓名牌是带有"桃心"形状的小班宝宝寒寒时，我并没有及时制止他在湖边看似危险的行为，而是默默地退回一边开始观察他的行为。只见他跑到旁边的材料区，取了一个短柄的小漏网，跑回湖边打捞掉落的树叶。突然，寒寒大叫："那里有玩具！"可似乎手里的漏勺太短，他够了几次都没有成功，这时他发现左边的一个小女孩拿着一根长柄的漏网，于是他立马跑上去开抢，我心里一阵紧张，但却没有立即上前制止他，我站在不远处观察他的一举一动，就在我纠结是否需要上前阻止时，他却放弃了与小女孩的争夺，径直跑向了我，我微笑地看着他，他着急地说："老师，我想要一个这么长的网。"他边说还在边比画着，我说："这里没有了，但我好像在那边看到过。"这时，我手指着彩虹池的方向，话音刚落寒寒就一溜烟儿似的跑了，就在我还在担心他过去是否又会因为材料与人争夺，纠结是否应该跟过去看看时，只见他已经拿着心仪的漏网朝我跑了过来，我竖起大拇指并对他点点头，他得意地笑了笑就跑向湖边继续他的打捞游戏了。

对于户外自主游戏来说，偌大的空间及充足的时间是孩子们发现问题、自主探究、解决问题最强有力的保障，通过自主游戏我们也知道，我们要给予孩子最大化的放手和最充分的材料支持，这样幼儿就能获得最充分的体验与感受。在这个案例中，因为教师忍住了好几次看似必须的介入时机，成就了这个特殊的小班宝宝解决问题、社会交往等多方面的能力提升，让我看到了一个"特殊宝宝"背后闪闪发光的另一面。

（二）教师应观察与发现材料的适宜性，做到不断优化

材料是幼儿自主游戏的重要组成部分，可以说一切的游戏意图都可以通过材料来实现。在自主游戏之初，教师可根据游戏活动去预设本区域所需要的游戏材料。当游戏开展起来以后，教师需细心观察幼儿与材料的互动情况，思考材料投放的适宜性，同时还可根据幼儿需求及时增减，以保证幼儿在自主游戏中的材料需求，促进幼儿积极主动地参与到自主游戏活动中与材料互动，使其游戏环境、材料一直处于不断优化的过程。

案例一："危险"的砖头

户外锅锅宴中，因预设孩子们可能会搭灶开展煮饭的游戏，于是我们在此处投放了数块空心砖和锅、铲等数种煮饭的材料。在前期活动中，大班幼儿经常到此处玩耍，也确实用砖头搭灶玩游戏，并没有发现投放的砖头有不适宜之处。后来，我们将教师调整了站位，进行交叉搭配，此处安排了一位小班老师，于是我们就发现更多的小班宝宝开始聚集于此处开展游戏。

一天，小班宝宝凡凡想取一块砖头，小小的他并没有预料到这块砖头的重量，结果砖头没拿稳，重重地掉到地上，差点砸到他的脚，凡凡被吓了一跳，一旁的观察教师余老师也被此情景给吓住了。余老师站在旁边思考着是否应该上前去帮凡凡拿一下，她上前了两步却又退了回来，我猜她希望给孩子一点解决问题的空间，如果孩子求助了上前帮忙也不晚。可是，凡凡并没有向不远处的余老师求助，而是弯下腰，用手将地上的砖块推了推，当他发现能够推走时，他快速地推着前进，可是，一旁的台阶却阻断了他的行为，他停留了几秒，忽然将砖头向前翻了个跟头，砖头顺利地爬上了一级台阶，凡凡开心极了，并用此方法将砖头搬上了台阶，继续玩起了他的游戏。

在这个案例中，虽然并没有安全事故发生，孩子也很顺利地通过自己的努力解决了问题，但思考到这里还会有小班宝宝时常在此游戏，于是我们思考了优化方案，降低了空心砖放置的高度,并增加了轻巧的泡沫砖,希望通过材料的不断优化,以促进幼儿在自主游戏中的持续发展。

案例二:太软的垫子

在户外自主游戏区域——酷车一族中,孩子们时常用奶粉罐和废弃的泡沫地垫以架空的方式搭建多层的停车场,可每次停车场最多搭到第四层时就会倒塌,孩子们非常泄气,百思不得其解。但站在一旁观察的周老师看到了这个事件,却并没有急于将答案告诉孩子们,而是引导他们通过多次观察,发现因为地垫是软的,不能支撑起相对更重的多个奶粉罐,所以停车场才会倒塌。在教研活动中,周老师提出建议:用班级使用过的废旧PVC板代替地垫,就能解决此问题,于是我们悄悄地将优化的材料投放到了酷车一族的材料超市中。

第二天,孩子们发现了质地更加坚硬的PVC板,便立刻使用起来,并顺利地将他们的多层停车场搭建到了他们预想的第六层,高兴极了。

案例中,智慧的老师管住了手管住了口,并没有急于将答案告诉孩子们,而是通过多次失败尝试,让孩子们自己观察、分析,得出了倒塌的缘由。同时,通过我们对材料的优化,助推孩子的游戏向更高水平发展。

(三)教师要对幼儿的自主游戏表现进行恰当的科学评价

幼儿在游戏结束后,回顾环节也是自主游戏中十分重要的一项内容。在此部分中,我们鼓励幼儿将参与自主游戏中的行为对同伴用语言进行描述,如:今天你哪个区域和谁玩了什么游戏?使用了什么材料?其中发生了什么有趣的事?遇到了什么困难?你是怎样解决的?……此过程中,教师可以鼓励幼儿多表达自己的想法,引导幼儿对游戏活动进行介绍,回顾在游戏活动中有什么发现等。同时,我们还借助了绘画的形式,鼓励幼儿将参与游戏的过程通过图画进行展现,孩子将绘画好的游戏过程向同伴分享,同伴也能更加直观地了解到整个游戏过程,同时自身的语言表达能力、逻辑能力、社会交往能力、自我评价等等都能得以锻炼与提升。

在幼儿的自主游戏过程中,教师作为观察者,需要观察儿童的行为,了解幼儿内心的真实想法,并对儿童的表现进行评价,这可以帮助教师进一步走进幼儿的内心世界,了解幼儿的最近发展区,以及促进幼儿发展的方向,拉近教师与幼儿之间的距离。此外,教师还应当对幼儿自身的行为发表相关的评价,使得幼儿自身的自主游戏活动行为得到强化并得到赞许,从而获得更好的成就感。

幼儿自主游戏的实施是落实《幼儿园教育指导纲要(试行)》与《3~6岁儿童学习与发展指南》的有效载体和重要途径。在当前学前教育的基本导向中要求:幼儿园要遵循幼儿身心发展规律,坚持以游戏为基本活动。因此,我园实施自主游戏过程中,宽敞开阔的环境、多元的游戏空间、低结构高开放的材料以及教师给予的自由放松的心灵体验,使得自由、自主、创造、愉悦的混龄自主游戏自然发生。环境、材料、支持的不断优化,教师为幼儿自主游戏的实施提供有力的支撑,让自主游戏成为儿童发展的快乐舞台,让儿童真正成为游戏的主人!

参考文献:

[1]黄小慧,论幼儿自主游戏中的教师指导策略[J],教育观察2018.

[2]柳云霞,学会观察 学会聆听 学会介入——浅谈幼儿园自主性游戏中教师个别指导策略[J],好家长2018.

以概念为本的地理极简导学课堂的魅力

四川省井研县研城中学　雷刚

摘要：以概念为本是指学生在认识事物过程中，把事物的共同本质特点抽象出来加以概括，即从感性认识上升到理性认识，形成概念式思维惯性。极简导学是指在课堂学习活动中突出学生的主体地位；以学生自研、互研、深研为前提，发现不能解决的问题。此时，教师对学生进行极致简洁的引导、点拨，引导学生解决问题，抽象出概念，形成概念式思维惯性，举一反三，达到优质、高效的导学效果。

关键词：概念为本；极简导学；魅力

教师如何让学生的学习变得简单，让学生爱学、乐学？带着这个问题，我在《以概念为本的课程与教学：培养核心素养的绝佳实践》（作者：林恩·埃里克森、洛伊斯·兰宁）一书中找到了答案：以概念为本，在课堂有限的时间内出色地完成学习任务，就是优质、高效的课堂。笔者倡导的地理极简导学课堂，其核心也正是优质、高效的课堂。

极简导学是指突出学生的主体地位，以学生自研、互研、深研为前提，发现不能解决的问题。此时，教师对学生进行极致简洁的引导、点拨，引导学生解决问题，抽象出概念，形成概念式思维惯性，举一反三，达到优质、高效的导学效果。以概念为本的极简地理课堂的魅力主要表现在以下四方面。

一、以概念为本的地理课堂学生学习有兴趣

以概念为本是指学生在认识事物过程中，把事物的共同本质特点抽象出来加以概括，即从感性认识上升到理性认识，形成概念式思维惯性。例如，对"亚洲的河流的水文特征"的认识抽象出"河流的水文特征"过程中，即把河流的共同本质特点抽象出来并加以概括，从感性认识上升到理性认识，形成"河流的水文特征"的概念。当学生将"亚洲的河流的水文特征"事实性知识与"河流的水文特征"相关概念进行交互、迭代处理加工。当他们将事实性知识和概念联系在一起协同思考时，他们是为自己而思考。这种协同思考过程能够开发学生的智力并激发学习兴趣。

二、以概念为本的地理课堂学生研创有时间

世界那么大，不可能学习每一个区域；随着互联网的发展，知识正在以指数级数量增长，知识是教不完的。例如由"亚洲的河流的水文特征"事实性知识抽象出"河流的水文特征"概念后，"欧洲的河流的水文特征""非洲的河流的水文特征""美洲的河流的水文特征"等都不需要再进行一一学习，因此学生由"亚洲的河流的水文特征"事实性知识抽象出"河流的水文特征"概念就能有足够的时间自研、互研，发现还不能解决的问题。此时，教师对学生进行极致简洁的引导、点拨，引导学生解决问题，抽象出"河流的水文特征"概念。"河流的水文特征"概念比"亚洲的河流的水文特征""欧洲的河流的水文特征""非洲的河流的水文特征""美洲的河流的水文特征"等少许多，所以学生研创有时间。

三、以概念为本的地理课堂学生探究有深度

发展学生解决复杂问题的思考力和创造力，需要以课程为载体，以教学为路径的"协同思考"模式。协同思考是在事实性知识与技能和概念之间有一个认知的相互作用。这会激发更高层次的思考，并引起对知识和概念的更深层次的理解。例如"地球的形状和大小"一节内容的学习中，以前我在教学中是让学生记住地形的形状和大小的数据。以概念为本的地理课堂学生探究时间充裕，因此我就让学生探究"地球大小"与"形状"之间的关系并追问地球仪的形状：

1.抓住"地球的形状和大小"难点知识设问：看地图册"地球的大小"图，描述地球的形状？（1）自研：从地心到北极的半径为 6357 千米（R 极），地心到赤道的半径为 6378 千米（R 赤），可以得到的结论：R 极 R 赤。（2）互研：请根据该结论描述地球的形状？用哪些数据表示地球大小呢？小组内交流。

2."地球的形状和大小"追问：思考地球像什么水果或蔬菜？根据"地球的形状"，将地球缩小做成地球仪是什么形状？为什么？

以概念为本的地理课堂学生研创有时间，因此探究有深度，那是因为概念有深度。

四、以概念为本的地理课堂学生知识能生长

21 世纪学生迫切需要的高阶能力包括辩证思维能力、团队沟通的能力和解决问题的能力。这些能力的培养就必须超越对低阶目标的覆盖式教学，走向以事实和技能为支撑的概念性教学。例如：我们在学习亚洲及相关区域和国家时要分析它们的范围、位置。同样，在学习欧洲及相关区域和国家、美洲及相关区域和国家、非洲及相关区域和国家等时都要分析它们的范围、位置。因此，"范围"和"位置"就是概念性知识，而具体到某个地区的范围和位置知识就是事实性知识，学习"某个地区的范围和位置"就是为了更好地理解"范围"和"位置"的概念。所以学习了亚洲的"范围"和"位置"后，再用其他一至二个地区的"范围"和"位置"练习，由学生来分析。以概念为本的地理课堂，学生获得的知识能生长，那是因为概念可迁移。

由于教师是用昨天的知识，教授今天的学生，做未来世界的主人，所以能力是关键。以概念为本，将课堂时间、空间还给学生，让学生学习有兴趣、研创有时间、探究有深度、知识能生长，从而培养学生能力，适应未来社会。

参考文献：

[1]《初中地理课程标准》（2011 年）
[2] 林恩·埃里克森、洛伊斯·兰宁，《以概念为本的课程与教学：培养核心素养的绝佳实践》
[3] 百度百科《一个问题老师反复讲为什么学生会记不住呢？》

沉浸式学习让我的地理课堂变得极简高效
——《读懂一本书：樊登读书法》有感

井研县三江镇初级中学校　李建钢

摘要：讲书是最高效的沉浸式学习方法。在地理极简导学中，学生先根据教师提供的学习材料自学，然后再给别的学生讲，讲的过程又加深了学生对地理知识的理解。老师只需要在学生学习困难时简单引导。这是沉浸式学习和极简导学在地理课堂中的有机结合。

关键词：沉浸式学习；地理课堂；极简导学

近年来，在我们农村教师中一直有一个话题，就是农村学校的学生，为什么感觉一届不如一届。上课的时候，也经常恨铁不成钢地对学生发出这样的感叹：这个问题我都讲了好多遍了，怎么还是不懂！我常常反思这个问题，也经常和同事交流讨论，都一直找不到答案。有幸的是，这一段时间参加井研县初中地理雷刚工作室"读书点亮生活·感悟教育真谛"的读书活动，我阅读了《读懂一本书：樊登读书法》一书，从中得到了一些启示！

一、讲书是最高效的沉浸式学习方法

《读懂一本书》的作者樊登，一个优秀的讲书人，也是"樊登读书"的创始人。樊登先生毕业于西安交通大学，曾担任中央电视台节目主持人，主持过中央电视台的《实话实说》《12演播室》《成长在线》等节目，著有《可复制的领导力》等畅销著作。《读懂一本书》一书共分为八章，分别从讲书人的素质积累、能力培养、选书方法、内容结构梳理、核心论点提炼，再从讲书前的心态准备、讲书的节奏和框架、讲书怎样建立路径等方面给我们讲述了樊登读书的图书拆解方法和推动全民阅读的心路历程。

1. 选择讲书的理由

樊登认为，要以讲书为目的去读一本书，因为讲书是最高效的沉浸式学习方法，能锻炼一个人的主人翁意识。沉浸式的读书，往往以目标为导向，你想把一本书讲给别人听，那你是不是会努力去找出这本书的意义，这本书的架构是什么？如果要讲，开篇先说什么？哪个故事最动人？哪儿是最有价值的点？这样读书往往就是深度学习。

2. 对待讲书的态度

樊登介绍了他讲书的成长过程，他觉得把书讲好，除了需要有归纳演绎的逻辑思维能力、大局观、简洁幽默说服力的语言能力、同理心和爱这五种能力外，最重要的是，要有"将然"的心。"将然"的心，指的是一种趋势、一种变化。比如我们现在无法读懂的书、现在无法听懂的话、现在无法理解的场景，将来某一天就会读懂、听懂、理解。而每个人需要做的，是怀着"将然"的心态去做事，不要气馁，不要骄傲。只要我们继续学习，相信我们会变得越来越好。

3. 选择书籍的过程

樊登还讲述了他自己选择适合的书籍的过程，首先要明确阅读需求，获得新知、信息数

据还是消遣娱乐,然后遵循 TIPS 选书原则:T(Tools)是工具,I(Ideas)是新的理念,P(Practicability)是实用性,S(Scientificity)是科学性。最后具体选书可以从以下几方面入手:第一是看出版机构;第二是看作者背景和推荐人;第三是看好书中的推荐书单;第四是看好书后的参考书目;第五是看图书翻译和印制质量;第六是看内容是否有效。

4. 读懂书籍的方法

樊登在书中讲道,如果每本书的知识不能通过有效的途径转变为能力,再多的量也是一种沉没的时间成本。最重要的不是读书数量,而是真正把一本书读懂、吃透!

读懂一本书,首先要提高自己的理解能力,也就是扩大自己的知识面,即可以从经济学知识、心理学知识、管理学知识、逻辑学知识、国学知识、哲学知识和人生经验等方面扩大自己的知识面。其次是要摒弃两个坏习惯:阅读时不认识字就停下来和一边看书一边玩手机。樊登认为阅读间隔会打破阅读的乐趣和快感。三是做好读书笔记:樊登建议做读书笔记可以关注这些方面:概念被清晰界定、彰显书籍内在价值、感受到心灵冲击、某种解释很令你意外、感觉问题很严重、递进关系、转折关系和奇闻逸事。最后是学会绘制思维导图。绘制思维导图这种读书方法在知识吸收上很有优势,一是看起来非常清晰明了,二是动笔写过的内容更容易在大脑中获得长期记忆。绘制思维导图的思路,可以按照书的章节划分,也可以自己重新解构。在绘制的时候,要能够有自己的语言,而且要能够有自己的解读逻辑。

二、自学讲课——地理课堂中的沉浸式学习

我们再回到开篇的问题,农村学校的学生,为什么感觉一届不如一届。上课的时候,某个问题老师讲了很多遍,为什么学生还是不懂?阅读了这本书,我恍然大悟,原来我们的学生学习时用的是观光式学习,而不是沉浸式学习。

什么是沉浸式学习呢?这是和观光式学习相对的。就拿我们当下的课堂学习来讲,观光式学习的特点就是"打卡"。老师在上面讲,学生在下面记。学生学得怎么样,都是考试检验。经纬网的知识学会了吗?考一下。等高线的知识学会了没有?考一下。表面看起来,每个知识都学会了,但是这样"学会"的结果可能是"学得快,忘得快"。这就是观光式学习。如果一个人阅读仅仅只是为了把书看完,这种打卡式的阅读给他带来的就不是高效的知识输出,而是时间的浪费。

沉浸式的读书,以目标为导向,你要讲给别人听,就会努力去找出这本书的意义、这本书的架构,还会思考先讲什么,最有价值的点在哪儿。当你把这本书读完了,要先内化为自己的知识,才能把它讲给别人听,别人也才能听懂。沉浸式读书以讲为读,先内化,再讲出来,讲的过程又加深了对知识的理解,真正把知识变成了自己的。

那么,我们在地理极简导学中,怎样实现沉浸式学习呢?在书中,樊登认为讲书是最高效的沉浸式学习方法,能帮助我们成为事件的"主人公",不断体会和探索。在地理课堂上,我让学生以讲课为目的去学习,让学生成为地理学习的"主人公"。学生要把某个地理知识讲给别人听,并让别人听懂。在这个过程中,自己就要先内化,再讲出来,讲的过程又加深了学生自己对这个地理知识的理解,这就是沉浸式学习。我们老师,只需要在学生学习困难的时候加以简单引导就行了,这也是我们提倡的地理极简导学。

具体怎样做呢?以我的学生学习《南亚》一课为例讲讲我的做法。

首先从《西游记》的故事引出今天要学习的南亚地区,并组织学生回忆学习区域地理的基本方法。然后告诉学生这节课的学习过程:分组—自学—讨论—讲课—小结。让学生明白,

我们的学习是以讲课为目的，充分调动学生的学习积极性。接下来我把全班分成几大组：范围和位置组、自然条件组、人文条件组，各小组学生用10分钟左右的时间根据老师提供的学习材料自习相关内容，自学完后同小组之间相互讨论。大家再相互讨论学习，形成结论，组织语言，思考怎样上台给别组的同学讲才能讲懂。在这个过程中，我在教室里巡视，有时也适当加入某个小组讨论。等大家学习讨论基本完成后就请各小组推荐学生上台讲给大家听。各个小组可以推荐一个首席讲师、若干个助理讲师，由首席讲师主讲，助理讲师补充。老师在一旁点拨。各小组讲完后，全班同学一起回顾本节课的内容，以思维导图的形式小结本节课的收获。最后，根据各小组的学习情况和讲课情况评出本节课的五星学习小组和五星讲师，以此激励学生。

在这节课中，也存在着许多问题。比如，我编制的学习材料指导性不够强，自学和讨论时有部分学生学习积极性不高，没调动起学习主动性，学生讲课时态度不够自然、语言不准确、不规范等。不过我没有气馁，没有退缩，因为我是怀着"将然"的心态去做事，今天这节课的学习材料指导性不够强，学生今天没学好，我没引导好，不要怕，只要我们继续努力，相信我们的地理极简导学课堂会变得越来越有成效。

读书可能不会让我们成为影响世界的英雄，但却可以让我们成为更好的自己。让我们用读书改变自己的生活，带着一颗"将然"的心，走在地理极简导学的路上，未来一定会更加美好！

参考文献：

樊登，《读懂一本书：樊登读书法》

在古诗词教学中渗透情感教育策略研究

四川省井研县研城中学　李秀丽

诗词是我国灿烂文明长河中的一朵最为绚丽的浪花。从古代劳动人民劳动中的歌唱，在祭祀中的吟咏到第一部诗歌总集《诗经》再到唐宋的诗词鼎盛时代，直至近代，古典诗词就是绽放在华夏文明长河中的朵朵浪花。两汉辞赋，唐诗宋词，元代散曲，或韵或散，或律或绝，或豪放或婉约，无一不是历代文人想象的瑰宝，情感的积聚，智慧的结晶。如今，我们在诗词的海洋中畅游，期待着将这一文化传承，期待着我们的学生能够跨越时空的距离，去欣赏昔日的山川河流是否因岁月的变迁而变化，去触摸不同的时代的脉搏，去感悟人物的不同命运，和他们产生情感的共鸣。那我们教学古诗词到底应该教授给学生什么呢？语文课程的基本特点：一是工具性，二是人文性。蒋忠仁先生曾说：语文对品德培养负有更大的责任。所以诗词教学除了诗词本身，我们更应该挖掘诗词中所蕴含的情感，给学生情感上一次洗礼。

那么，如何在诗词教学中渗透情感的教育呢？

一、在诗歌中感受诗词文字之美

诗词言简却意蕴丰富，而这丰富的表现力从何而来？是从文字的锤炼中来。如李白的《塞下曲》中"无花只有寒"。"寒"字，不仅指出天气寒冷，更折射出诗人心绪，满是凄凉！"晓战"与"宵眠"相对应，概括了军人一天的生活。"随"字，写出士兵们的令行禁止。"抱"字，不说"枕"而说"抱"，一字之差，却突出了士兵们枕戈待旦，随时准备投入战斗的紧张气氛。这二句虽然写的是士卒的生活场景，但更写出了他们守边备战，极力想获得战功的心态。

又如杜甫《夔州雨湿不得上岸作》。"晨钟云外湿"中的"湿"字，钟声如何能湿，其实"湿"字运用了通感，即触觉与听觉相互交流。此字生动形象地写出了在钟声之中，穿雨而来，穿云而去的情景。

诸此种种，不胜枚举，从诗词教学中感受文字的魅力，其实就是一次传统文化、民族文化的熏陶，继而激发民族文化的自豪感和感受传统文化的兴趣，以实现对中华传统文化的传承。

二、在诗词中领略文明礼仪之美

自古以来，中华民族注重文明礼仪，古诗词本就是诗人对生活的记录，所以在古诗词中总能见到古代的日常礼仪规范。如古代对于座次以左为尊，以体现社会尊卑有别。左迁即是被贬，如《闻王昌龄左迁龙标遥有此寄》。还有如祭拜的礼仪，《诗经·周颂·丝衣》早有关于祭祀的礼仪，从祭祀所穿服装到祭祀贡品到祭祀场面都有描绘。如送别，古人送别一定有酒，"劝君更尽一杯酒，西出阳关无故人"；有音乐，"中军置酒饮归客，胡琴琵琶与羌笛"；有柳相赠，"柳条折尽花飞尽，借问行人归不归"……

三、在诗词中感受人情温暖

诗词描绘人生百态，更有人情冷暖。早在《诗经》中就有了投桃报李的温暖：

投我以木瓜，报之以琼琚。匪报也，永以为好也！

投我以木桃，报之以琼瑶。匪报也，永以为好也！

苏轼在因乌台诗案生死攸关之际给弟弟苏辙写下了《狱中寄子由》，此诗吐露出浓浓的手足深情，生则相依，死则相托，手足情深，莫过于此。

古诗词中有友情，有亲情，有爱情，有父母深情，有温馨，有感动，有悲戚。读诗，在诗词中感动，在感动中接受成长的洗礼。

四、在诗词中激发昂扬的力量

学习诗歌，不仅能感受优美的画面，细腻的情思，更能从诗歌中读出哲思，获得人生的启迪，收获对人生积极乐观的态度。

"问渠那得清如许，为有源头活水来"借助池塘水清因有活水注入的现象，比喻要不断学习接受一个新事物，才能发展保持学生思想的活跃与进步；"不识庐山真面目，只缘身在此山中"借望庐山告诉我们要从各个角度去观察方能认清事物的本质，切勿一叶障目；"纸上得来终觉浅，绝知此事要躬行"道出了学以致用的道理；"山重水复疑无路，柳暗花明又一村"告诉我们困境中蕴含着希望……

余秋雨在《文化苦旅》中提到了一个非常引人注目的中国历史部分，可以称之为"贬官文化"。贬官被贬，人生有了低谷，而这些人在低谷中却并未沉沦，而是激发出一种昂扬的力量。李白被贬，发出的是"我辈岂是蓬蒿人"的豪言，更有"直挂云帆济沧海"的展望；苏轼被贬，是"日啖荔枝三百颗,不辞长作岭南人"的随遇而安;范仲淹被贬,仍是"先天下之忧而忧,后天下之乐而乐"的一腔赤诚……被贬是人生的苦难,但这些诗人告诉我们苦难并不是人生的终结,而是一种新生,只要心中有力量,即使低落到尘埃也会开出最靓丽的人生之花。

五、在诗词中培养国之大爱,民族之责任感

国与家是诗词永恒不变的主题。一是对国家的赤城与热爱。文天祥虽身陷囹圄,饱受磨难,然而在面对生的诱惑时,却是毫不犹豫舍生取义,发出"人生自古谁无死"的豪言,留给历史的是一个决绝的背影;岳飞一生驰骋于疆场,精忠报国,一生之愿就是雪靖康耻,于是他身披铠甲驾战车,踏破贺兰山缺;陆游穷极一生的愿望都是在收复失地,即使被迫闲居,心中犹存冲上抗金前线:"君记取,封侯事在、功名不信由天。""鬓虽残,心未死。""心在天山,身老沧州。"即使将死之际,仍心挂"王师北定中原日,家祭无忘告乃翁"。

二是团结互助的激昂慷慨。在《诗经》中:

岂曰无衣?与子同袍。王于兴师,修我戈矛。与子同仇!

岂曰无衣?与子同泽。王于兴师,修我矛戟。与子偕作!

岂曰无衣?与子同裳。王于兴师,修我甲兵。与子偕行!

这是团结互助、抵御外辱的昂扬斗志;这是激情与爱的结合,是人们的关爱与责任,给人以温暖与力量。

三是对民情的洞察和济世的情怀。

诗词中除了作者对自己本身的记录,更有着对时事的记录与思考,在对民情的洞察中展现出悲天悯人的情怀。《君子于役》赤裸裸地展示了人民在重役下艰难而痛苦的生活;《硕鼠》中反复咏叹突出硕鼠贪吃而肥硕的形象,其实硕鼠就是贪婪的剥削阶级的隐喻;杜甫有着自身苦难生活的感悟,更有对世事沧桑的感怀。三吏三别、《兵车行》等等,他在颠沛流离中,以己度人,通过平实的叙事,展示在战乱中百姓的流离失所、衣不蔽体、食不果腹、朝不保夕,谴责统治阶级的穷兵黩武,对百姓的艰难表现出无限的同情。在杜甫的眼中,他看到的是天下苍生,所以即使自己饱暖不及,仍发出了"安得广厦千万间,大庇天下寒士俱欢颜。吾庐独破受冻死亦足!"的呐喊。

读诗,读它独特的画面,独特的意境,独特的情感,更要读其闪现的人性之光,爱之美,从而获得情感的熏陶,获得情感的教育,那必能使每一个孩子心灵锃亮,做一个大写的人。

参考文献:

[1] 田蕊,唐代离别诗的意象研究,《延边大学硕士学位论文》,2010.

[2] 葛月,中学语文送别诗教学研究,《重庆师范大学硕士学位论文》,2014.

[3] 郑丽娟,思想品德课教学中古代诗词运用研究,《福建师范大学硕士学位论文》,2016.

[4] 黄强,中华古典诗词的思想魅力,《商》,2013.

[5] 王惠梅,唐宋岭南词研究,《苏州大学硕士学位论文》,2008.

跨班跨龄
——幼儿园游戏区自主共享教育"三视角"策略

井研县幼儿园 刘勇

摘要：在开展幼儿园游戏区跨班跨龄共享的教育改革实践中，我们从环境创设、管理实施、游戏过程干预等三个视角，梳理提炼了幼儿园游戏区跨班跨龄共享30条教育策略，即"三视角30策"，有效指导教师实践，有效助推幼儿游戏向更高水平发展。

关键词：幼儿园游戏区；跨班跨龄共享教育；三视角30策

在教育回归的当下，幼儿园课程改革逐步回归自然、回归生活、回归孩子原本的生活世界与丰富多彩的游戏生活。游戏对儿童成长的重要教育价值越来越被幼教人珍视。而区域游戏则是幼儿最重要的游戏实施形式。在区域游戏中，幼儿通过与人、材料、事件、思想的直接互动发现学习，很好地发展独立性、好奇心及决策、合作、坚持、创新和问题解决能力，获得自信，成为自信而有能力的学习者。在区域游戏中，教师通过投放材料隐性支持幼儿游戏，通过有效观察适时介入助推幼儿学习。

带着对区域游戏重要教育价值的认知，我们通过调查问卷、电话访谈、入园走访等形式对市县不同层级幼儿园区域游戏的开展情况进行了调查，发现传统的以班为单位的游戏区在设计与实施方面存在一定的教育局限。于是提出了游戏区跨班跨龄共享的教育改革设想并着手系列化的实践研究。通过"创设环境投放材料——循序推进游戏区跨班跨龄共享——走进儿童游戏现场观察分析跨班跨龄共享策略下儿童游戏样态"，我们从环境创设、管理实施、游戏过程干预等三个视角，梳理提炼了幼儿园游戏区跨班跨龄共享30条教育策略，即"三个视角30策"，有效指导教师实践，助推幼儿游戏向更高水平发展。

一、环创"九策"，满足儿童游戏需求

1. 做好顶层设计，分步实施，打造舒适游戏环境

随着游戏理念的转变，我园对幼儿游戏、对创设有准备的环境有了更多的认识。学校以校园文化为统领，对学校游戏环境打造进行了顶层设计，构建了时时处处流淌着教育的室内外游戏环境打造蓝图，分头实施，打造了舒适温馨的游戏区共享环境，让环境材料"说话"，支持儿童跨班跨龄共享游戏。

面对琳琅满目的班级区域游戏材料，为避免花哨带给幼儿的视觉疲惫，结合我园硬件设置，我们提出了"楼层统一风格和色调"的环境创设主张，在色彩上做减法，统一色调，给幼儿宁静的色彩环境。同时尝试注意楼层及班级风格的统一与把握，尝试每层楼一个大环境风格下班级特色呈现。在户外共享游戏区的打造上，我们在预设和初创的基础上组织实施游戏区跨班跨龄共享，再卷入教师和儿童对现有游戏环境进行改造设计，充分考虑教师和儿童对环境设计材料投放的意见后进行优化改造。

从实践情况来看，以校园文化为统领进行顶层设计，而后分步实施的环境创设策略，有利于学校环境美观性及温馨度的提升，避免花哨，能在很大程度上提高游戏环境的舒适度。而充分考虑教师儿童看法对环境进行动态优化的策略，则更能凸显环境支持的教育价值，让环境富有"儿童的"意义。

2. 创设材料超市，相对集中，方便材料找寻

在材料存放形式上，我们的研究也有很大突破，主张"艺术性偷懒"，借鉴海森高课程模式，创设游戏材料超市，按材料归区，为幼儿多种游戏可能提供支持。

通过研究，我们找到了室内外游戏区材料存放的更好方式，即按材料归区，创建材料超市，区域只是一个存放材料的地方，孩子们选什么材料、在哪儿玩、玩什么、怎样玩等，都由其自主确定。实践中，对于班级、走廊、功能室等空间相对狭小的共享区域，在存放游戏材料时，我们多采取的是以超市的形式分类集中呈现游戏材料。而在大场地的户外共享游戏区，我们发现因户外场地宽广，材料分类集中存放，在有限的游戏时间内实现材料远距离的互通有困难，会在很大程度上阻碍儿童游戏的发展。于是我们对超市内材料的存放形式进行了变通，在相对集中的基础上，增加区域布点，增加同一区域内材料的种类，让区域内的材料更丰富多元，以更好地支持儿童游戏的多可能。

3. 注意层次投放，丰富多元，利于游戏混班共享

在材料投放的时候，我们还特别注意了材料投放的层次性。因是跨班跨龄共享，孩子们的能力水平是不一样的，其对游戏材料的需求亦不一样。小年龄的孩子可能对意图材料的需求更多，一些看起来象形、能让孩子直接产生联想、发起游戏主题的材料更易受小年龄孩子的喜欢。而大年龄的孩子游戏假想和替代的能力更强，可多投放低结构的一般性材料，那些能够让其实现一物多可能的材料更受其青睐，有时其直接寻找的大自然的恩物更易增加其材料使用的成就感。于是，在一个区域，我们投放材料特别需要注意材料的层次性，意图材料、开放性材料，以及跟主题相关的材料都会投放，以满足不同层次儿童的游戏需求。传统的班级游戏区需如此，跨班跨龄共享游戏区更需如此。

4. 践行九字经，巧妙收纳，支持看见拿到放回

实践中，我们发现游戏材料收纳的器皿也得注意。我们在借鉴海森高课程材料收纳的"九字经"的时候发现，透明的器皿更适合作为区域材料的收纳。因为是透明的，当孩子有需求，抬眼就能看到可能用得到的材料。当然，收纳箱存放的高度或位置也得考究，以支持孩子"看得见、拿得到、放得回"。

5. 多方式做标识，看图识位，方便自选自取自还

随着游戏区跨班跨龄共享研究的深入，我们越来越意识到材料标识的使用在帮助幼儿自选自取自还，实现自主管理上有非常重要的作用。因为游戏区跨班跨龄共享，相比传统的班级区域游戏，有更为复杂的人文环境。实践中，我们多方式做标识，以帮助幼儿看图识位，自主管理。而基于年龄幼儿的特点和能力，在游戏区跨班跨龄共享实践中，我们就低不就高，多采用拍照的方式做标识，并且让柜子、收纳箱的标识一致，以方便幼儿迅速进行材料归位。

6. 观察游戏需求，动态调整，增加材料吸引力

面对复杂的游戏区跨班跨龄共享游戏环境，我们还以"发现儿童学习需求，优化材料投放"为题，开展了系列园本教研，聚焦儿童游戏现场，研究发现的游戏中儿童的学习需求及可能的材料优化策略。通过"研讨—实践—再研讨"的模式，很好提升了教师们关于游戏、环境、

材料投放的认识。通过研究，老师们知道游戏材料的投放要基于儿童的立场，要根据儿童的成长需求进行动态调整。这个调整可以是增减、挪位等，通过材料的变化增加吸引力，助力幼儿发现和创意性使用。教师可预设，但主体是儿童，寻找材料也是很好的学习；教师要有发现学习、发现材料调整需求的眼睛。

7. 打造户外区域，开疆扩土，实现室内外互动

在研究中，为推进跨班跨龄共享，我们还结合幼儿园地域特点，开疆扩土，打造了室外共享游戏区域，实现室内、走廊、功能室、户外"四位一体"的互动。

室内，多为常规性区域，如美工区、图书区等。走廊，材料归类摆放，特色型材料分班相对集中，常用材料每班配备，如有的班级外集中废旧物品，有的班级外集中自然材料或家庭区的材料等。在室外，我们逐步打造了体能锻炼区、建构区、交通游戏区、CS战区、玩沙区、玩水区、锅锅宴区、涂鸦区等。而功能室，也在整体规划的基础上，分给各班共同创建，以更好地满足于不同年龄段孩子的游戏共享需求。

当然所谓区域，仅是孩子们存放材料的地方，并不曾有按功能归区的划分。通过深入观察，孩子们的游戏总是多变且充满惊喜，滑梯下自然形成的私密空间会变成小家；滑梯出口、嬉水池会变成其舒适的售卖水管的店；纷飞的黄桷树叶则变成了孩子们交易的货币，而搭建区，孩子们的兴趣远不止于建了一座特别的房子。他们似乎更满足于修建的过程和建成后的游戏。

8. 卷入教师儿童，按图索骥，优化改造游戏环境

在我园游戏区跨班跨龄共享研究深入推进的过程中，我们还思考了如何对现有的环境进行新一轮的整体优化。我们的策略是卷入教师儿童，从儿童的视角重新考虑我们的环境。我们认为，要努力考虑儿童的观点和"最大利益"，相信儿童的想法在环境规划和评价过程中是有价值的。

于是我们制定调查表，发给家长，请幼儿向家长讲述最喜欢在幼儿园户外的什么地方玩，和朋友一起玩的什么游戏、在游戏时发现和使用了什么材料、还想用什么材料来玩游戏。幼儿用口述或绘画方式来表达。中大班还组织幼儿围绕游戏材料优化进行讨论，充分了解儿童的游戏愿景。同时我们让教师评估环境。教师们回忆自己的童年，并想象自己是个孩子，对现有游戏环境提出优化意见。在充分了解教师和儿童对现有环境的评估改造意见后，我们分析汇总，发现问题，并提出优化策略，并分步实施，逐步优化改造现有游戏环境，助力幼儿实施游戏愿景。

9. 尊重儿童立场，聆听童语，携手共为区域命名

在研究实践中，我们还对游戏区名字存在的教育价值进行了思考。我们发现在材料以超市形式存放的游戏区环境中，游戏区的名字更多的是告诉孩子们存放某些材料的地方，方便孩子们作计划回顾时关于"在哪儿"的表达。而在孩子们熟识的班级游戏区，孩子们对什么地方有什么材料已然熟识，而关于"在哪儿"的表达也可以用熟识的物品所替代，如电视机旁、教室前面、窗外等。于是，我们认为在室内共享游戏区，区域名称不一定存在。但是在宽广的室外，区域名称就有其重要的存在价值。但如何命名更易引起多数孩子的共鸣就值得思考。

实践中，我们的策略是卷入大班孩子为户外游戏区命名，以儿童票选的方式决定各区域的名字，并以儿童取的名字正式为每个区域制作了路牌。孩子们取出了魔哒宝屋、吃鸡战场、大鲨鱼、七彩沙堡、彩虹池、王者峡谷等区域名称。而每个区域名称的背后，都有孩子们对此区域游戏假想的趣事。

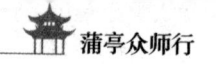

二、管理"五策"，确保共享有序实施

在逐步推进幼儿园游戏区跨班跨龄共享的过程中，为确保安全有序有质量地组织实施游戏，促进幼儿游戏向高水平发展，我们从不同的角度开发了多个管理工具，提炼了管理"五策"，确保游戏区跨班跨龄共享有序有质量地实施。

1. 由易到难，逐步推进开放

对于班级游戏区跨班跨龄共享的管理，我们从分班自玩开始，以"同龄两班交换—同龄两班混班—同年级混班—混龄两班交换—混龄两班混班—两个年级组混班—全园混班"的形式，由易到难，逐步推进，以确保安全有序实施。在每一个阶段，我们都要提前思考好教师和幼儿流动形式，从让幼儿逐步熟悉材料、安全有序共享的角度，进行预设安排，再根据实践中发现的问题进行调整。

2. 优化安排，最大化场地使用

针对小场地幼儿园如何优化使用场地，一直是有序推进幼儿园游戏跨班跨龄共享管理的重要问题。除走廊与班级共享外，我园开发了功能室和户外游戏区共享，并拟定表册，对场地最大化使用进行规划，而后借鉴班级游戏区共享推进经验，逐步推进。功能室还增加特色体验活动，由特长教师在特色活动时间做引领，并将材料及日常维护管理落实到人。

3. 调整作息，确保游戏时长

渐入游戏区跨班跨龄共享研究深处，我园通过"三次变革"，确保游戏时长及频次，支持游戏深入开展，以提升幼儿游戏水平。

最开始是上午 10：30~11：10，且是隔天一次。发现孩子的需求后，我们尝试把这个时段的区域游戏时间和生活活动时间整合，把上午自助水果及喝水的生活活动变成区域游戏中的一部分，孩子们可在这一大段时间内选择任一时间到水果店吃水果和喝水。实践中我们发现，孩子们要么匆忙吃水果，要么玩起后忘记吃水果，或是吃了水果但忘记洗手等。可以说为了玩，孩子们总是那么匆忙。于是，我们又进行了大变革，把每周一至周四的 8：20~9：40 定为区域游戏时间，增加了单次游戏时间，也增加了每周游戏次数，切实变长变多了游戏时间，满足幼儿游戏需求，支持游戏深入发展。这个变革，不仅能让孩子们真正玩嗨，也不再挤占上午自助水果时间，让孩子们不再匆忙，慢享生活。因为有时间的保障，孩子们的游戏更容易深入持续。

另根据园所场地大小不同，我园还根据孩子喜好及发展需求，体现室内外交替的原则，对两个校区户外及班级游戏区开展做了总体时间规划。大场地幼儿园户外宽广，多实施户外跨班跨龄共享；而小场地的幼儿园户外场地较窄，则户外跨班跨龄共享相对少些。

4. "跟""留"结合，教师合理布点管理

研究中，我们总结提炼了"跟""留"结合教师合理站位的管理策略，以确保安全，有效观察，适时介入，提升幼儿游戏水平。如共享之初的"同龄两班交换"时期，教师要提前了解他班游戏材料，并带幼儿熟悉了解，组织幼儿讨论他班游戏材料可能的玩法；同时基于幼儿年龄特点，而在他班作游戏计划；教师则全部跟班致他班，合理布点进行指导；回顾则可以他班回顾和本班回顾相结合的方式进行。"同年级混班"基于幼儿已熟悉材料和场地，教师的布点安排是"留本班，幼动师不动"。而到了最后的"全园混班"游戏期，幼儿则可在本班作计划，自主选择到任意区域游戏，教师则全园统筹安排布点，确保安全并指导游戏。同时，全日启动共享游戏日，实施人员流动比较大的跨班跨龄共享游戏，在统筹安排上，会增加楼道安全员，确保游戏安全有序实施。

5. 相互观摩，优化区域环境

在研究实践中，为最大化体现游戏材料的支持功能，我们还开发了学校环境创设评价细则。细则中根据我园具体情况对共享游戏环境的创设进行了具体的要求，给教师导向性的指导。同时多次组织教师开展了游戏环境创设观摩与评比，以评促进游戏区环境的优化，以评促教师反思环境创设，帮助教师内化环境创设策略。在观摩环境的过程中，我们还采取了先由能力强的班主任作环境创设实践与背后理性思考。而第二次观摩，则由班主任携手本班教师将其梳理成文本，班级教师轮流作介绍分享。教师们在"实践—观摩—思考—分享—再实践"的教研模式中，循序渐进，携手共长，切实提高优化区域游戏环境的能力。

三、游戏过程干预"十六策"，提升儿童游戏水平

我园针对儿童游戏过程"计划—工作—回顾"开展了系列研究，将研究从"放手玩起来"聚焦到"游戏质量提升"上。在给到幼儿高度自主，跨班跨龄畅享区域游戏后，怎样引领幼儿玩有意义的游戏，并通过游戏自主习得成长支点，是我们在实施游戏区跨班跨龄共享时的研究落脚点。

实践中，我们借鉴海森高课程经验，进行本土化实施，同时开发了"多功能名片识别夹""画说戏语""现场十分钟"等多个针对游戏区跨班跨龄共享实施的有效策略，携手儿童共构成长支点，主动学习，自然生长。

1. 名片夹——识别他班幼儿

在全园游戏区跨班跨龄共享的实践中，为让布点教师准确识别及观察他班幼儿，分享幼儿精彩"哇"时刻，同时确保幼儿安全，我们为每位幼儿制作了名片夹，上面有幼儿的照片、姓名、班级等信息。因是全园自主跨班跨龄游戏，如果发生幼儿找不到班级教师的情况，可根据名片夹上的信息将幼儿送回。

2. 计划小书——由繁至简

在引导幼儿作书面计划方面，我们的书面计划策略经历了从"计划图表—游戏小书—活页便笺小卡"的变化过程。从模仿借鉴到顺应幼儿的特点和能力，结合本园实际，不断优化。现在，小小活页便笺与幼儿名片信息夹在一起，幼儿在本班老师处涂鸦简单计划，再由幼儿自己夹在身上，既不影响游戏，亦方便携带，方便游戏布点教师了解幼儿的计划。同时，因是活页，还方便幼儿将每日计划取下，张贴在周或月游戏计划统计表上，方便教师了解孩子一段时间的游戏情况。至此，计划书由繁至简，变身为幼儿名片识夹上的计划小卡。

3. "重构"——助小班幼儿理解计划

因小班孩子的心理特点，"计划"这个词对他们来说是抽象陌生的，往往不好理解什么是"计划"。实践中，教师们会结合孩子的生活经验，让孩子们对计划有一个粗略的认知。而小班幼儿初期作计划时，教师会采取重述或重构的策略，将"计划"这个词逐步渗透给幼儿，如孩子说今天要去玩沙，老师会说："哦，你的计划是去玩沙！"经过一段时间，当孩子明白计划的意义后，与幼儿交流才直接问"今天你的计划是什么"。

4. 区域照片——帮助计划清晰呈现

我们知道，在引导幼儿作计划前，幼儿要对大概的区域设置有一个了解。对于游戏区跨班跨龄共享来说，这是一个难点。虽全园共享之初，老师们都会带孩子们熟悉各区域的材料，但因离幼儿太远，有时作计划还是会比较茫然。于是我们为各共享游戏区拍摄了照片，并将照片布置在活动室内，或是通过多媒体呈现出来。当孩子们作计划时，可以看着照片作计划。

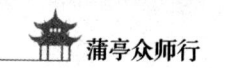

此举顺应了孩子们思维外显的特点，拉近了孩子与各共享游戏区材料的距离，帮助孩子们的计划清晰呈现。

5. 游戏——提升计划趣味性

游戏是孩子们最好的学习方式。为顺应孩子们的年龄特点，在引导幼儿计划时，我们还采取了玩游戏的策略，以提升计划的趣味性。而且年龄越小的孩子，用游戏的方式作计划效果会更好，使用的次数也会更多。实践中，老师们带小班孩子作计划的游戏有：开飞机、神秘箱、电话传音、转指针、照一照等等。当然，实践中我们强调老师要把握好作计划的度，知道引导幼儿作游戏计划的目的，不能为了计划而计划。放低要求，简单涂鸦、简单对话，甚至用手指指都是可以的。我们相信，孩子的计划性是慢慢培养的，即使没有明确的计划，游戏也会玩得很好，即使作了计划，游戏中也是可以变更的。

6. 傻瓜流程——助力教师快速上手计划与回顾

在引导幼儿作计划回顾的过程中，学校还会通过培训，给到教师们一个大概的对话的傻瓜流程，减轻教师们引导幼儿作计划的难度。虽然实践中，我们发现，即使有个傻瓜流程，老师们也经常接不住计划回顾时幼儿抛回的"球"。这需要老师在实践中不断总结经验，慢慢提高与幼儿互动的能力。但同时我们也发现，有一个傻瓜流程，老师上手计划回顾会快很多。

7. 游戏小包——教师携带观察工具的好物

实践中，课题组多次组织教师针对如何有效观察进行研究。随着研究不断深入，老师们发现观察工具的携带是一个较大的问题。跨班游戏进行时，老师们既是组织教师，亦是观察教师，记录本、笔、手机、相机等观察工具一会儿要拿出使用，一会儿又要放好。如何携带好这些工具是大家需要解决的问题。通过研讨，我们设计定制了一个能斜挎的小包，黑色、耐脏，上面还印有学校 logo。游戏小包的使用，为多策略观察提供了有效支持，现已然成为我园跨班共享游戏时的一道文艺范的风景。

8. 拍摄——定格游戏精彩时刻

在观察幼儿跨班跨龄共享区域游戏时，教师们使用得最多的观察策略是拍照、拍小视频，迅速定格幼儿精彩游戏时刻。拍摄后，老师们会抽时间，为图片或小视频配以简短的文字，通过微信或 QQ 直接进行分享。对于定点持续跟踪观察的游戏，老师们会拍摄连续的照片进行记录。活动结束后，老师们会对图片进行整理。对于典型的精彩的游戏，老师们会撰写图加文的学习故事，记录并分析儿童在游戏中的成长。

9. 文字记录——由表格至只写关键词

而对于游戏过程的记录，除了拍摄记录外，我们也经常会用到文字记录策略。但研究中我们的文字记录策略却经历了由"观察记录表"到"仅记关键词"的变迁。实践中，老师们发现，因既要组织实施游戏，还要有效观察与介入，老师们几乎不能很好地填写观察记录表，更多时候观察记录表会流于形式。于是我们根据实际情况进行改革，给老师发一个硬面观察记录本，支持教师用关键词的方式记录典型，待活动结束后再进行整理。

10. 特殊符号——拓展本班教师观察面

对于全园游戏区跨班跨龄共享的实施，我们开发了约定的特殊符号，辅助教师对幼儿活动进行有效观察。实践中，我们尝试了用"❤"标记提醒教师关注特殊孩子、用"★"标记提醒教师观察"观察计划"中的孩子、用"*"标记助班级教师了解幼儿游戏"哇"时刻、用"×

标记助班级教师了解幼儿违反"三不"规则情况等。通过特殊标识使用策略，能很好拓展教师的观察面，让教师多视角有效观察儿童游戏成为可能，从而很好助力儿童游戏水平的提升，促进幼儿在自主游戏中主动学习，自然生长。

11. **定点持续观察——提升单个区域游戏质量的好招**

在开展跨班跨龄共享区域游戏中，进入各教师布点区域的幼儿每天都是变化的，但教师是持续很长时间不变的。我们可以采取定点持续观察策略，支持幼儿游戏向高水平发展。通过定点持续观察，我们可以了解到同一区域不同年龄段儿童的游戏行为及行为背后的成长需求，动态调整材料，做有准备的环境；教师可不断反思，调整教育方案及行为，积极地、有效地回应幼儿游戏，助推幼儿游戏水平的提升；可以追随每个孩子经验发展的轨迹，助力孩子主动探究行为，分析个别孩子的发展趋势，策略在心，支持生发不同的游戏主题。实践中，我园教师用一个区域定点持续观察的策略，优化了多个区域的游戏环境，捕捉了多个精彩的游戏案例，为我们的研究提供了很好的第一手资料，有效助力幼儿成长。

12. **静待旁观——巧寻介入时机**

游戏介入一直是幼儿园组织实施区域游戏时一个重要但又难把握的话题。"何时介入、该不该介入、怎样介入"似乎都非常难把握。在我园游戏区跨班跨龄共享的实践中，面对较复杂于班级区域游戏的游戏场景，我们在实践中找到的经验是静待旁观，巧寻介入时机。实践中我们发现，绝大多数情况是不用教师们介入的，孩子们绝大多数的游戏是可通过材料进行推动的。但对于预测到可能的伤害行为，要当机立断地介入。而且即使有时或许我们把握不好介入时机，需要"忍"，但教师选择了介入也没有关系，只要其行为是助推游戏向高水平发展的，我们认为就是可行的。

13. **现场十分钟——游戏结束第一时间回顾典型**

通过多次研究，课题组对回顾进行思变，提出了"现场回顾"与"班级回顾"相结合的策略。具体研究实践是：录好的游戏结束音乐，提醒幼儿到身边的老师处讲讲游戏故事；而后布点教师组织就近的幼儿开始现场回顾，重点围绕游戏发生时的典型事件，包括精彩"哇"时刻及突出的游戏规则建立等。因为身处游戏情景，教师发现无论年龄大小，孩子们总是有话可说，还可辅以动作指示、作品浏览等。在游戏结束第一时间组织的现场回顾，大大提高了游戏回顾质量，让幼儿有话可说，让规则重构有现场可观摩，让游戏经验的梳理提炼更好地引起幼儿共鸣。同时为回班后的回顾做了很好的铺垫。

14. **作品浏览——创作类游戏回顾的重要环节**

在跨班跨龄共享游戏中，区域是全园共享的，对于幼儿在游戏中创作的作品，如搭的建筑、涂鸦的美术作品等，除了拍照记录外，教师往往会在回顾时间组织幼儿浏览作品，而后再讨论交流。通过作品浏览，可以很好放大创作者的成功体验，增加其自信心，同时也能让其他的朋友参观学习，为下一次创作积累经验。

15. **画说戏语——再现儿童游戏现场**

游戏回顾是自主游戏后重要分享提升活动。实践中我们可以采取"画说戏语"游戏回顾策略，提升幼儿游戏回顾甚至游戏活动的水平。"画说戏语"，即让孩子们在游戏后，通过绘画的方式，表征游戏过程中最想和大家分享的故事，画完后可请幼儿讲给朋友或教师听，教师也可用简短的语言对表征进行记录。实践中，我们可以人人参与"画说戏语"游戏回顾，以"画"为载体，再现儿童游戏现场；教师可以"画"为切入点，发现儿童学习和需求；孩

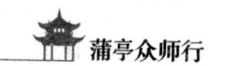

子们可以画交友，促进孩子之间相互学习。最后教师还可将汇集幼儿画的游戏作品，以游戏小书的形式，展现孩子"画说戏语"精彩故事，布置在互动墙上，供孩子们日常回顾。

16. 计划回顾小册——三方联动促成长

在游戏回顾中，教师还反思实践，结合班级实际情况，调整游戏计划与回顾策略，巧设计划回顾小册，卷入教师、幼儿、家长，三方联动，力促幼儿通过自主游戏主动学习和发展。

主要实践策略是：将原有的游戏计划小本换成活页便笺，方便孩子们在回顾环节画故事时，并将其今天的一页计划撕下附着于其涂鸦的游戏故事背面。同时也将幼儿口述，教师用小纸条记录的简短故事粘贴在游戏故事画的后面。为让家长了解幼儿在游戏中的学习，教师们还卷入家长，形成合力，共同聆听幼儿的游戏故事，并将家长记录故事的纸条贴于故事背面。由此一个有幼儿游戏计划、教师和家长记录了游戏故事的"计划回顾小册"诞生，清晰展现了孩子们在游戏中主动学习自然生长的过程。

总之，我园从思考小场地幼儿园游戏区共享为始，开展了大小不同场地幼儿园游戏区跨班跨龄共享系列实践研究，梳理提炼了适合我园实际的游戏区跨班跨龄共享教育的系列教育策略。在梳理提炼时，有"学者专家说"的本土化实践，也有因地制宜的开发，意在提升游戏质量，以更好地为孩子们健康幸福的成长实施快乐的启蒙教育，切实做到助力孩子们愉快游戏，主动学习和发展，让幸福融于儿童的生命。当然，这些策略也必将随着学校游戏研究进程不断调整和完善。

心中有儿童　让教育自然发生

井研县幼儿园　刘勇

庚子盛夏，临近六一，井研教育人齐聚美丽井中，深思高效课堂。盛夏、周末、六一、领导、专家、学员，让我想到的关键词是"有儿童"。"有儿童"，才会在此时举全县之力，共研课堂高效，共谋儿童发展。无论教育的本质是一棵树摇动另一棵树，一朵云推动另一朵云，一个灵魂唤醒另一个灵魂，抑或是建构良好的师生关系，也无论教育的物质保障或信仰守望，现井研教育人共同的话题，是顺应儿童心理特点，巧施妙教，让教育自然发生，力促师生共长。我想，一件事，一群人，信念笃定，行动给力，未来自然可待。

在会上，成都市青羊区教育科学研究院刘大春教授以《教研创新与课堂教学改进》为题，通过领衔名师工作室发展的大量实例，生动形象地讲解了怎样聚合智慧攻坚克难、怎样以写促学精准发力、怎样向着目标努力前行、怎样多方受益共同成长。白发苍苍的刘老，气宇轩昂的演讲，圈粉所有参训学员，让大家沉浸于刘老通过海量阅读提升修养，读懂学生，再以良好沟通互动策略，走进学生，艺术管理好课堂，打造高效课堂，最终实现师生共成长的精彩实践。刘老的幽默风趣与字字珠玑，成功折服参训教师，很好诠释了名师成长路径与让人仰望的风采。

成都市武侯教科院幸世强教授以《核心素养背景下的高品质课堂教学》为题，从核心素养解读入手，讲解了学校要聚焦学生发展核心素养，科学设计学校课程，精心选择教育内容，推进基于核心素养发展的教学改革，落实以人为本的素质教育理念，克服学科知识本位与教学中的短期行为，真正为学生的终身发展奠基；并从开课有吸引力、启发有穿透力、探究有思维力、表达有亲和力、练习有驱动力、结尾有扩张力等方面，讲解有益的综合实践教学经验。同时深入分析了教与学的关系，倡导以学定教，从无到有的探究法教学，让老师多思考，多实践，多创新，切实打造高效课堂。

而成都师范学院卢雄教授作了题为《立德树人与教师心理调适》的专题报告。卢雄教授以"教育是什么、立什么德、树什么人；人由谁来培养，怎样培养"几个问题入手，通过翔实的案例，为我们厘清教育的本质，教育培养德才兼备的人才的重要意义及策略。

金苹果锦城一中的陈子斌教授则为大家演示了信息技术的各种应用，希望教师能在日常的教育教学工作中巧妙运用信息技术，提高工作效率，而把更多的时间用在对教育的反思以及陪伴学生成长上。

在两天的讲座中，我反复听到的高频词汇是"心理特点""顺应""爱"。我想，不管是教知识还是育人，作为教师，我们都要好好思考孩子们的心理特点，巧施妙教，顺应促长，亦如川师大教授鄢超云提出的有儿童的教育。作为教师，我们的教育应该"有儿童"，时时处处人人有儿童。因为有儿童我们才会去思考儿童是怎样学习的，我们应该怎样给予儿童适宜的支持，我们该开展什么样的活动，我们该创设什么样的环境，我们该怎样与儿童互动交流，我们该怎样倾听孩子的声音，我们该怎样打造高效课堂……

心中有儿童，让教育自然发生，看似"无为"，实则"大有为"，"巧妙为"。不管是研究教育心理学、核心素养、教师成长还是信息技术，出发点都是有爱，有儿童，巧妙施教，力促在有效的教育中，做到师生共长。讲方法，讲策略，教无痕，浸润促长。

工欲善其事，必先利其器
——浅谈敏特英语词汇教学

四川省井研县井研中学　罗应松

摘要： 在英语教学中，我们发现，学生很头痛的一件事情就是词汇的记忆，词汇这个关过不了，听说读写的能力提升都是问题。因此，在教学中提升学生的学习兴趣、注重词汇记忆方法的传授、找到行之有效的学习方法至关重要。本文通过井研中学进行的敏特英语实验教学情况，阐述了敏特葵花籽自主Web+App的学习方式对词汇有效记忆的帮助。

关键词： 英语词汇记忆有效

一、新课标对词汇学习的要求

词汇教学是英语教学的基础，也是教学的一大难点，英国著名的语言学家D.A.Wilkins曾经说过，"Without grammar very little can be conveyed; Without vocabulary nothing can be conveyed"

（没有语法，能表达的内容很少，没有词汇则什么也表达不了）[1]。在教学中，我们一直强调词汇积累的重要性，因为没有足够的词汇，无法交流与表达，也没法做好听力和阅读。近几年，高考试卷的词汇要求为3300~3500词，《英语课程标准》要求优秀高中生的词汇量在5500以上，高中英语教学面临的词汇教学压力相当大。

二、理论学习给词汇教学注入能量

作为高中英语老师，我们深知，要解决这些问题一定要不断地学习理论知识，并巧妙地用于教学实践。为此，我学习了建构主义（constructivism）理论的一些内容。教师要成为学生建构知识的积极帮助者和引导者，应当激发学生的学习兴趣，引发和保持学生的学习动机。通过创设符合教学内容要求的情境和提示新旧知识之间联系的线索，帮助学生建构当前所学知识的意义[2]。在教学中，要根据学生的年龄和心理特点，用学生喜闻乐见的方式充分调动学生对词汇学习的兴趣，在学习过程中指导学生充分调动口、眼、耳、手、脑等器官，全面有效地识记单词[3]。

三、信息技术给英语词汇学习插上翅膀

为了适应新时期教育信息化发展趋势，提升英语教学质量，提高英语教师信息化运用能力，改革创新教学模式和管理模式，2018年6月，井研中学筹备引入敏特英语学习系统，利用信息技术给学生提供一个可以在任何地方，随时使用手边可以取得的科技工具来进行学习活动的4A（Anyone，Anytime，Anywhere，Anydevice）学习方式。

该系统以词汇突破为核心，支持自主Web+App学习；"词汇总动员"以赛促练、以赛促学、以赛促竞，将单词学习与闯关游戏巧妙地结合起来，能极大地激发学生的参与热情和学习兴趣，寓教于乐，以图片闪卡、记易引擎、多元练习、链练拓展为核心功能，搭建"学、记、练、赛"闭环，强化对词汇音、形、义的掌握。敏特葵花籽APP能够有效地分析每一位学习者的语言基础和记忆水平，基于大数据分析的追踪评估与成就激励模型，保证学生可持续性地开展个性化学习，夯实英语基础知识，有效提升学习成绩。

四、实践检验真理（课例和成效）

2019年5月16日，井研中学2020届7班和9班使用敏特英语葵花籽学习APP差不多一年后，乐山市教科所许泽能带领敏特英语团队老师邹晓斌和梁捷到井研中学指导敏特英语实验教学。指导小组在井研中学计算机室观摩了敏特教学实验班2020届高二9班罗应松老师的网络课，许所长和团队老师认真观察、记录课堂情况，井研中学教学副校长颜文、教科室主任罗锡明、副主任熊菊、井研县高中英语罗应松工作室部分成员参加了课堂观摩。井研中学2020届高二

7班和9班两个班级参与敏特英语实验教学已经快一年了，学生们学习兴趣高涨，在词汇记忆方面颇有收获。课后，许所长和团队老师与部分学生进行了交谈，询问其学习过程中的收获和问题，鼓励他们利用网络，在数据驱动个性化学习的过程中充分发挥学习的主动性，提升学习能力。

随后，大家进行了教学研讨。罗应松和曾再兴老师汇报了本学期开学以来敏特实验教学的情况，罗应松在自己教的9班和10班做对比试验，从高一下期5月开始的六次考试成绩平均分看，使用信息技术的9班分别为：110.16，103.31，105.1，107.5，94.8，107.0；没有使用信息技术的10班分别为：110.39，105.7，100.8，107，90.3，105.0。从成绩上看，基础较差的9班使用信息技术后反超10班，对于分分必较的高中，成效初显。

许泽能所长点评了这节网络课，赞赏教学设计和操作"让学习真实的发生"，充分体现"以学生为中心"的新课改理念，提出了以课题研究的方式来推进课堂变革。

敏特团队梁捷老师全程跟进井研中学的敏特英语教学，随时和上课教师进行沟通和交流。她说，敏特英语给老师们提供了一个有效的教学辅助工具，为老师减负，让学生提升兴趣和自学能力，老师对数据的及时反馈可以让学生开展个性化的学习，这一点井研中学的老师们做得很好。梁老师还表示，会一直认真听取上课教师们的意见，及时把老师们的要求反馈给软件研发团队，进行改进，以期更好的教学效果。

2020年5月，高中英语罗应松工作室经过充分的筹备，把敏特英语实验教学推广到井研师范附属小学的四年级6班。敏特英语生动有趣的学习方式深受小学生的喜爱，学生的学习成绩也有较大提升。

认知语言学认为学习者的学习过程包括认识（knowledge）、理解（comprehension）、应用（application）、分析（analysis）、综合（synthesis）、评价（evaluation）六个环节（Bloom，1996）[4]。敏特英语葵花籽学习APP的使用，不仅使学习者识记和理解单词，更有在句子和语篇中的应用，培养词汇的运用能力；学习者可以查看自己的学习情况，对于没有掌握的词汇可以重新学习和记忆；教师可以查看整个班级的学习情况，有针对性地讲解和测试错得多的单词，个性化学习和针对性教学在这里得到充分体现，学习成效显著。所谓"工欲善其事，必先利其器"，希望更多的学生和教师来使用这个词汇学习的利器，使英语学习得到较大的提升。

参考文献：

[1]Wilkins, DavidA（1972），Linguistics in Language Teaching,（《语言教学理论》）MA: MITPress, Cambridge: 111.

[2]建构主义_360百科 https://baike.so.com/doc/6245366-6458769.html.

[3]田贵森，《学英语》教师用书，河北教育出版社．

[4]Bloom, B.1996. Bloom's Taxonomy of Learning skills.http://www.coun.uvic.ca/learn/program/hndouts/bloom.html.

浅议运用结构化思维优化小学数学教学

井研县师范学校附属小学校　潘羽

摘要：使用结构化思维来优化小学数学教育可以帮助教师摆脱分散教育的误解。在结构化教育中，教师可以通过实施基于"原初关联"的知识结构化教育，基于"相关特征"的过程结构化教育以及基于"不同观点"的结构化教育来实施教学，促使学生认知结构的增长。

关键词：小学数学；思维；结构化教学

受功利主义、效率至上的教学观影响，当下的数学教学存在着散点化、重结果轻过程等现象。这样一定程度上限制了学生的主动思考，阻碍了学生的数学思维。数学教学必须着眼于知识结构、方法结构、过程结构，运用结构性思维优化教学，提升学生的数学学习能力，让学生的数学学习从低阶迈向高阶。

一、立足"原初关联",实施知识结构化的教学

结构的原本性内涵就是系统内各要素之间的相互关联。在实际教学中,教师要考量的是本节课的知识与前一章的知识、已学的知识有怎样的关联,本节课的知识对后续将要学习的知识发挥着怎样的作用,如何设计结构化的教学让前后的数学知识相互融通。教师既要追本溯源,准确把握知识起点,又要延伸拓展,显现知识的隐性内涵,立体沟通,实现知识的空间架构。

例如,教学"三角形的高"之前,学生已经学习了"平行四边形的高",在此之后,学生将要学习"梯形的高"。在学习了平面图形的高之后,还要学习立体图形的高,所以"高"的数学知识,有必要实施结构化教学。那么"高"的数学知识点的前身是什么?平行四边形的高——"从平行四边形的一条边上的一点向对边引一条垂线,这一点与垂足之间的距离"。显然,"高"的前身应当是"垂直""垂线""距离"等的数学概念。追本溯源,教师可以从"垂直""距离"等相关的数学知识本质入手,结合"平行四边形的高"对"三角形的高"进行教学设计:①画出平行四边形的高,并且交流什么是平行四边形的高。②根据画平行四边形的高的过程,你能画出三角形的高吗?说一说,你这样画的理由?③思考一下,平行四边形的高与三角形的高有哪些异同点?这样的教学设计有助于学生正向性地迁移知识,将新知纳入已有认知结构之中,将新旧知识整合成一个知识体系。如此,"三角形的高"就不是一个孤岛式的知识,而是与平行四边形的高、梯形的高乃至后续将要学习的圆柱的高、圆锥的高等融为一体,形成了有机的知识结构。

二、立足"相关特性",实施过程结构化的教学

结构主义认为,数学结构化教学存在两种结构。一是知识结构,二是认知结构。如果说知识的结构化是一种静止的结构化,那么过程的结构化则是一种动态的结构化。动态的结构化教学,强调师生、生生主体之间的多维度互动,从而让数学课堂呈现出勃勃生机的景象。每一个数学知识都有其鲜活的形成过程,数学教学就是要让学生亲身经历数学知识的生成过程、生长过程、生发过程。

例如,教学"圆的认识",圆心、半径、直径等都是相关联的概念,因而务必让学生体验这些概念的整体性。过去,许多教师在教学这一部分内容时,往往将相关概念分门别类进行教学,这样就导致了概念与概念关联的剥离。基于过程结构化教学,笔者设计了两个具有层面、层次、层级特点的活动:一是让学生在本子上用圆规任意画出三个圆,从而感受、体验圆规两脚之间的距离决定圆的大小;二是让学生用圆片折一折、画一画并比一比,认识到折痕所在的线段就是圆的直径。在画圆、折圆的过程中,学生能认识到圆心就是圆规针尖固定的一点,也就是直径相交的一点;圆心只有一个,而半径和直径却有无数条。继而学生能产生关联性思考:为什么圆的半径有无数条呢?因为,任何一个圆上都有无数个点,半径是连接圆心和圆上任意一点的线段,圆心这个点可以和圆上无数个点连成线段,所以半径就有无数条,同样的道理直径也有无数条。这样的教学让圆心、半径、直径之间建立了深刻的关联,学生不仅认识了圆的半径、直径,更深刻地理解了圆的半径、直径的特质,从而认识到圆的对称轴,在同圆中半径的长度与直径长度的关系,等等。

有人说:"不论我们教什么学科,务必使学生理解学科的基本结构。"过程结构化教学,有助于教师走出碎片化教学的误区,全面、立体地关注数学知识的形成过程。从而建立数学

教学的内在秩序，促进学生结构性思维、结构性认知的生长。实现知识结构与学生认知结构的同构共生、同生共长、协调互动。

三、立足"不同视角"，实施方法结构化的教学

结构化教学不仅要聚焦于知识结构、过程结构，更要聚焦于方法结构。立足于"不同视角"，实施方法结构化教学，有助于数学模块式的意义重构，递进式教学的推进，以帮助学生建立清晰的知识内在结构，掌握数学知识的内部关系，获得自主学习的技能。

例如，教学"认识厘米"，从"统一长度的需要"到"单位长度"的表象建立，从"厘米尺"的生成到"运用厘米尺进行度量"，从"长度的精准测量"到"长度的估测"等等。这样的"厘米尺"的诞生过程有助于其他数学工具的产生，成为一种先行"组织者"。又如，在"角的初步认识"教学中，笔者先和学生复习"认识厘米"，从而让学生获得积极的启发，并学会从"统一角的度量单位"的需要到"单位小角"的建立，从"量角器的生成"到"量角器的使用"，从"角的精准测量"到"角的估测"等等。至此，学生深刻地认识到"量角器""厘米尺"等的相关性，认识到数学工具的特质，认识到"测量厘米""测量角"的数学本质就在于一个对象中有多少个单位。方法结构的形成应当遵循数学整体性建构特征，站在学生的思维角度认真领会教学目标，帮助学生掌握数学思想方法，全面透彻地把握数学的基本观点。

四、结语

华东师范大学李政涛博士认为：结构化教学分为两个阶段："教学结构"和"应用结构"。方法性结构是通过教学结构来促进学生结构的应用。使用结构化思维来优化小学数学教育，在整个数学教育过程中以全面、详细和三维的方式关注数学知识、过程、方法等的各个方面成长，建立内部教育序列，并促进学生的认知结构。

参考文献：

[1]弗赖登塔尔,作为教育任务的数学[M],陈昌平、唐瑞芬译,上海：上海教育出版社,1995.

[2]颜春红,小学数学结构化教学课堂过程评价解析[J],现代中小学教育,2018.34(2).

[3]中华人民共和国教育部,义务教育数学课程标准（2011年版）[M],北京：北京师范大学出版社,2012.

浅议球类运动游戏化教学中幼儿体育精神的培养

井研县机关幼儿园　彭伶俐

摘要： "体育精神"指产生于有组织的、以规则为指导的竞争性身体活动过程，又在各种体育活动实践中不断丰富、延伸的价值观念体系和行为规范。"体育精神"的解读多种多样，主要包括公平竞争精神、乐于合作精神、不断进取精神、直面困难精神、勇于挑战精神。它

是由内而外的一种精神层面上成长，无论对成年人还是幼儿而言，都是不可或缺的人生一课。学前阶段不仅要关注幼儿的身体健康、运动能力的进步，更应该关注幼儿体育精神的陶养。而球类运动作为幼儿园常见的、投入较小的运动深受幼儿喜爱，如何通过游戏化的教学形式在球类运动中培养幼儿体育精神？使"体育精神"这一抽象的概念传递更生动？让球类运动给幼儿带来幸福快乐的感受与体验的同时爱上球类运动，陶养体育精神。

关键词：体育精神；球类运动；游戏化教学

幼儿园开展的各种球类运动、球类游戏、类球器械活动统称为球类运动。球类运动作为幼儿园常见的、投入较小的运动深受幼儿喜爱。它多属于协作、集体性的，以一定的规则为指导的竞争性身体活动。符合"体育精神"的首要条件：产生于有组织的、以规则为指导的竞争性身体活动过程。"体育精神"的解读各有不同，主要包括公平竞争精神、乐于合作精神、不断进取精神、直面困难精神、勇于挑战精神。在球类运动实践的过程中教师如何通过游戏化的支持和引导，让幼儿在与"球"的互动中自主参与、主动建构并发展体育精神？又该如何培养幼儿对球类运动的热爱，让他们在流汗与欢笑中拥有健康的体质，度过快乐的童年呢？

一、"代"

代，指代入游戏手段，增强幼儿参与球类运动的兴趣，提高运动实效。

1. **拟人讲解**。幼儿具有具象思维的特点，因此，在球类运动中教师运用游戏化的手段，拟人的讲解可以激发幼儿对球类运动的兴趣。如在"蚂蚁运粮（绕桩S形运球）"的球类运动中，用游戏的情节、拟人化的口吻表现足球经过树林时"好黑，好可怕"暗示幼儿可走得快些，幼儿感受到自己"保护者"的角色，能激发出勇敢挑战、直面困难的体育精神，承担自己作为保护者的责任和体验成就感。

2. **过程情景**。游戏情境让幼儿更有代入感，球类运动的过程也是游戏的过程。不仅让孩子们获得体能的锻炼，更让孩子们获得情感上的满足。在运动中，教师要发现并追随幼儿的兴趣，为幼儿创设满足他们需要的自由游戏和发展体育精神的空间与环境，在自由的游戏和运动中使他们能按自己的兴趣获得成长和发展。如在练习"小组接球"活动中，教师为幼儿设计了游戏情境"接元宵"。通过接力接球—合作接球—小组接球小步递进的环节，衔接"接好元宵共团圆"的情景创设，既引起了幼儿情感上的共鸣，更激发了幼儿的团队责任感。即使幼儿自主能力得到了发展，也使幼儿在轻松的活动中增加球感，感知球性能并体验球的多样玩法，发展幼儿公平竞争、乐于合作的体育精神。

代，感受公平竞争，发展幼儿直面困难、勇于挑战的体育精神，体验成功的快乐。

二、"启"

启，即通过启发和引导，形成正确的价值观和人生观。

1. **树立榜样**。无论是在生活中还是赛场上，都会遇到输赢的问题。输赢不是重点，面对输赢时幼儿态度才是关键。真正的赢家永远属于那些顽强拼搏，奋发向上，永不认输，既捍卫自己尊严，又懂得尊重别人的人。运动场上有很多这样的运动员，同伴之间也有这样的榜样，给幼儿树立正确榜样，有助于我们的孩子形成正确的价值观和人生观。

2. **互相激励**。在球类运动的实践活动中，幼儿不仅仅是单独的个体，更多的时候是团队的一员。如果给幼儿一定机会和责任，他们能感受到自己也可为同伴提供帮助和指导，是团队中被需要的一员。尊重对手，信任同伴，主动交流，在相互合作的过程中幼儿不断感受到合作和支持的重要。通过这样的活动，促进了幼儿社会性发展，强化团队协作的精神，形成积极健康的个性。

3. **着眼小处**。体育精神不仅体现在赛场上，还体现在许多表达礼貌和友善的细微之处，例如：赛前和对方队友握手拥抱，赛中与对方队员的友好互动，赛后与幼儿回味和分析比赛中的收获、新朋友以及可以让他受益终生的人生态度等等。同伴和对手是球类运动中常见的角色，优秀的运动员懂得欣赏对方的长处，虚心接受批评和建议。在球类运动中，我们要求我们的教师不仅仅抓住幼儿球类运动技能来培养，对球类相关知识和球场礼仪教育也不能放松，在足球技术训练之中贯穿德育教育，从而培养幼儿的团队协作、抗压耐挫、求同存异和与人交往的能力，引导幼儿形成豁达阳光的生活态度及勇于拼搏、乐观向上的价值取向。

启，让我们着眼细微之处，一言一行皆收获，一处一境皆发现。即使不能做运动场上的冠军，也要努力成为自己人生赛场上的明星。

三、"理"

理，即厘清思路，直面困难。

1. **厘清思路**。教师密切地关注幼儿活动中的表现和反应，敏锐地察觉他们的困难和需求，及时地给予支持和引导。如：当教师发现孩子们对布球失去兴趣的时候，意识到问题出在他们思维受到局限，想出的玩法单一。此时，需要一位引领者带他们走出局限，而不是袖手旁观，于是，教师以开放性问题帮助幼儿拓宽思维，引起幼儿探索的欲望，并在探索的过程中适时给予鼓励和表扬。让幼儿尝到了成功的喜悦后再创设一个游戏情景，将活动推向高潮。

2. **儿歌学习**。球类运动有很多的技能性，单一的说教比较枯燥。教师们发挥教研组团体智慧，根据幼儿的年龄特点，理出通俗易懂的儿歌。发挥儿歌富有韵律感和朗朗上口的特性，使幼儿很快就理解、记忆并掌握了球类运动的技能。如"横拖停"技能编成：左脚把球往右推，右脚把球来刹车，换个小脚再试试，左右横拖别弄混。又如"搓推球"我们编成：小球和脚好朋友，忽左忽右又里外，前前后后要看清，小脚和球不分开。把儿歌配上幼儿和教师的动作范例照片，幼儿念诵儿歌的同时练习球类运动技能，在玩玩念念中轻松掌握球类运动的动作，提高技能。

理，为球类运动的正常推进扫清了障碍。只有直面困难，动态地推进活动，幼儿才会真正成为活动的主人，而活动才能促进幼儿发展。

四、"引"

引，即引导、引领。使幼儿的认知更加清晰。

1. **规则建立**。赛场上，当幼儿争着接球不顾自己的角色任务时，活动与原有的价值渐渐背离。等幼儿自己也发现时，教师及时提出追问"球怎样才能接起来"。问题引发了幼儿的争议，在思想碰撞中思考。当他们意识到问题所在时，开始重新寻找解决问题的方法，讨论更适宜的规则，有效地把活动引回了有意义的轨道上。制定规则，引导规则内化为幼儿的自驱力。建立规则意识，是公平竞争精神的前提。

2. **正确归因**。无论在活动前教师对活动的预设有多全面，都不可能完全预测幼儿的运动发展过程。这就对教师提出了更高的要求，要求教师在球类运动动态中多关注幼儿的已有经验、兴趣点和行为表现，不断地引导幼儿适宜的调整。例如：在竹球对抗中，教师发现孩子们的活动并没有像预期的那样进行下去时，暂停了比赛。通过启发和归纳，使幼儿零散的观点渐渐清晰：竹球材质更坚硬但有一定弹力，布球柔软没有弹力，气球轻便但不受控……将调整活动的权利交给他们。当幼儿用自己找到的新材料代替竹球并重新分配角色时，教师预设的活动才真正转化为幼儿的活动。

引，引导幼儿建立属于自己的游戏模式，在球类运动中发展公平竞争的体育精神。

五、"放"

放，是教师放手，适度的示弱。

1. **学会装傻**。球类运动中教师的有效示弱，有利于发展幼儿的主动性。幼儿有了新发现和不同的方法，适当的"放"，弱化"教师"的身份，说不定能让我们看到更了不起的孩子。例如在球类器械的组合中，教师面对幼儿的问题，把自己放在一个"从属"的角色，幼儿有了更多尝试：圈球组合、弹力布和球、球和海绵棒……很多教师都没有想到的玩法在孩子们的手中逐渐成型，愈加精彩。

2. **善用冲突**。同伴冲突是球类运动中不可避免的一种交往形式。虽然同伴关系会在冲突中受到一定影响，但它也极大地促进了幼儿个体的发展。在解决同伴冲突的过程中，孩子能够逐渐获得观点、采择能力，学会认同、合作互助，增长社会经验和规则意识，提高交往能力。

"放"是为了让幼儿变得更强。坚持幼儿的主体地位，着眼于长远发展。培养真正的能力，是站在平等的位置去帮助，去触动，去唤醒。

体育精神是由内而外的一种精神层面上成长，无论对成年人还是幼儿而言，都是不可或缺的人生一课。在体育运动中，学前阶段不仅应关注幼儿的身体健康、运动能力的进步，更应该关注幼儿体育精神的发展。把"理解体育文化，陶养体育精神，增强运动能力，建立运动习惯"作为运动的目标，把游戏化教学融入球类运动，以一颗颗小球撬动幼儿的体育运动，实现自然生长！

参考文献：

[1] 尤吉生，以阳光教育创新幼儿园体育活动方式 [J]，甘肃教育，2019（1）：83.

[2] 何武贤，浅析体育游戏在幼儿园体育教学中的运用 [J]，才智，2019（8）：108.

柯尔文手势在小学音乐课堂教学中的有效性运用

井研县研城小学　邱丽群

摘要：在素质教育课程全面开展的背景之下，音乐课程作为其中的主力更是发挥着不可忽视的作用，教育者要重视应用正确的方法引导学生进行学习。目前，柯尔文手势在音乐教学当中广泛应用，本文也将对其在小学音乐教育当中的特别作用进行分析，并对其在学生音乐学习的发展所起的独特影响进行阐述。

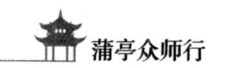

关键词：柯尔文手势；小学音乐教学；应用实践；价值分析

前言：小学音乐教育，是全面提升学生素质的重要内容，也是当前新课标要求的目标之一。在小学音乐教育当中运用柯尔文手势，可以在音乐教学的课堂中，创造出丰富多彩、生动有趣的课堂环境。单一的音乐在学生心中难免留下乏味的印象，使学生对音乐课程的学习失去兴趣，而柯尔文手势作为音乐教学中一种比较愉悦的、关注实践作用的、具有体验功能的、创造性的音乐教学法，通过在老师的帮助之下，给予学生一种全新的体验和乐趣。

一、柯尔文手势概念分析

英国人约翰·柯尔文所创立的柯尔文手势是组成柯伊达教学体系当中应用到的第三个基本的工具手段，统共可以划分成7个手势，这些不同的手势通过与构成音阶的7个单音一一进行对应。利用其在空间变化当中呈现出来的形象化和具象化的特征，促使小学生能够利用存在于视觉上的体验来加深音程空间感还有不同个单音之间高低关系的理解。现阶段音乐教材当中，柯尔文手势已经被编写到相关课程教学内容体系建设中，并逐渐成为当前音乐活动组织当中应用较为普遍的教学手段。

作为具有创新性的一种传统音乐教学当中的教学手段，其主要围绕音高和音准让教师与学生之间开展调整和交流活动的一种身体上的语言形式。柯尔文手势应用于音乐教学，最根本的目标不在于培养音乐家，而是使得学生的综合能力能够满足学生未来发展的要求。这不同的7种手势，不仅是对其高低不同位置的展示，同时也是直观地将7个不同唱名的音高形式加以呈现，使得学生的学习历程能够相对较少，但是却能够从深层次上提高学生应用肢体语言转换成音乐语言的能力和锻炼学生敏锐的反应能力。

二、柯尔文手势在小学音乐教学中的应用现状

柯尔文手势作为音乐教学方法中的典型形式，在实际的教学应用中其实涉及多种教学元素，因而它对教师的专业素养有着较高的标准，但是从目前对与小学音乐课程教学的研究现状来看，很多的音乐教师其实缺乏对柯尔文手势应用教学的正确认知，更多的教师单纯地认为只要将多方面的音乐知识进行调整和融合就可以对学生进行教学，这种认知上的狭隘，导致教师传授给学生的也只是一些浅层且缺乏深度的知识，没有在深层次上应用柯尔文手势来推动音乐教学的有效开展。学生在这种背景下学习不到柯尔文手势应用于教学的实质性内涵，没有体验到音乐的美好之处，导致教学质量下降。

小学阶段的学生，正处于活泼好动的年纪，他们的好奇心和专注力一直存在于生活中一切新鲜事物当中，所以，教师在教授课程的过程中，应用柯尔文手势时，要抓住学生这一特点，在此基础上，为学生营造出一个学习气氛浓厚、感染力强的教学环境。传统的音乐教学模式，采用的是单一的填鸭式授课形式，并没有充分考虑学生的身心特征，这也是我们空有柯尔文手势相关理论，却无法发挥其全部功能的原因之一。教师可以挖掘学生的个性天赋，通过他们感兴趣的、熟悉以及容易掌握的方式着手，用更加富有挑战性的音乐游戏还有节奏律动等多种形式，培养学生的学习兴趣，这样也能最大化地提升音乐课堂教授的效率。

音乐教育教学最大的特征就是要发挥出其对于人性的尊重，强调每个人都有学习音乐的本能和潜力，因此，我们对于小学阶段的学生，更是要鼓励他们运用他们特有的知觉和感情，注意周遭的事物，获得更加宝贵的经验。

三、柯尔文手势在小学音乐教学中的应用意义

作为世界主流的音乐教学方式之一，应用柯尔文手势教学有其研究的必要价值，其核心思想就在于如何将其应用到本土的音乐教学中，从而对学生有所启发。我们传统的音乐课堂教学都是强调结果，重视教学的内容灌输，对于教学过程却常常忽视。柯尔文手势教学看重的是多种教学方式相互促进，是多种元素的相互参与和作用，使每个学生都能亲身参与到教学过程，重视学生的情感体验，这就是它最大的价值体现。理念灌输固然有其可取之处，但是音乐教学不是一种单纯的理念课程，传统的教学模式只会忽视学生的主体性和主动性，不利于学生的创新潜能的发掘[1]。

在应用柯尔文手势开展音乐教学过程当中，我们通过多重互动，加深学生对于音乐的学习，这种天然亲近的方式，能够首要地解决学生对音乐缺乏共鸣的问题。在教学实践中，还能尽量运用活动的教学模式，带动课堂的氛围，把每一堂音乐教学课的过程设计成一个个学生主动参与的音乐活动课，解放学生只能限制于固定形式的不良体验，让学生在"玩"中掌握知识。因此，这也是柯尔文手势应用于音乐教学当中的目标，让音乐课堂呈现出节奏感和活力，打破单一封闭的教学模式，激发学生学习音乐的兴趣，让整个轻松的氛围环绕到每一个角落，这种既有趣又有知识传授的方式，才符合音乐课堂教学的最基本规律。

现代化社会的不断发展以及国家对教育行业的大力投入，促使更多的教育工作者们参与到对小学生音乐课程教学的改革中来，以此培养学生高度的音乐审美鉴赏能力、音乐学习兴趣等。

通过应用柯尔文手势融入小学音乐教学革新单一乏味知识灌输的教学模式，更加看重学生在音乐学习过程的自主性和参与性，将学习的主动权交给学生，以更加高效的知识传递的方式和学生的个性化需求进行深入结合，以此来体现每个学生所具有的独特的学习风格和优势[1]。并在其中融入颇具趣味性的游戏教学形式，以此在良好的学习情境中极大地激发学生对于音乐课程学习的热情。

四、柯尔文手势在小学音乐教学中的应用实践

小学阶段，正是培养学生高度的音乐素养、强化他们学习音乐的动力，形成正确的音乐学习习惯的关键时期。保证学生音高概念获取的精确性，在小学音乐教学当中也显得十分必要。因而，柯尔文手势作为辅助音乐教学活动的方式手段，能够在很大程度上收获良好的应用成效。

（一）重视手势应用，保持良好状态

音乐合唱教学，需要学生保持良好的专注力，从而能够提高注意力，迅速进入到教室创设的教学氛围当中。但是从进入音乐教学课堂开始，有些学生会处在相对比较兴奋的状态，有些则打不起精神，注意力涣散，需要教师费尽心思来提高他们的注意力。利用柯尔文手势，音乐教师可以让孩子们近距离观察其发声过程，在明确的引导和指挥下促使学生能够立刻进入到高效学习所需要的状态当中。教师的手势指代一个个旋转跳跃的音符，这些音符有时候遵循从高到低的顺序来加以呈现，有时候会遵循从低到高的顺序来排列，也有些时候，这些音符出现的形式是具有随机性的。因此，我们一定要观察仔细，跟着老师手势，千万不要认错这些调皮的音符。教师以语言来说明之后，可以对教室里的学生进行观察，大部分学生目光都被吸引住了，开小差的学生也少了许多，从而营造出良好的音乐教学氛围[2]。

（二）借助手势应用，强化音高理解

小学音乐教学，凸显柯尔文手势应用的有效性，最为关键的环节在于促使学生能够明确，

存在于首调唱名体系当中，不同音级之间的高低关系、调式音级倾向等，促使音高关系呈现出来的抽象化的形式变得形象而直观。教师手势动作施展的具体表现过程，能够对各个音级的相对高度进行明确的呈现，在此过程中，要保证学生能够关注到老师的手势变化，从而顺利掌握音准。如 Do 的位置高度与腰腹部平行，而后面的 Re、Mi、Fa、Sol、La、Ti、Do 各音级位置，随着排列顺序的升高逐渐发生递进变化。高音 Do 主要体现在超过头顶的位置。除了手势的高低位置变化能够对音高进行呈现，手表现出来形态上的差异也能从某种程度上指明音高本身的倾向性和形象特性，如 Do 可以采取拳头的形式来体现，Mi 可以通过手掌平放的动作来体现出音高平稳的意思；Re 和 Ti 体现出音高上扬变化，可通过手指向上方扬起的动作来呈现。Fa 的体现可以利用大拇指向下来表达音不宜过高。要能够与 Mi 相互靠近。构建小学生正确的音高概念，教师可以利用手势来加以针对性的训练：

第一，进行音程训练。音程需要从最基本的三度旋律音程以及大二度旋律音程来开启第一步训练，如先训练学生能够唱准 Do-Mi、Mi-Sol、Do-Re、Re-Mi 等，师生之间通过在练习中做出相对应的手势，利用视觉上更为直观形象的变化感受来帮助小学生学习到听辨与演唱的正确手段。在进行基础技能的巩固之后，再开始进行难度系数更大的音程方面的训练，如小二度 Mi-Fa，低龄段小学生对其接受程度比较低，因而造成小二度 Mi-Fa 在练习教学上要比大二度难度高出很多，教师可以通过让学生观看手势的变化来加强对音高的倾向性的理解，不然学生会出现将 F 唱得偏高的情况。

第二，进行音阶训练。音阶练习囊括了大二度和小二度音程两个训练内容。这也意味着音阶训练的速度要适中，速度要放缓，预留出调整聆听时间。不仅要从音阶上行进行针对性训练，音阶下行同样要采取相同的操作，学生没有唱准，尽量以动作来提示学生，假设音唱得偏高了，教师可以将手稍微往下压几次，让学生以此自主进行调整[3]。

第三，进行旋律训练。利用各种相关的旋律音程教学方法和模式，使其更加具有挑战性的特点，教师在依据不同学段，采用符合学生学习能力的旋律进行实践练习。或者提炼练习歌曲的重点乐句，辅助柯尔文手势纠正学生的音准问题。

结束语

随着教学改革的不断深入发展，我们提倡的素质教育已经渐渐地取代传统的应试教育模式而走向多元化的创新。重视学生的主观体验，强调要以学生作为教学中的主体，每个教育者都要设法引导学生在和谐有趣的氛围中获得知识和技能，也要将抽象的音乐课程，通过更多教育手段，帮助学生进行创造性思维的锻炼。

参考文献

[1]徐泽宏,试析"柯尔文手势"在小学音乐课中的合理运用[J],亚太教育,2019(29):151.

[2]牛闰加惠,徐亮,连华,柯达伊教学法对于提高小学生音准和心理的应用研究[J],校园心理,2020(17):160-161.

[3]龚晓红,浅析柯尔文手势在小学音乐课教学中的作用[J],新课程(上),2020(23):158-160.

感悟初中化学教学的魅力

井研县教育科学研究室　宋文忠

摘要：化学是有魅力的一门学科，初中化学是学生学习化学的启蒙阶段，让学生感受化学学科的魅力，在教学中开展富有魅力的化学教学过程，通过一系列措施和方法，改进课堂教学，让学生在轻松愉悦的氛围中学习化学，感受化学学科的魅力，从而提高初中化学课堂教学的效率。

关键词：初中化学；学科魅力；课堂教学

在一个偶然的情况下，走上了初中化学教学之路。曾经有朋友调侃我，怎么不教数学，无论何时数学都会受到重视。然而，我却特别喜欢化学教学工作。因为有爱便全心投入，一晃从事初中化学教学教研已三十五年，尝尽了初中化学教学的酸甜苦辣，感受了化学学科教学的魅力。在此，就化学教学的魅力，谈谈自己的体会，希望能给同行们一些启发，在化学教学工作中少走弯路，守初心，成正果。

一、关于魅力的理解

关于化学教学，我们常思考这样两个问题，一是教什么，二是怎么教。我想说解决以上两个问题的根本就在于化学的学科魅力。

事物的魅力，是来自事物本身的趣味性、价值意义，以及对特定的对象产生的令人身心愉悦而被深深吸引的感受。

开展化学教学，如何建构高效课堂，首先我们要树立这样的一个理念："化学是有用的，化学是有趣的。"我们要"教有用的化学"，是解决教学内容的问题，我们"教有趣的化学"则是解决教学手段和教学方法的问题。

"有用的化学"体现了学科的内在魅力，"有趣的化学"则体现了教学过程的无限魅力。我喜欢化学教学，正是因为化学学科的魅力，以及在化学教学的过程中焕发出的魅力。

二、化学教学内容的魅力

化学是一门妙趣横生、魅力十足的学问。化学是从分子原子的层面，研究物质的组成、结构、性质及变化规律的一门学科。当今时代，能源、材料、信息工程无不以化学的发展为支柱。

化学解释了宇宙的本源，元素周期表中一百多种元素组成的数以千万的化学物种是我们发展所依赖的物质宝库；通过化学反应，不仅可以实现世间已有的物质间的循环转化，而且可以通过分子设计，像"上帝"一样创造出世间从未有过的新物质，为人类社会的发展提供坚实的物质基础。

例如，1928 年，当英国微生物学家亚历山大·弗莱明首次发现青霉素时，他并没有料到这种物质对现代医学造成怎样的影响。自从抗生素被发现之后，据估计它们至少拯救了两亿生命。

我们的家乡井研以盐的历史悠久而自豪，食盐铺就了现代文明的道路；早在四千年前，它就被用来为蔬菜和肉类保鲜。这让我们的祖先在困难时期、长途旅行或恶劣气候条件下可以自由保存食品。盐也是制造化学品、肥皂和纸张的重要成分。人们对于氯化钠的需求是如此之高，仅在2006年，它的产量就达到两亿四千万吨。

二十世纪初，由于一种被称作哈伯制氨法的可以大规模制造氨的技术被发现，哈伯成了用空气制造面包的圣人，让世界上二十亿人口不再每天挨饿。当然，氨的发明既填满了德国的粮仓，又填满了他们的弹药库，既解决了人类的饥饿问题，又催生了第二次世界大战。

可见，每一种化学物质，每一个化学反应都在直接或间接地影响着我们的生活，这就是化学实实在在的魅力。

三、从事化学教学的魅力

（一）化学教学的使命

初中化学的启蒙教育，教会学生认识事物的方法，培养学生基本意识，积淀必要的化学知识，为进一步学习奠定基础。

学生的初三时光就如生命中的一条河，初中化学教师如一名艄公，等在河边上，将一届又一届的学生渡过河去。渡人就是渡己，这便是化学教师的责任。

新课程背景下的化学学科核心素养的内涵，归根结底是立德树人，把受教育者培养成一个真正意义上的人。初中化学教师，给学生普及化学基础知识，宣传化学观念，培养学生基本的技能，激发学习兴趣，训练科学思维，树立科学的价值观念和人格品质。

因此，短暂的一年化学教学给予学生的影响将是重要而深远的。我们有责任让学生认识化学的价值，让学生热爱化学。

（二）化学教学的幸福

乐山籍教育专家李镇西说：我最幸福的就是我的职业和我的爱好完全融为一体。如果一个人的爱好和职业是一致的，他就是幸福的。

唯有发自内心的热爱，才能使一个人不离不弃、痴迷执着地去做一件事，才能够做得好并由此感受这份工作带来的无尽快乐。

初中化学的教学内容具有多、繁、杂的特点，既联系实际又具有较强的理论体系，化学老师既要有艺术家的风采，又要有科学家的严谨治学的品质，因此，从事化学教学对教师的专业要求更高。在人们眼中的化学教师，充满神秘色彩，给人高深莫测，本领高强的感觉，因此，做一名化学老师，是一件十分幸福的事。

从事初中化学教学的幸福还在于桃李满天下，硕果累累。

通常来说，没有哪一个学科的教师有初中化学老师教过的学生多。我国古代教育家孔子一生弟子三千，七十二贤人。我常自豪地讲，三十多年来，我教过的学生已过六千，他们都成为正直、善良、勤劳、自强不息的社会公民。各行各业成功者无数，他们像蒲公英种子足迹遍及四海。经过多年以后，学生们还依稀记得老师给他们上课的样子，还能记起儿时的趣事，想起便有一种幸福感油然而生。

四、化学教学过程的魅力

如何在教学过程中展现独特的魅力呢？显然，我们要在有趣上下功夫，教有趣的化学。

1. 更新观念，教师专业素养是魅力的源泉

如果说良好的理念是教育教学的指挥棒，那么把握学情、研透教材，设计能够激活课堂

的教学方法则是上好化学课的基础。学习化学要培养学生观察留心身边的事物，将学科与生产生活实际相结合。因此，化学教学的功夫要在课外，不只局限于教科书，应努力挖掘和开发教学资源。俗话说"教师想要给予学生一碗水，教师得有一桶水"，而且需要有一桶活水。我们要积累丰富的教学素材，包括知识的背景、名人故事以及一些边缘学科的相关知识，要有敏锐的视野，洞悉学科发展的现状。简单地讲，就是要求一个化学教师肚皮里要有货，要有谈天吹牛的本钱，这是提高教师个人魅力的一个重要环节。

教师在课堂上发挥着引导者的作用，关键是我们要把握引什么，导什么。我认为不应该是为了逗笑为目的，也不能无的放矢，最好是学生亲身的经历和切身感受到的东西，也可以是历史现实之间的差异，比如在讲水资源爱护一课题中，谈到水体污染的原因和防治。可以从我县域内的茫溪河水的变化，讲到过去和现在河流的差别，讲到河边的造纸厂排污水时河面上的情景。从工厂建设到城市人口逐年的集中，再谈到如今的农田里的鱼，让学生对水体污染的原因更明白，又能激起学生对美好事物的向往。

可以设想，如果一个老师没有积累，也就只能照本宣科，就事论事，学生也就只能在书上勾勾画画，机械记忆，这样的课堂味同嚼蜡，淡而无味。

2. 营造氛围，构建快乐课堂

教学活动是师生的双边活动，课堂上教师的作用在于组织、引导、点拨。学生要通过自己的活动，获取知识。所以说，课堂舞台上的主角不是教师，而是全体学生。没有学生主动参与的课堂教学，不可能有高质量和高效率。"课堂上只有经常启发学生动手、动口、动脑，自己去发现问题、解决问题，才能使学生始终处于一种积极探索，寻求答案的最佳学习状态中。"因此，在化学教学过程中，可以适时利用游戏、变魔术、猜谜语、编顺口溜等形式与学生互动，在实验操作过程中，教师可由学生协助实验、参与实验，共同经历成功与失败，感受兴奋。

如我在演示氢气不纯净时，燃烧可能会发生爆炸的实验时，请同学用薄塑料口袋收集一定的氢气，然后将口袋靠近酒精灯火焰，学生听到"嘣"的爆鸣声，全班同学印象极深，协助我完成实验的同学则感到一种自豪和自信。无论是参与者还是旁观者，都会感到惊喜和刺激。成功了得到阵阵欢呼，失败了，一些叹息，每个学生都全神贯注地进入学习状态。

营造快乐愉悦的学习氛围，还在于老师的精神状态。上课时老师要善于观察学生的注意力是否专注于课堂；上课时老师谈吐诙谐，解决学习过程中出现的问题，与学生平等交流，可能会收到更好的效果。托尼亚说："人是一种潜能，是不断涌起的，在生活的每一美好时刻都会以新的光辉展现自己的生命之流。"创造良好的学习氛围，对学生积极地、主动地、创造性地开展学习活动是重要的保证。

3. 化学语言展现智慧与魅力

我们都在努力追求一种自我的完善，希望做一个优雅的、有文化的化学教师。教师在讲课时力求语言生动，表达风趣幽默，使学生如沐春风，把听课当成一种享受。

基于初中化学的学科特点，学生在学习化学时必须掌握化学用语，化学用语是化学学科特有的专业语言，教学中通过对比、归纳概括，让学生区别不同的化学用语的意义，并能正确运用恰当的化学用语表达不同的意义。通过教学引导，学生开展化学用语书写竞赛、作业展评等，看到学生正确地、工整地书写化学式、化学方程式，实在能激发起内心的愉悦。

在化学学习过程中，学生最害怕的是要记忆的内容，只有记住才有接着学习后续知识的基础。通过归纳概括，将学生要记忆的内容编写成顺口溜，或者简短的语言，让学生记起来

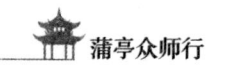

更轻松。

教学过程中离不开师生之间的对话交流，教师对学生说什么呢？有的学生可能对指令的语言有效，更多的学生喜欢听温和而有趣的话语。适当以开玩笑的口吻与学生交流，打趣自己，常常能拉近师生的距离，消除隔阂，融洽课堂气氛。

4. 情感交流中升华魅力

课堂上师生的情感沟通，思想碰撞，能引起学生对化学问题的思考。

例如，在讲我们周围的空气第一课题关于空气的污染时，例举事实，观看图片，学生能切身感受空气污染的危害；在讲第四单元第一课题爱护水资源时，一方面结合本地实际，适当通过一些插图，激发学生认识爱护水资源的重要性，防止水体污染的必要性。

在讲到非金属原子最外层电子数本来就多，却更容易得电子，正如富人往往更容易挣钱，这就是圣经中所谓的"马太效应"。

如在讲到有机合成材料时，我常引导学生思考：生产一个普通塑料袋可能只需几分钟，而大自然要完全降解它却大概要几千年，在这里我们既看到了"白色污染"的可怕，也看到了"化学合成"的强大威力。学生听完，常常陷入沉思。

通过这些内容的引入，展现对待化学的特有情怀，以及化学人的理性思索。

结束语

化学是一门富有魅力的学科，化学的教学也充满无尽的魅力，尽管初中化学非常浅显，但我们却做着并不肤浅的工作，相信在我们的不断探索中，会有新的感悟，我们的工作也会变得更有意义！

参考文献：

[1] 中学化学课程标准（2011修订版）.

[2] 中学化学教学参考, 2020.

[3] 文萍, 心理学理论与教育, 广西师范大学出版社.

[4] 新世纪教师职业道德修养, 教育科学出版社.

浅议如何写好中考作文

井研县三江镇初级中学校　宋晓芳

纵观近几年来的中考作文，都是以命题作文为主，从内容到形式，逐渐放宽了要求，文体不限。另外，命题作文的语言简洁明了，限制因素少了，为考生们写作扫除了不少审题障碍。但考生们对命题作文仍把握不住，特别是有些平时作文基础很好的同学，在考试作文中却难出奇制胜得高分。怎样才能避免这种现象呢？笔者就如何写好命题作文，谈谈自己的看法。

首先，必须有扎实的作文基本功。这就要求学生们在写作文时能够"入格"。所谓"格"

就是指文意结构，包括开头、中间、结尾、字数、书写等。以2016年某地中考作文为例，有的考生还没有入作文的"格"，苦于写不出，作文卷面上一片空白，只字未写；有的内容写不好；反之，有的内容写得好，但是与题目没什么关系，就跟穿衣服一样，衣服和裤子没有搭配好；有的前半部分写得好，后半部分却没有写好；反之，有的前半部分写不好，后半部分写得好；有的结构不完整，有的篇幅大长却言之无物。

其次，选准文体。命题作文，绝不是对文体不作要求，考生往往误读"文体不限"的要求，以致写出的文章成了"四不像"。有位考生写成议论文，开头为："什么是幸福？不同的人对它的理解是不一样的。"中间用了商证法和对比法，可结尾却是："我们应该知道幸福的真正含义……要知道幸福来自祖国人民，让我……去追寻真正的幸福吧！"究竟什么是真正的幸福，考生自己不清楚，也没有说清楚。

再次，抒写真情。古人云："感人心者，莫先乎情"。文章贵在以情动人。中考作文的读者就是感情丰富的教师，他们最理解学生，也最善解人意。在写作中，考生只要将自己的情感融于作文的材料，定能拨动评分者的心弦。说真话，诉真情，不矫揉造作，虚情假意。有的考生为了凑合，写了满纸的"幸福"话，让阅卷老师感受到了"幸福"，给人感觉却是无病呻吟。在写作中要捕捉生活琐事，以小见大，诉之于真情，即使是平淡的事情，只要感情质朴真切，催人泪下，也能打动阅卷教师，产生感情上的共鸣，评分就高。

最后，文章贵在创新。创新是民族进步不竭的动力。只有创新，我们才能立于不败之地。平淡而没有新意的文章是得不到高分的，作文如何创新呢？

（一）拟一个生动有趣的题目

题目拟得好，首先能抓住阅卷老师的心，引起阅卷老师的注意。如《有钱乏幸福》《父母关怀＝幸福》《幸福的诺言》《幸福十八弯》《寻找幸福》《幸福的真谛》《最后的幸福》《幸福回来了》《希望明天更幸福》等这些题目都富有新意，阅卷老师首先就给你定一个高分基调，然后再看你的语言表达。

（二）立意新颖、别致，同中求异

有位考生题为《幸福，你在哪里》："我展开翅膀，飞过田野看见农民丰收的喜悦，幸福洋溢在农民的脸上……我飞过村庄，看见一幢幢水泥钢筋的房子，家家有彩电、冰箱……幸福就在这里。"该生以寻找、发现幸福为线索，条理较清晰，构思较新颖。在考试作文内容一样的情况下，作文成绩的高低，往往是通过比较得出好、中、差，因此考生在作文中应当力争棋高一着，写出新意，以引起阅卷者的注意。

（三）表达方式多种多样，不拘泥于一种表达方式或文体

虽然文体不限，但考生都局限在记叙文、议论文这几种文体中，未发现一个考生突破记叙文、议论文，能写小说体裁的，可见在作文教学中培养学生的创新能力势在必行。

在语言表达方面也多样化。凡课内学到的，课外听到的、看到的，其中包括书、报纸、杂志、电影、广告等，都可以从中获取信息，文章读多了，自然一些语言就信手拈来。像"如果说家庭是一架钢琴，那么，爸爸、妈妈、弟弟和我就像琴键，我们一家人在幸福地谱写着一曲曲动人的歌"，"母爱就像一片荷叶，时时抱着自己的花苞，时时关心着儿女们……"运用了比喻，多生动、形象。像"我慢慢懂了，从母亲的一双破裂的手中懂了；从父亲饥黄的脸上懂了；从我们家的那幢破房子懂了。我其实很幸福……"；"我不会再羡慕别人的零花钱与雨伞了，我也不会再为自己的破文具盒伤感了，我不会再为物质上的不足而丢弃精神上那最美好的幸福

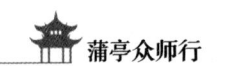

了"。多么优美的语言，该生运用一系列的排比，抑扬顿挫，摇曳生姿。

总之，创新也能创造美，中考作文为同学们提供了广泛的思维空间，也要求同学们具有创新意识写出高质量的文章。

心有猛虎，细嗅蔷薇
——群文阅读古诗教学中聚焦想象提升学生言语品质

井研县师范学校附属小学校　谭徐

摘要： 心有猛虎：指小语人心中有大目标，大格局，大定位，有星辰大海。

细嗅蔷薇：指小语人要粗中有细，于群文阅读中关注古诗文，关注想象，让学生在想象中将模糊的东西清晰化，将干瘪的东西丰盈化，将静止的东西动态化，将抽象的东西具体化，将单调的东西趣味化，将他人的东西自己化，促进学生言语的生长，提升他们的言语品质。

关键词： 群文阅读；数字诗；想象；言语品质

小语人本身就是一头"猛虎"，一头一身正气，满腔才气，有气吞万里之势的猛虎。小语人心中还有一头"猛虎"，一头关乎"人"，关乎"文化"，有厚重底蕴的猛虎。虎虎生风，水晶帘动，满架"蔷薇"怒放时，携生"细嗅"，终得一室馨香。

一、心有猛虎

小语人心中的"猛虎"是课标，是教材，是奔赴的方向，是星辰大海。

（一）大目标

小语人的眼要明镜似的，洞悉"课标"之密码。

《义务教育语文课程标准》前言中提到："语文课程致力于培养学生的语言文字运用能力，提升学生的综合素养。"在阶段目标中提到："写想象中的事物。"（第一学段"写话"）"能不拘形式地写下自己的见闻、感受和想象，注意把自己觉得新奇有趣或印象最深、最受感动的内容写清楚。"（第二学段"习作"）"表达要有条理。""在交际中注意语言美。"（第三学段"口语交际"）凡此种种，我们不难看出：小语人要致力于提升学生语言文字运用能力，也就是学生在真实的语言运用情境中表现出来的语言表达的质量，即提升学生的言语品质，让他们言之正确、完整、连贯、有物、有序，直至有味、有情。

（二）大格局

小语人的心要琉璃似的，洞察教材之特点。

1.统编教材打破了过去单一的教学模式，从单篇到多篇到整本书阅读，强调把阅读从课内引向课外，强调知识的整体建构，因此，把群文阅读做细做实，势在必行。

2.为了让孩子们接触最优秀的汉语作品，走进中国古典文化的大门，受到传统文化的滋养，统编教材增加了传统文化篇目，古诗词在语文教材中所占的比重在增加，一到六年级共有112

首。因此，我们的教学也可以适当向古诗词倾斜。

3. 统编教材人文主题与语文要素双线并行，聚焦语文要素（如：新鲜感的词句，想象，预测……）提升学生的语文素养，刻不容缓。

（三）大定位

依课标之"统率"，据教材之"安排"，我们在群文阅读古诗教学中聚焦想象，提升学生言语品质，是顺势而为，也是创新之举。

二、细选群文

"天下大事，必做于细。"也是说，我们小语人在让学生"品"之初，"嗅"之前，必须先把群文做细。（以下以一组数字诗为例）

（一）议题精细

古诗有很多种类，本次我们的主题聚焦数字诗。考虑到议题要多元化、多视角兼具开放性和比较性的特点，我们精选议题，凸显一个"妙"字，让学生在一组组数字诗中想象画面，生动有序地表达，以提升欣赏和审美能力，增加人文底蕴。

（二）选文组文细致

1. 选文适合学生年龄、认知特点。一、二年级孩子已经陆续学习了《一去二三里》《赠汪伦》《望庐山瀑布》等许多含有数字的古诗。那么在三年级选一组数字诗进行群文阅读教学，符合孩子的认知特点。

2. 选文从课内到课外。我们的选文要由课内的古诗引向课外的古诗，让学生有意识地、主动地到课外去搜集，去读，去品，扩大学生的阅读量。

3. 组文要有指向性，有梯度。从易到难，从课内到课外，从品到仿，要梯度呈现。几组古诗文要有共性，也要有个性，教师在课堂教学时，对学生的训练才能有针对性，学生在学习中求同存异，整体建构才能循序渐进，这样一来，我们的教学指向性才更明确。

（三）关注点细微

相对于单篇教学来说，群文阅读的量大了，任务也就重了，所以我们不可能面面俱到，胡子眉毛一把抓，我们要粗中有细。也就是说，与议题内容关系不大的我们要么放，要么走马观花，要么浅尝辄止；而直接指向议题的内容，我们要立足于"细"，专注于"微"。不能满堂灌，才能精彩"留白"；执着于"微"，才能游刃有余。如，第一组古诗："飞流直下三千尺，疑是银河落九天。""碧玉妆成一树高，万条垂下绿丝绦。""春色满园关不住，一枝红杏出墙来。""墙角数枝梅，凌寒独自开。"让学生找数字，品文字，想画面，分别感悟"壮观""轻柔""俏丽（绚丽）""高洁"，最后小结：简单的数字遇见有温度的文字，让"景色更美"。第二组古诗："桃花潭水深千尺，不及汪伦送我情。""劝君更尽一杯酒，西出阳关无故人。"让学生用同样的学法自悟"情之深，情之浓"。小结：简单的数字遇见有温度的文字，让"情意更真"。第三组古诗《咏雪》《百鸟归巢图》，让学生先与前面两组比较发现古诗之"趣"，再回头找"趣"在哪里，分别体会"隐之趣""凑之趣"。小结：简单的数字遇见有温度的文字，让"意境更有趣"。

这样只关注数字，只关注"景美、情真、意趣"，那就能以小见大，于平凡处显露不平凡。

三、细嗅蔷薇

如果"猛虎"是目标的话，那么"细嗅"就是行为。"蔷薇"是一个个简单的数字，是

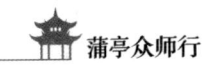

一个个有温度的文字。"蔷薇之香"是我们"细嗅"文字、放飞想象的过程中，学生言语的生长和品质的提升。因此，我们既要脚踏实地"纠结"于文本之间，又要想方设法地给孩子的心灵插上想象的翅膀，让言语海阔天空地飞翔，才能共赏"水晶帘动微风起，满架蔷薇一院香"。

（一）清晰之花

想象可以将模糊的东西清晰化。在品"一枝红杏出墙来"的"一枝"时，为了让孩子们看到这"一枝"背后的"千万枝"，我让孩子们想象墙上一枝独秀的俏丽，再让孩子们想象墙内是一派怎样的景象。孩子们能说出"春色满园"，但"春色"到底怎样，是一个模糊的认知。于是，我又引导孩子们从花草树木的品种说到颜色、姿态、香味，按先具体描述再概括描述的句式来说品种、颜色、香味。再以"园里的花千姿百态"这一关键句开头，以总分结构来具体描述姿态。如此一来，他们把平时生活、学习中所见所闻的各种花，通过想象统统移植于小园，那就变成了清晰、绚丽的春色。这一过程展现了思维的活力、想象的魅力，让孩子表达有序有物，提升孩子的言语品质。

（二）丰盈之花

想象可以将干瘪的东西丰盈化。在读"墙角数枝梅"的"数枝"时，孩子们对这几枝梅花认知不深。我提出"这几枝的背后还有千万枝吗？"这个问题，引导孩子们想象冬天的百花凋零，了悟孤寂，明白梅之坚强。而后我又提出："春天来时，那千万枝背后还有这几枝吗？"引导孩子们想象梅树已经葱郁一片，不与百花争春的"高洁"。这样一想象，干瘪的几枝就变成了集内在美、外在美于一体的丰盈之花，跃然枝头，凌寒怒放。

（三）动态之花

想象能将静态的东西动态化。在学"碧玉妆成一树高，万条垂下绿丝绦"时，学生品味到的是千万块"碧玉"做叶，千万条"丝绦"为枝的静态柳树，似乎还少了一点灵气，于是我把"二月春风"请进来，让学生想象"风吹丝带飘舞，风起柳条轻拂"的画面，感受动态之轻柔。这样化静为动，风儿有韵律，柳树有生气，相辅相成，相得益彰。

（四）具体之花

想象能将抽象的东西具体化。在"桃花潭水深千尺，不及汪伦送我情"中，孩子们通过品"三千尺"，通过诗中对比，知道友情深于潭水，但情之一物，真的很抽象，我就顺势抛出"友情到底什么样？"这一问题，让孩子们想象李白和汪伦在一起可能会做的事情，如：船上赏景吟诗，月下喝酒作诗，岸上踏歌相送……一帧帧，一幕幕，纷至沓来；一词词，一句句，脱口而出，学生与深厚的友情撞个满怀。

在"劝君更尽一杯酒，西出阳关无故人"中，我紧扣"一杯"，让学生明白"一杯"之后的"N杯"，明白"N杯"背后的"千言万语"，为了让孩子们说出王维寓于酒中的心里话，我设计了一项"酒后吐真言"的活动，让孩子们通过"忆往昔，思将来"的环节，大胆想象，一吐为快。

这样一想象，将抽象的友情具化为一幕幕画面，变成一句句不舍，孩子们就很容易体会情比水深，意比酒浓。

（五）趣味之花

想象能让单调的东西趣味化。在"一片两片三四片，五六七八九十片，千片万片无数片，飞入梅花总不见"中，让孩子们抓住满诗的数字，体会漫天飞雪，飘飘洒洒，引导孩子们想象"飞到树上，树……飘到房顶上，房顶……落在地上，地上……"再顺势追问："那飞入梅花林中呢？"镜头一转，孩子们凭借"不见"一词，感受表面的"隐"和内在的"融"。融为一体，雪花、梅花，傻傻分不清，有趣之极。

更有趣的是在"天生一只又一只，三四五六七八只"中，为了凑足"百只"，数字、文字并头进，乘法、加法齐上阵。数字于诗，运算进诗，语数傻傻分不清。"凑百之趣""学科融合之妙"，让数字诗妙趣横生，学生兴趣浓厚。

（六）自己之花

想象可以将别人的东西自己化。首先，在三组数字诗的学习中，师引，生学，想得宽宽广广，绵绵长长，想象中身临其境，表达时角色互换，诗中所写之景，所抒之情，所悟之趣，全变成了学生自己眼中风景，心中情趣。其次，在学习三组诗后，我让学生仿写数字诗，首先给出前三句"一片一片又一片，两片三片四五片，六片七片八九片……"让学生想绿叶或红叶，创作出体现"景美"的诗歌，再和原诗对比，体会"妙"。继续仿写"一朵两朵三四朵，五六七八九十朵，千朵万朵无数朵……"让学生想象向日葵和太阳，想象我们和祖国，创作出体现"情真"的诗歌。这样，学生想中悟，悟后说，说后仿，经典变独创。

就这样，于"一诗"中，数字与文字狭路相逢，我们赏四季更替，情景交融；于"一室"中，想与说激情碰撞，我们悟新旧更替，妙趣横生。于是，一诗中，蔷薇朵朵有特色；一室中，蔷薇朵朵竞芬芳。

综上所述，我们认为，在群文阅读古诗教学中聚焦想象，以提升学生的言语品质可行。同理，在群文阅读教学中，只要我们执着于学生言语品质的提升，那么任何文章，任何主题，任何议题皆可为我们所用。

我们坚信：日积月累的功夫是伟大到令人敬畏的，只要我们小语人心有"猛虎"，携孩子一起"细嗅蔷薇"，那孩子们在"细嗅蔷薇"之后，心中也必有"猛虎"。

与绘本融合的小学英语阅读教学
——小学英语"群文阅读"教学初探

井研县师范学校附属小学校　谭英

摘要：随着物质生活的丰实，特别是电子产品的不断迭代更新，娱乐软件的普及，现在的小学生能静下心来读书的时间越来越少，能放心读的文本越来越不好推荐。所以对现在的语文和英语阅读教学就提出了一项改革要求——进行"群文阅读"。而小学语文的群文阅读材料相对容易找，群文教学相对容易开展，因为只要拼音过关了，阅读就可以自主进行。可英语从语音的角度就给学生设了一个大大的坎，所以课堂上的英语群文阅读还不能阔步往前走，只能与绘本融合进行阅读教学。

关键词：阅读教学；与绘本融合的阅读；核心素养

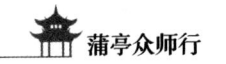

一、阅读教学

阅读教学就是学生、教师、文本之间进行对话的过程,这个过程是平等的、互动的和自主的。既然是三者之间的对话,就必然要产生三组关系,即学生与文本、教师与文本和学生与学生以及教师之间的对话。教学的主体是学生,所以这里学生和文本的对话起着决定性的作用。阅读的过程是学生所有相关知识与生活体验被读物的信息激活,与文本意义发生碰撞,与文会友,交流共识。第二阶段才是学生将自己对文本产生的形形色色、各不相同的理解进行平等的、无偏见的与老师和同学之间的交流,其间是教学的过程。在这过程中学生可以对他人的观点进行发问、评价,以促进学生加深或反思自己对文本的理解。老师在阅读教学中抛砖引玉,画龙点睛。有效对话下的阅读教学,学生能通过互动实现多种视界的沟通、汇聚、融合,并产生新视界、新思想,完成知识意义的建构,提高综合性学习能力。

二、阅读教学现状

1. 体验缺失"一人讲"

教师按照对文本解读的内容和结果以固有的教学模式一讲到底,学生只有点头的份儿,主体意识缺失,阅读兴趣降低。学生不能彼此之间敞开心扉,实现平等的对话,用老师阅读的认知体验来代替学生的理解与感受,哪怕学生能 get 到老师所讲的重点,但也是肤浅的记忆。教师对始料未及的学生体验和思维火花要开放地纳入才能激发学生自我体验,自主学习能力和创新素质才能得以发展,这才是教学的艺术所在。

2. 资源匮乏"反复讲"

教材内容注重语言知识的精要呈现,每句都在为新词的呈现铺垫,每篇都在为灌注语法而行走,所以教材趣味性不足,生活味不浓,情感不贴切。这就导致教师过多地关注阅读教学中儿童解码能力、文本概念、音素意识、拼读能力的培养从而反复讲,机械地复现。而对学生阅读流畅度、阅读习惯的培养严重不足。要实现真正的阅读,只有绘本与教材融合进行群文阅读教学,让知识的复现呈现在不同的情景中,让学生的知识与新的文本重现,形成一种赏析式的朗读,情感随着文本升华。

3. 模式泛化"机械讲"

教师忽视学生的游戏精神和活动特点,填鸭式进行教学,低估了学生的理解力和幻想品质,肤浅地进行毫无意义和没有个性特点的问答式教学,教师对文本的加工缺乏深度,教师语言单一,语用更流于形式。一听、二读、三表演的教学设计太模式化和表层化,活动与活动之间缺少活动链,缺失逻辑性,语言输入与输出脱节,忽视学生高阶思维品质的培养。这样的阅读教学对学生素养的培养和提高是没有多大现实意义的。有限的课堂时间要用在有意义的群文阅读上,让学生去感悟,去创造产生新的语言。

三、与绘本融合的阅读教学

绘本阅读内容是按照一条主线,对图和图之间进行观察、想象和推理来进行,以启发式问题推动阅读过程。绘本的内容常具有简单的故事大纲,用较固定的语言结构的语句集中突显简单的意义,易读易理解。绘本教学常用"说"故事激起学习兴趣,"听"故事培养专注,"创作"故事生成了新视界,"分享"故事学会了交际。绘本融合的阅读教学,不仅内容上让原教学内容得以拓展,而且教学形式和过程落实了学生英语素养可教、可学、可沉淀、可迁移、可评价的理念,真正引领学生到达素养的彼岸。

学生的视界，不是我们俯瞰就能尽收眼底的，也不是学步车里就触摸得到的，孩子的游戏精神和幻想品质在学习过程中所起到的作用更是不可低估的。绘本融合的阅读教学利用绘本精美的图画，精练的语言，结合孩子的特点来优化教学，进行第二语言的学习。

与绘本融合的阅读教学，有完整的故事，有真正意义的对话，能引发学生深度思考和学习，这才是学生的主动探究式学习，教学活动才能流光溢彩，时时跃动智慧的光芒。

四、与绘本融合的阅读教学原则

英语阅读是对儿童母语阅读的重要补充，对儿童语言和全面发展具有积极作用。一个版本的教材阅读教学，已经不能满足所有孩子的阅读量与阅读面，为学生阅读素养的发展提供了必要准备。与绘本融合的英语阅读能有效补充阅读量，阅读内容贴近学生生活实际，分级绘本符合学生的认知水平。绘本的选取和教学又要遵循哪些原则呢？

1. 依文本而读，掌握"三度"内容，培养语言能力

学生通过听、说、读、写、看等方式来获得信息，从而表达意义的能力就是语言能力。通过与绘本融合阅读教学过程，能实现学生从理解意义到表达意义的转变，帮助学生构建更有"宽度"、更有"厚度"、更有"深度"的学习内容，发展语言能力，进行人际交流。在外研版三起四下四模块二单元学习内容，只涉及了关于天气的问答，语言格式为：Will it be windy in xxx？Yes, it will./No, it won't.但孩子们在学到这里后，不光想学会回答问句，更想表达每种天气情况下可以做什么，或者陈述将做什么。所以我就选取了气象认知的 What's the weather like today？绘本学习内容。绘本讲述了整天只能关在屋子里的小男孩，每天只能通过窗口向窗外的小白兔打听天气，通过知道天气后，从而选择可以做什么事情。【教学片断1】1.T: It's xxx（天气）today. What can you do today？2.T: What do you learn from the story？设计意图：借助绘本，有效消除内容单一的教学弊端，通过对绘本的拓展性思考，引导学生进一步根据相应的天气而安排适当的活动。通过内容的拓展，有效拓宽学生语言的宽度、厚度和深度。同时，通过第二个问题的启发，让学生面对各种自然天气有乐在其中的活动安排。特别是文中提及下雨天时，虽然不能和朋友一起玩，但可以在雨中观察小动物们，从而培养学生积极乐观的心境。

2. 循体验而读，习得"三读"策略，培养学习能力

阅读教学中，老师要引导学生富有个性体验地与文本进行交流，用文本的精神来反思自己的行动。潜移默化中丰满和净化学生的血肉，塑造学生的灵魂，这是"精读"环节。【教学片断2】在气象认知的 What's the weather like today？绘本教学中，当兔子告诉小男孩今天是雨天后，小男孩回答："Never mind." T: Why？让学生与学生来深度挖掘面对不喜欢的天气时，孩子们会有的不同情绪表现，从而更深刻领会人物品质。

为了抓住文本的主要内容，表达的主要句式，突显的主题需要阅读，这是"速读"环节。在气象认知的 What's the weather like today？绘本教学中，教师通过"速读"来培养快速阅读能力，抓住文章脉络。【教学片断3】T: What's the weather like today 在文中共出现了几次？设计意图：通过一个问题，让学生把故事立体化，化繁为简，了然于心。

同样的阅读教学内容，学生调动各种感官，读出感觉，读出味道，读出情趣，在快乐氛围下进行的"悦"读，仿佛不是在读别人的故事，而是在读自己的作文，直接由读进入了表达语言。【教学片断4】同样是在气象认知的 What's the weather like today？绘本教学中，T: 请同学们边读边表演动作。设计意图：学生在读到天气单词时，手势和声音让人仿佛就置身

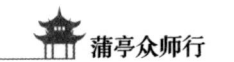

于那样的环境中，而在读到可以参加的活动时，仿佛自己就正在进行着这项活动。让学生的活动精神和幻想意识支配全程的学习，个性化的阅读促进学习能力的发展。

3. 顺思路而读，训练"三性"思维，培养思维品质

思维品质指人的思维个性特征，指思维的逻辑"性"、批判"性"、创新"性"等方面所表现的水平和特点。英语教学是语言型课堂，但也应该是"学思并重""思读合一"的思维型课堂。学生联系生活实际，说说自己面对问题时是如何解决的，教师及时地评价与激励，这是对学生创造性思维品质有意识的训练。【教学片断4】同样是在气象认知的 What's the weather like today？绘本教学中，T：小男孩问 What will the weather be like tomorrow 时，为什么小白兔回答"It's a secret"而不是"I don't know"呢？Why is it a secret？设计意思：让学生探究人物风格，同时开放的话题最能让学生学习知识的积极性和思维力同时提高，从而培养思维逻辑性、批判性和创新性思维素养能力，有思维的语言才能内化为自己的知识。

4. 绕主题而读，形成"四文"意识，培养文化品格

文化品格指对中外文化的理解和对优秀文化的认同，是学生的知识素质、人文修养和行为取向。在教学外研版三起五下八模块一单元时，主人公 Daming 和 Fangfang 在一起制作风筝的过程中，到底他们制作了一个什么样的风筝？我打破了学生英语课堂就是学英语的语言的课堂而忽视学生动手能力培养的惯例，没有再去找绘本来拓展教学内容，而是让学生亲自动手制作风筝，让学生跟着大明和芳芳一起来制作一个风筝，然后再将制作过程用英语写下来，制作的风筝用英语来描述，将现实的活动变成自制的绘本。【教学片断5】1.T: How's the kite they made？ 2.T: How to make a Chinese dragon kite？ 3.T: 你能用哪些不同的方式来表达"龙"这个图腾？设计意图：通过与绘本融合教学，学生在互助制作风筝，互助学习课文内容，互助制作绘本的过程中，能获得"文"化知识，理解"文"化内涵，比较"文"化异同，吸收"文"化精华，形成正确的价值观念和道德情感。

每一个人都不是孤立的，认识自我、丰富自我、完善自我是每个孩子一生的必修课，阅读，阅读，再阅读能更好地塑造学生。与绘本教学融合的阅读教学，能有效进行小学英语的群文阅读，从而提高阅读能力，培养语言能力，提高学生的英语素养。

浅析科尔文手势在农村小学低段有效建立学生音高概念的运用

井研县竹园镇中心小学校　王茭

摘要：声乐是声音的艺术，如果唱歌跑调，那么我们的歌曲就改变了原有的韵味。我们所说的"唱歌跑调"，其实就是在唱歌的时候音准没把握好，也因此影响了歌唱的效果。因此在小学低段的音乐教学中，融入科尔文手势，能有效地帮助孩子们建立音高概念，辅助"唱好"歌曲。

关键词：音高概念；科尔文手势；农村小学低段

俗话说"万丈高楼平地起"，地基越牢，高楼越稳，在歌唱中，音准就是我们的地基，如果音准不好，也就是我们所说的"五音不全"，将会影响歌曲的质量与韵味。很多人认为自己先天"五音不全"，就不能唱好歌曲，就不能唱歌了，其实不然，无数的教学实践证明，这种先天的"五音不全"是可以通过后天的音准训练学习来解决的。

目前，有效建立孩子音高概念最直接、最有效的方法就是在音乐的歌唱教学中，融入科尔文手势，辅助孩子直观、有效地建立音高概念。

一、什么是科尔文手势

科尔文手势是柯达依音乐教学体系中的一部分，是十九世纪七十年代由优翰·科尔文首创。科尔文手势借助七种不同手势和在身体前方不同的位置来代表七个不同的唱名，在空间中联系自己的身体把所唱音的高低关系体现出来，是教师和学生之间进行音高、音准的调整、交流的一个身体语言形式。教师用直观的手势表示出各音的相对高度，引导学生观察手势，学习手势，思考手势和音高的关系，并通过科尔文手势掌握音准，有效建立音高概念。

二、农村小学低段学生音乐学习条件现状

在当今教育体制改革，提倡德、智、体、美、劳全面发展的大前提下，随着社会的不断进步，人们的生活水平也逐步提升，许多家长逐渐重视孩子的美育发展。在城市，许多家长送孩子去培训班学习乐器、声乐来提升孩子在美育方面的技能，这些孩子在从小学习音乐的过程中，会逐步建立音高感，部分孩子先天"五音不全"的问题能得到改善。然而，在发展相对滞后的农村，许多孩子都是留守儿童，家里没有精力也无法负担孩子去培训班学习，他们解决音准问题就指望在学校音乐课的学习。这就要求老师必须掌握能有效建立孩子音高概念的方法技能，并在教学过程中通过反复地引导、训练和运用，帮助孩子解决音准问题。

三、科尔文手势在低段辅助建立音高概念教学中的运用

通过现阶段教学实践证明，在小学低段运用科尔文手势有效建立孩子音高概念的效果是最理想的。在小学低段，孩子们对音乐知识的学习还很贫乏，还不会识谱，利用科尔文手势与身体的联系，直观形象地使孩子感受音高关系，帮孩子们生动直观地建立音高、唱名概念，所以，

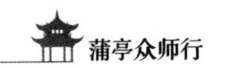

孩子在小学低段的音乐学习中，老师应当掌握方法运用科尔文手势，结合孩子的学习发展规律，调整、建立孩子们的音高概念。

（一）科尔文手势能激发学生学习音乐的兴趣

对低段的孩子而言，兴趣是最好的老师。只有在教学中激发孩子们的兴趣，才能调动孩子们学习的积极性。科尔文手势正好满足这一点。利用科尔文手势来对应唱名建立音高感，对低段的孩子，就像游戏，并且，利用口诀帮助孩子们记忆，然后再结合钢琴给出音高，孩子们会觉得非常有趣，寓教于乐，孩子们都十分乐意参与进来，并认真地学习，效果甚好。

（二）科尔文手势帮助学生直观学习建立音高概念

科尔文手势将音高唱名与自己的身体结合起来，孩子们能利用自己的身体，准确、直观地感受每一个唱名的音高，感受唱名之间的音高差距，通过单音、音程以及音阶的反复强化训练与积累，逐步建立孩子的音高概念，从而解决孩子的音准问题。

（三）科尔文手势运用于歌曲教学，稳定音高概念

科尔文手势比较熟练以后，直接将其运用到歌曲中，老师用钢琴弹奏歌曲，孩子们不出声用科尔文手势来"演唱"歌曲，随后，老师用科尔文手势，孩子们用唱名演唱歌曲，最后孩子们自己用科尔文手势边比画音高边唱歌曲。孩子们成功完成以后，不仅更深切地体会到科尔文手势与音高的关系，解决了音准问题，稳定了音高概念，同时还增强了自信心与成就感，进一步激发了学习音乐的兴趣。

科尔文手势在有效建立学生音高概念的教学实践中取得了较好的成效，通过反复的训练、运用的积累，孩子们的音高问题得到有效的解决。

精创语文活动　乐增学生素养

四川省井研县研城中学　王玲

语文新课程标准提出："语文是实践性很强的课程"，"应着重培养学生的语文实践能力，而培养这种能力的主要途径应是语文活动"。基于此，语文教师应开展丰富多彩的语文活动以培养学生能力，从而全面提升学生的语文素养。

但事实却不尽人意，很多教师语文活动开展的现状令人担忧。有的教师因为认识上的因素及条件方面的制约，对活动开展就很随意，在实际教学中，忽视甚至无视语文活动课，即便组织了活动，也只是蜻蜓点水，形式单一，内容不丰富，没有充分挖掘活动资源，因此，语文活动中学生参与面太窄，参与热情不高，参与效果不佳，很多学生在活动课上当观众，瞎起哄，说悄悄话，看热闹。

新课标指出："语文教师应高度重视课程资源的开发与利用，创造性地开展各类活动，增强学生在各种场合学语文用语文的意识，多方面提高学生的语文能力"。

笔者作为一名从教二十多年的初中语文教师，深知"得语文者得天下"的道理，懂得开展丰富多彩的语文活动是提升学生"听说读写"语文能力的一条有效途径。为此，笔者在教学中注重课内外语文活动的开展，让学生在参与活动的快乐中慢慢提升语文素养，经过多年实践后小有成效，现整理成文。

一、形式多样的课内活动，让语文课堂活色生香

（一）挖掘"说"的魅力——课前三分钟演说

培养学生的口语表达能力，是中小学语文教学的重要任务。学生说话流畅，意思表达完整，能够围绕一个话题滔滔不绝，适当运用姿势、手势、表情增强语言的表达效果，说出的话富有感染力，这些都是语文教师梦寐以求的；但很多学生因平时缺少锻炼，导致说话时不大方，音量小，吐字不清，词不达意，缺乏条理。因此增强学生的语言表达能力，语文教师任重道远。此项能力培养是长期工程，教师可以通过初中三年坚持设计课前三分钟演说活动，加强学生的口语交际训练，提升学生口语表达能力，让学生达到能说会道的效果。

开展此项活动应该遵循两点原则。第一要面向全体。语文教师要让每一个学生都能走上讲台，得到锻炼机会。可以按照班级学号依次进行，或者教师根据自己对学生的了解，让一些胆子大、口语表达能力强的同学先上台给其他孩子做示范，然后再依序号进行。第二，要遵循循序渐进的原则，教师可以根据不同学段学生和学习内容的特点设计不同的话题并做相应的要求，每个阶段目标要有所不同，而且逐年提高要求。比如七年级刚入学时，设计的话题可以是"这就是我"，鼓励学生走上讲台，面对全班同学，进行自我介绍，要求声音尽量响亮，说话尽可能流利，至少两分钟；过一阶段，请同学轮流讲一则故事，并从中提炼出观点，这样，既训练了同学"说"的能力，也积累了大量写作素材；再高阶段，请同学们就时事问题、热点新闻畅谈自己的感受和观点。还可以根据每学期的推荐阅读名著来设计精彩的课前三分钟演说活动，如九年级上册阅读《水浒传》时可安排"我心中水浒英雄""分享精彩水浒故事"；九年级下册读《简·爱》后开展"探讨爱的真谛"主题演讲活动等。通过三年的训练，学生一定能实现由不敢说到敢说，由敢说到爱说，由爱说到能说，由能说到善说的蜕变。

（二）展现学生风采——自编自导自演课本剧

进入八九年级，语文课本中便会有小说、戏剧单元。如果仅靠教师课堂上的讲解与分析，学生对小说情节构思的学习、人物形象的把握以及作品主题的解读很难达到终生难忘的境界。但如果语文教师借助课本内容设计成活动课，让学生通过活动实现理解、认知、探索和创造，那效果就不一样了。课本剧的编排和演出则是一种能够很好调动学生积极性的语文活动。教师可以将学生分成几个小组，每组根据学生能力表现选出编剧、导演、主要人物及群众演员。同学们在感知文本，把握人物性格的基础上自编、自导、自演课本剧，从而真正走进人物的精神世界。为了激励学生，演出时教师可以拍照或者录制小视频，发到家长群或者上传到学校网站；多个小组参加比赛还可以设置各种奖项，如最佳编剧奖，最具风采演员奖……这样

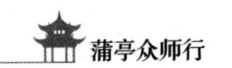

既能让学生对语文课感兴趣，又能充分展现他们的风采，更能锻炼他们的语文综合能力。学生在《智取生辰纲》《范进中举》等小说的课本剧表演中深入作品人物内心，将作品的主题淋漓尽致地表现出来，而且课堂气氛特别活跃，这才是真正充满魅力的语文课。教师经常安排这样的语文活动，所有孩子都会对语文课充满兴趣和期待，这比一味埋头读书收获大得多，往往会有事半功倍的效果。

（三）增强综合能力——举办专题活动

部编初中语文课本中，每一册都会有主题鲜明的综合性学习活动。诸如"君子自强不息""走进小说天地"等，我们可以利用专题活动的形式，培养学生的策划组织能力，让学生在小组合作中完成各项任务，如搜集整理资料、人物访谈、社会调查等，从而感受到合作的魅力；同时能激发学生学习语文的兴趣，让学生八仙过海，各显其能，声情并茂朗诵，慷慨激昂演讲，唇枪舌剑辩论……就这样，学生成了课堂的真正主人，能把所见、所思、所感在综合性学习活动课上和同龄人交流。他们不再是旁观者，而是用眼、用手、用口、用心置身于语文学习的乐园中了，且乐亦无穷！

二、丰富多彩的课外活动，让学生生活绽放精彩

（一）积淀历史文化——牢记传统节日

中国传统节日，是中华民族悠久历史文化的重要组成部分。语文教师应该重视节日文化的传承，通过各种方式使学生了解中国传统节日以及文化内涵，重视我国传统节日，培养节日情怀。如清明节祭祖踏青，端午节了解屈原，春节写春联，元宵节猜字谜等，让学生切身参与到这些实践活动中，从而积淀历史文化，牢记传统节日。

（二）开展研学活动——培养乡土情怀

笔者根据本地特色，组织学生开展了一系列研学活动：如了解雷畅故居九子十翰林的典故、四里桥的由来、经学大师廖平的故事、熊克武的革命精神；寻访名胜三江白塔、千佛岩，探寻民俗农民画、柑橘文化、盐文化等。通过这些活动的开展，学生们走近了身边的名人，了解了当地乡土文化，体味了乡土情韵。

总之，作为语文教师要开展丰富多彩的语文活动，叩开语文之门，叩开学生心灵之门，从而提高学生学习语文的积极性，让学生享受语文学习的乐趣，在快乐参与活动中增强语文素养。

浅议初中数学小专题中的微学习

四川省井研县研城中学　王守东

摘要：教师要较好地利用"碎片时间"，满足学生自主专题学习的实际需求。这种具有及时、高效、便捷性等特点的自主学习活动方式也被称为"微学习"。微专题学习对于学生解决初中数学小专题问题特别重要，数学微专题学习的主要内容通常都不能是单一而有主题的，围

绕一个具有核心性的知识点而呈现一个相关联的内容，即"短小的、松散的、实用的片断化学习内容"。

关键词：微活动学习；微活动内容；微学习时间；微学习课程；微学习媒介；微学习资源

在"互联网+"教育背景下，个性化学习，社会参与必不可少。学生要实现个性化发展，学习的时间、地点、资源都会发生实质性变化。要较好地利用"碎片时间"，满足学生自主活动学习的实际需求。这种具有及时、高效、便捷多种特点的自主学习活动方式也被称为"微学习"。微课程学习对于有效解决目前初中生的数学小课程专题特别重要，因为初中数学微课程学习的知识内容通常都不能是单一主题的，围绕一个作为核心点的知识内容呈现一个相关知识内容，即"短小的、松散的、实用的片断化学习内容"。其需要呈现的知识时间也相对短暂，表现在突出微学习知识的数量、小小的片段、模块化、短暂的时间等多种特点，这正符合数学小专题学习的理念。

一、数学小知识专题微学习主要表现在从单个内容到多维形式的多个维度方面

1. 微内容

数学小知识专题微具体学习课程中的微数学内容，是泛指微具体学习的一个知识点和对象，通常来说是一个单一的数学主题，可以认为是一个小的概念、法则、性质、定理等，主题简单明了。比如在我们学习《一元一次不等式（组）的解题技巧》的小专题时，就细分为普通型、连写型、"分式"型、"绝对值"型几个微内容，一个一个地分类解决。同时，微知识内容设计应严格遵循知识模块化内容设计的基本技术要求，微知识内容相互之间还应紧密联系，共同发展构成完整的基本知识应用体系，让学生学得清楚明白，又不易混淆，抓住微内容的数学本质特征，学以致用，从而解决不同内容。

2. 微时间

数学小知识专题微小时间，是泛指一段较短、完成一次微小时间学习的需要时间。因为时间很短也是微小时学习的重要特征。有人甚至主张一次微时间学习用的时间最短应该是5~6分钟，通常一般情况下以不允许超过10分钟一次为宜。

比如：在学习小专题《已知不等式组解集求参数值》时，先安排学生分小组讨论一个例题：若含参数 a 的不等式组的解集为 $1<x<2$，求代数式 $a+b$ 的值。此例题解用时3分钟。再布置两个自主探究的针对性题，如练习用时5分钟。这个微时间安排非常灵活，可安排在课前预习、课后复习，可安排在午休空余时间或者放学查漏补缺，也可安排在家里自主学习时完成，它对任何人、任何时间、任何地点都行。使在校学习者完全可以随时随地在线获取相关知识与学习信息，把学生碎片化学习时间有机地合理组合利用起来，为在校学生争取更多学习空余时间，从而完全可以有效弥补我校传统小组大专题学习教学的不足，使在校学生方便地自定学习步调，提高了小专题学习工作效率。

3. 微过程

数学小专题微媒体学习过程中的微媒体过程，是泛指学生完成一次微媒体学习的基本教学过程。微媒体学习的基本过程不仅结构简洁，并且它可以通过多种教学方式用来实现多维的各种实时信息互动。比如：在学习小专题《利用方程的错解确定待定字母的值》，可以用

漫画形式，设计成两个学生的对话表达，也可以设计成一个小微课或视频分析讲解，也可以设计成文本探究。让课堂学习过程变得更加轻松有效和趣味，使学习者在一种轻松的课堂学习过程体验，在过程中快速完成所学知识的基本建构。

4. 微媒介

数学小专题微课新媒体课堂学习应用过程技术中的微课新载体学习媒介，是指微课新媒体课堂学习所用的一种小巧的新媒介。这种新载体媒介的快速推进发展和可应用性也使得各种新型手持嵌入式微媒体学习以及移动应用终端，如利用智能手机、平板、电脑等移动设备形式得以广泛应用普及，从而消除了课堂教学过程技术上的诸多技术障碍。

比如：在学习小专题《已知不等式组整数解的情况求参数取值范围》，我是叫学生先回家做两个有关练习题，通过查阅资料，找到两个视频讲解的类似题或者自己制作微课，再通过微信或者用科大讯飞的平板学习机推送给学生。学生学习后要写学习总结，并通过学习再做习题。这种网络知识以一种具有片段性变化的网络方式，广泛散布于整个网络之中，处于一种未必能完成的动态变化网络状态，每个人都在这种网络中不断创造可以完善并彼此分享的网络知识。微整体媒介学习中的信息互联网络信息是微媒介学习与信息资源之间存在的主要信息载体。

5. 微资源

数学小基础知识热门专题资源，微课程内容学习实用资源，学习中的微教师课程学习资源，是用来指微教师课程内容学习所用的主要信息材料，容量较小且学习持续时间较短的主要信息辅助资源。微教师学习课程资源主要是具有两种基本上的存在性和表现形式。一种直接与微教师学习课程内容合二为一，另一种直接将其作为微教师学习课程内容的主要信息辅助材料。如：在小专题《行程问题中的分类讨论》学习时，可针对性地在网上找到一些有用资源。我找到一个有关小船航行的行程问题：一艘船从 A 地到 B 地顺流航行，然后又逆流而上到 C 地，告诉了时间、速度及 A、C 两地距离，求 A、B 两地距离。这个微资源具有分类讨论性质，返回时的 C 地可能在 A、B 两地之间，也有可能在 A、B 两地之外，训练学生用一元一次方程建模非常有用。为了更加用好微资源，叫学生回家再利用网络查询有关类似的行程分类问题，或者叫学生下来自己编写行程中的分类问题，这样子把老师设置的微资源和学生找到或编写的资源融合一体，起到举一反三的作用。

现在我们的微课网络学习资源非常丰富，只有我们通过自己动脑筋去寻找进行筛选，然后通过紧密结合的运用来放到微课的学习之中，就一定能有效地提高中小学生的逻辑思维能力，很好地解决了微学习中可能存在的诸多问题。

二、更好有效开展微学习的三个方法

初中数学小专题，学生常态化、微观化主体学习，需要教师引导中小学生自己探索建立一种新的学习常态化主体学习方式理念。把整个主体学习管理过程，视为一个内部各主体学习活动要素之间不断实现平衡，充分良性发展的主体学习管理过程。将其视为一个主体学习系统活动管理，系统内部各学习要素流动因子之间一种能够自动实现良性平衡的相互动，构成一个不同主体学习活动。系统各内部功能完备的整个学习活动统一体，发挥和充分突出整个学习系统协同效应，与整个学习系统整体平衡互动综合效应。为更好有效开展专题微学习，提供更多方法。

1. 科学营造数学小专题微学习氛围

数学小专题的作用，就是我们针对一个数学微内容，也是我们对新知的分解掌握，或是解决学习存在的一个微问题。我们的每一次微研究、微讨论、微合作、微讲解、微练习，都会给学生留下深刻印象，促进不同层次的学生充分参与到学习之中，得到不同层次的发展，从而不断创造微学习的氛围。教师在备课中不断搜集整理微学习中点点滴滴，将成功的经验用在课堂教学之中，将微学习中遇到的微问题也能在教学过程中解决，便于针对易错点、难点内容，适时开展探究、创设情境，深入讨论，真正体现数学核心素养在课堂中的价值。我们再通过微测试，进一步了解专题学习的掌握情况，及时对微学习进行调整，可以有效进行差异化教学，激励学生自主学习。

2. 设计丰富的专题微资源

数学小专题中的微学习并非正式课堂的专门学习，关键在于对正式课堂进行有益补充，善于快速、便捷解决学习中遇到的问题。我们应该设计丰富的微资源，从学科网上筛选资源，从智学网上进行选题组卷，利用智学网上的大数据分析资源，了解学生的学习掌握动态，便于及时制定小专题中的微学习，利用智学网上的 AI 学资源，给学生布置课前预习或课后复习，再利用校本资源进行整合，设计出一块一块的微学习专题，让学生做最好的应用体验，激励学生更多参与到专题微学习中来。

3. 创立专题微学习的激励机制

现在很多网络平台都设置积分奖励，目的在于拓宽平台的使用空间和质量。我们的数学专题微学习也应该设计出切实可行的激励机制，把专题微学习中的做题、看视频、提问题、回答、评价、留言等学习活动等级化、积分化，可从好到差设计出 *A*、*B*、*C*、*D* 四个等级，分别赋予 5、4、3、2 分值，最后打出总分。每周评价一次，每月总结一次，并颁发荣誉证书和喜报。这种专题微学习的激励机制，激发了学生浓厚的兴趣，提升了专题微学习平台的黏着度，使微学习更具有生命力。

现在已经是一个智能化的网络学习传播时代，学习传统文化基础知识的传播方式更加丰富多样，它们为微媒体学习传播提供了有力量的支持和有效补充。和其他传统的网络学习传播方式不同，微媒体学习更加具有即时性、交互性、情境性，更突出了它的无比优越性。作为我们正在进行的"中小学数学小专题教学探究"，我们更应该抓好数学小专题微学习，充分将数学核心素养应用到学习之中，不断提升教育教学质量。

参考文献：

[1]《翻转课堂、微课与慕课实践指导》.

[2]《翻转课堂、微课与慕课助力个性化教学》.

[3]《中学教师教学的策略与技巧》.

[4]《如何有效利用教学资源》.

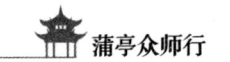

农村高中历史课堂核心素养落地策略刍议

四川省井研县马踏中学　王学军

摘要： 高考非常重视考查学生的学科核心素养，但学生的学科核心素养基于多方面的因素，个体发展不平衡，地区发展不平衡，尤其是农村学生素养非常薄弱。目前，农村高中由于生源质量和办学条件的限制，面临着培养核心素养的诸多难题。如何让核心素养在课堂教学中落地，如何适应高考的要求，是农村高中历史教师面临的重要命题。本文以一堂历史公开课为例，结合教学实践，对在课堂教学中落实核心素养作了一些粗浅的探索。

关键词： 农村高中；核心素养；落地策略

目前，历史在中考中分值比重较小，加之很多农村初中没有专业的历史老师，担任历史教学工作的老师大多都是兼职教师，所以农村孩子的历史素养非常薄弱，甚至连一些基本的历史常识都缺乏，这些孩子进入高中以后，接触的高中历史课程与初中的编写体例又不尽相同（初中为通史，高中人民版是专题），难度大，在较短时间内很难适应高中的历史教学要求。所以，我们一直在思考如何帮助他们更快适应高中历史学习，更好理解教材的逻辑性。

前不久，我们高一备课组承担了一堂县级历史教学公开课，课题是人民版必修二专题三第一课《社会主义建设在探索中曲折发展》的第一目《社会主义制度的建立》。该目是专题三第一课的开篇之目，起着承上启下的重要作用，上承专题七《苏联社会主义建设的经验和教训》，下启《中国社会主义建设道路的探索》。

关于中苏社会主义建设道路的探索这块知识，我们知道新中国的社会主义建设道路一开始是奉行"一边倒"，向苏联学习，走苏联模式，优先发展重工业。因此我们高一备课组采取先复习必修一专题八《马克思主义的诞生》中《共产党宣言》发表的相关内容，了解马克思、恩格斯关于社会主义的构想，再讲专题七《苏联社会主义建设的经验和教训》，帮助学生对"社会主义""新经济政策""工业化""农业集体化""计划经济"等历史概念进行学习，为学习专题三《中国社会主义建设道路的探索》打下良好基础。

在新课导入环节，授课教师采用了时空轴：

新中国成立	国民经济恢复	一五计划	大跃进、人民公社化运动	文化大革命	十一届三中全会	南方谈话 中共十四大	中国特色社会主义新时代
1949	1952	1953	1957　1958	1966	1976　1978	1992	2017

依据时空轴，引导学生认识到：由于对什么是社会主义，怎样建设社会主义这一重大问题长期认识不清，所以在探索中成就与失误并存，社会主义建设呈现曲折发展的特点。在发展路径上，呈现出明显的阶段特征：以十一届三中全会为界，我国在发展道路上经历了走苏联式的社会主义道路到中国特色社会主义道路；在经济体制上经历了计划经济体制到社会主义市场经济体制的转变。这样处理既让学生认识到社会主义建设的复杂性和曲折性，又让学生认识到走中国特色社会主义道路的必然性，增强学生对中国特色社会主义道路的认同；还

能培养学生的时空观念。

我们从背景、方针、表现三个环节展开新课教学，主要采用史料研读、图说历史、中外对比等方式。比如，对背景的分析，我们选用了以下史料：

材料1：中国永远摆脱不了一个不堪负担的压力，即庞大的人口，没有一个政府解决了人民的吃饭问题，中共也无能为力，中国将永远天下大乱。

——美国国务卿艾奇逊

材料2：我们不仅善于破坏一个旧的世界，我们还将善于建设一个新的世界！

——毛泽东

通过分析史料，让学生认识到新中国成立初期面临着来自以美国为首的帝国主义国家的敌视和遏制，国际形势异常严峻；但同时，以毛泽东为代表的共产党人向世界庄严宣告了建设新国家的决心，中国共产党是一个敢于迎接各种挑战的伟大的党，培养学生对党的热爱，也为一五计划为什么要优先发展重工业埋下伏笔。

在分析一五计划的特点时，我们采取结合地图的方式进行分析。

材料3：一五计划成就图

问题：结合一五计划成就图，从分布和工业结构上分析一五计划特点及其原因。

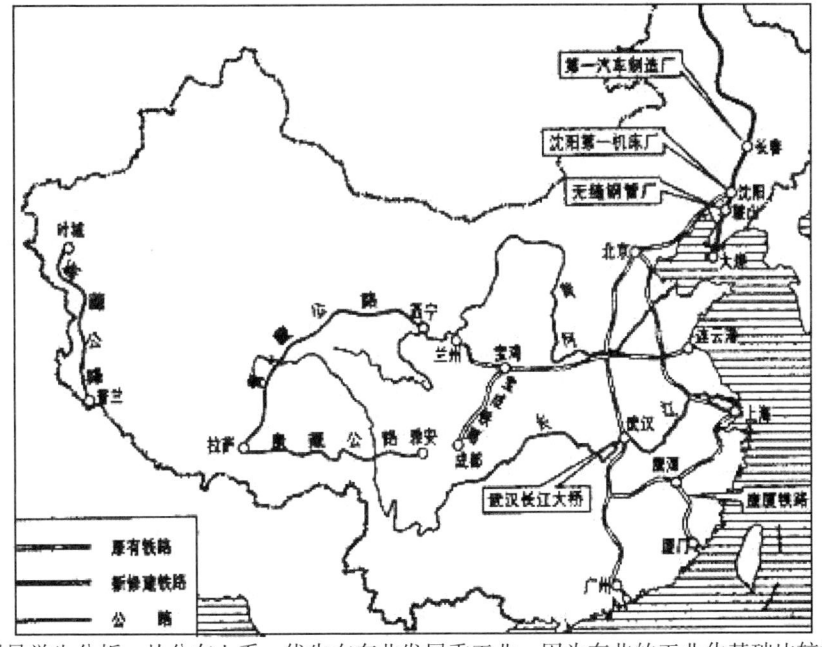

引导学生分析，从分布上看，优先在东北发展重工业。因为东北的工业化基础比较雄厚；东北的资源丰富且交通便利；靠近苏联，方便从苏联得到援助。从工业结构上看，优先发展重工业。因为新中国面临帝国主义的包围封锁，迫切需要巩固国防；受到苏联优先发展重工业的影响。这样的设计，降低了问题理解难度，对于历史素养薄弱的农村学生而言，易于理解，有利于培养学生时空观念和历史论证能力。

在分析对资本主义工商业的社会主义改造时，我们选用以下史料进行对比：

材料4：面对如此险恶的形势，苏维埃政府在经济领域采取了一系列特殊的战时措施……在工业方面，不论企业大小，一律收归国有，实行高度集中的管理政策。

——人教版必修二专题七《苏联社会主义建设的经验和教训》

材料5：1956年前单个企业公私合营利润分配采取"四马分肥"，国家税金（30%）、企业公积金（30%）、职工福利奖金（15%）、资方股息红利（25%）；1956年，全行业公私合营后，资本家不再参加利润分配，而是按其拥有的股额由国家付给年利息，一律按年息五厘付给，到1966年9月停付。

——《公私合营工业企业暂行条例》

通过材料4和材料5，我们引导学生对比分析，我国对资本主义工商业采取的是有偿国有化的赎买政策，与苏俄对工业采取没收的方式相比是一大创举，具有中国特色。这种政策不仅缓和了民族资产阶级对社会主义改造的抵制，而且以和平的方式将资本主义工商业改造成了公有制企业。

在高考中，考查学生比较历史事件的能力是要求比较高的一种素养，在平时的教学中，通过史料对比的方式，注重比较方法的训练，是有助于提高培养学生比较能力和论证能力，同时也有助于增强学生对党、对国家的认同。

农村高中存在诸如生源质量差、办学条件简陋、现代教学资源匮乏等困难，但国考卷是统一的试卷，不会区分城市学生和农村学生，我们结合生源层次、学校条件等实际情况，在培养学生核心素养方面作了一些粗浅的探索，归结起来有以下几点：

第一，我们认为教师的高度决定学生的高度。教师如果不能深刻理解核心素养及其训练方式，就无法培养学生的核心素养。因此，我们要求老师每年至少读一本历史专业书籍，提升自身素养；通过集体备课、观看优质视频资源、外出学习、网络研修等方式，探讨如何实施核心素养的训练。除此之外，在课堂教学中，我们还贯彻立德树人根本任务，将爱国读书根植于学生头脑，助力学生树立正确的人生观、价值观和世界观，培养学生家国情怀。只有当教师具有了丰富的专业知识和高尚的道德情操，才能培养出真正全面发展的学生。

第二，我们认为备课的质量决定课堂的质量，备课是提升课堂效益的关键。我们提倡深度备课，备课要做到心中有纲，心中有题，心中有考向。高考真题是重要的课程资源，深度研习高考真题，尝试着与出题者对话是深度备课的必备条件。在备课中，我们特别注重突破高频考点，通过磨课，研究高频考点的突破方式；注重备学生的接受效果，站在学生的角度去思考如何教才能更容易让学生接受，产生心灵共鸣。当知道了"考什么"、"怎么考"时，"如何教"的问题就迎刃而解了。

第三，注重知识板块间的逻辑性，助力学生形成整体知识结构。我们对必修二的教材进行了重组，我们在讲完专题一《古代中国经济的基本结构与特点》后，没有去讲专题二《近代中国资本主义的曲折发展》，而是先讲专题五《走向世界的资本主义市场》，我们知道经过工业革命的西方国家，为了扩大商品倾销市场和获取原料产地，发动了鸦片战争，将中国卷入资本主义世界市场。随着外国资本主义的入侵，中国自然经济开始解体，客观上为民族资本主义的产生提供了条件。在讲中苏社会主义建设道路的探索时，我们也进行了重组，先讲专题七《苏联社会主义建设的经验与教训》，再讲专题三《中国社会主义建设道路的探索》。这样的安排有助于帮助学生理清知识逻辑，更好理解教材，这样的课堂既有深度又有宽度，还有思想力。

　　第四，我们认为培养核心素养的主阵地在课堂。在课堂上，我们结合时空轴、史料研习、图说历史、中外对比等方式，将素养训练融入课堂教学，在潜移默化中熏陶学生，在训练中提升能力。我们针对高频考点，在教学中设计了"素养提升练"模块，突出解题思维训练。在教学中，我们总结了"审、定、抓、排、扣"五字诀，帮助学生解题，特别是选择题。"审"即重视审定设问，明确要求；"定"即定时空，回归特定时代背景；"抓"即抓主旨，归纳材料核心信息；"排"即排除错项；"扣"即回扣材料核心信息。很多时候，学生往往很容易排除两个错项，余下两个选项拿捏不定，这个时候回扣材料主旨信息就很必要。

　　第五，在课堂教学中，我们强调教学要体现国家意志，比如教学中我们要求学生树立对中国特色社会主义文化自信、理论自信、制度自信、道路自信；着重培养学生对党和国家的热爱，对民族的认同；强调历史对现实的照应，学以致用。

　　第六，在教学中我们认为，学生素养的提升是建立在知识累积的基础上，所以，我们特别重视学生知识的积累。为了帮助学生积累知识，我们在期末复习阶段都要依据课件，将课堂上讲授过的高频考点制成《高频考点汇编》发给学生。根据课时数，编制复习计划，将每一个章节的知识点落实到每一节课，要求学生大声诵读，并对重点学生（希望生）给予重点关注。

　　基于农村学生的实际情况，经过多年的探索，我们初步摸索出"遵循三七定律，一深两导三精教学"历史高效课堂模式。"三七定律"是指三分教、七分管，"一深两导三精"中"一深"是指深度备课，"两导"是指学案导学和课件导航，"三精"是指课堂精讲、精练、精记。

　　"三七定律"是高效课堂模式的指导思想，"三七定律"是指三分教、七分管，要将课堂管理作为开展教学的前提工作来做，良好的课堂管理是课堂教学正常开展的保证，所以，我们在开学第一堂课首先要给学生讲明课堂规矩，将规矩立在前头。对在课堂中出现的不和谐"音符"，我们提倡以提醒、暗示、课后处理的智慧方式来应对。处于青春期的学生，由于受到家庭、社会等方面因素的影响，逆反现象是比较普遍的，教育方式不能简单粗暴，要遵循青少年身心特点，从树立良好的"三观"入手，通过生涯规划教育，帮助他们树立奋斗目标，勤奋刻苦，遇见更好的自己。

　　"一深两导三精教学"是模式的主体。"一深"即深度备课，备课的质量决定课堂的质量。在备课中我们强调，一是备学生，即根据学生的认知能力和学养基础设计有针对性的问题。二是备考点，即根据近五年高考考试情况，对常考点进行研究，设计"一点一策"突破方案。三是集体打磨，形成精品设计。每一堂课都确立了主备人，形成教学设计草案后，再由备课组集体"磨课"，最后形成组内通用的教学设计。

　　"两导"即学案导学、课件导航，"学案导学"是指我们要求学生认真完成学案板块，并根据学案线索在教材上完成初次笔记。在预习阶段还要完成随堂练习，在疑问处标注记号。"课件导航"是指我们根据集体备课形成的教学设计，制作精品课件，使用课件教学，将视、听、读、写、背融为一体，拓展课堂容量和学生视野。

　　"三精"即课堂精讲、精练、精记，其中"课堂精讲"是这个模式的核心。

　　课堂是教学的主阵地，课堂精讲要符合五个"实"。一是有意义，即扎实。一节课中，学生的学习是有意义的。初步的意义是他学到了新的知识；再进一步是锻炼了他的能力；再往前发展是在这个过程中有良好的积极的情感体验，使他产生更进一步学习的强烈欲望；再发展一步，在这个过程中他越来越会主动地投入到学习中去。这样学习学生会学到新东西，学生上课，"进来以前和出去的时候是不是有了变化"，没有变化就没有意义。一切都很顺，教师讲的东西学生都知道了，那你何必再上这个课呢？所以第一点是有意义的课，也就是说，它是一节扎实的课。二是要有效率，即充实，课堂上学生都应该有事情做。表现在两个方面：一是对面上而言，这堂课下来，对全班学生中的多少学生是有效的，包括好的、中间的、困难的，他们有多少效率；二是效率的高低，有的高一些，有的低一些，但如果没有效率或者只是对少数学生有效率，那么这节课就不能算是比较好的课。从这个意义上，这节课应该是充实的课。三是有生成性，即丰实。这节课不完全是预设的，而是在课堂中有教师和学生的真实的、情感的、智慧的、思维的、能力的投入，有互动的过程，气氛相当活跃。在这个过程中既有资源的生成，又有过程状态的生成。这样的课可称为丰实的课。四是常态性，即平实。课堂有它独特的价值，这个价值就在于它是公共的空间，这个空间需要有思维的碰撞、相应的讨论，最后在这个过程中师生相互生成许多新的东西。不管谁坐在你的教室里，哪怕是部长，你都要旁若无人，你是为孩子、为学生上课。不是给听课的人讲的，要"无他人"，所以我把这样的课称为平实的课（平平常常，实实在在的课）。这种课是平时都能上的课，而不是很多人帮你准备，然后才能上的课。五是有待改善，即真实。只要是真实的就会有缺憾，课不可能十全十美。十全十美的课作假的可能性很大。只要是真实的就是有缺憾的，有缺憾是真实的一个指标。扎实、充实、丰实、平实、真实，说起来好像很容易，真正做到却很难。但正是在这样一个追求的过程中，我们教师的专业水平才能得到提高，他的心胸也变得博大起来。同时他也才能够真正享受到教学作为一个创造过程的全部欢乐和智慧的体验！

"课堂精练"是指练习课堂化和考试化。我们学校教学的指导思想是强基固本，基础学科和入口希望生是教学工作的基础性工作。作为综合学科，我们要求练习课堂化和考试化，不能占用学生课余时间，为此，我们在课堂时间分配上采取30+10的模式，30分钟师生合作探究学习，10分钟限时训练，一般是12道选择题。针对学生答题情况，对出错率多的题和选项集中讲评，讲评一般采取学生讲题，教师点评。对每一个专题都要进行考试、分析和讲评。

"知识精记"要求学生在理解的基础上对重点知识进行识记，一般安排在每堂课开始的5分钟内完成，期末总复习时，我们将学期知识精要汇编成册，集中时间突破。

众所周知，核心素养的培养路径是多样化的，我们在培养的探索中尚属于初级探索者。我们将继续深耕课堂，潜心研究，丰富历史课堂核心素养的培养路径，努力使核心素养在课堂上落地。

高中历史课堂运用头脑风暴法提高教学有效性的实践探究

四川省井研县井研中学　王佑东

摘要：头脑风暴法可应用于高中历史教学，并有特殊的价值；头脑风暴法落实历史教学有策略，教育教学活动的参与者需转变态度和观念，认识到教育的本质；将头脑风暴法与传统教学方法有机整合统一；教师和学生应做充分的课前准备，落地落实。头脑风暴法作为新式的教学方法，在日常的历史教学中要避免走入误区。

关键词：头脑风暴；高中历史教学

头脑风暴法最先由美国人阿历克斯·奥斯本提出，原意是指精神病患者因思维紊乱而产生的胡思乱想。今天可借用这个现象来进行创造性思维。

头脑风暴法较为广泛运用于企业的策划、营销推广等各个方面，也在党校等党政事业单位培训中应用。

一、在高中历史教学中运用头脑风暴法有可操作性

笔者深耕高中历史教学多年，深谙传统历史教学死记硬背的弊端。日常教学活动中曾借用头脑风暴法的思维优势、特点和形式为高中历史教学服务，获得了一定的启发。

在日常的高中历史教学活动中，如何运用头脑风暴法呢？

可以采用以下方式：

（1）基于基础的想象；

（2）大胆说出并写下想法；

（3）分组合作讨论；

（4）分组对抗学习；

（5）小组诊断问答；

（6）个人或小组的演讲；

……

这一系列的方式都是基于一个核心：生本理念。高中历史教学活动中唯有秉持这一理念才能让历史教学具有它应有的价值。

二、头脑风暴法应用于高中历史教学有哪些价值

首先，头脑风暴法以人为本、以生为本的教育理念适应了教育改革的需要。

高中历史课堂教学中采用头脑风暴法可以摒弃陈旧思维和手段，改变了满堂灌的教学模式，形成以人为本、以学生的发展和进步为宗旨的教学方式；可以打破传统教学的边界；分组讨论的方式可以培养学生的团队协作意识；毫不顾忌的想象可以培养学生的创新意识与能力；大胆说出想法并写下来，可以培养学生的说、写能力。这样，学生自主学习、自强自立和适

应社会的能力得以养成，学生的发展就可能更好地实现。当然，也就能实现教育改革的目的。

其次，头脑风暴法可以很好地促进高中历史教育与历史高考改革对接，适应了新高考的需要。新一轮高考改革引发全民关注，由沪浙的3+3模式到现在普遍被认同的3+1+2模式，实际彰显高中历史教学地位的上升。包括四川在内越来越多省份采用全国卷高考的模式。新高考的试题命题思想也正由能力立意向素养立意转变，具体表现为：重视考查方式变革；注重考查学生的独立思考精神，鼓励学生冲破习惯思维打破常规；突出考查学生解决问题的能力；特别强调学科核心价值观的考查。高考是指挥棒，新高考改革必然引起高中历史教学改革。注重学生核心素养和思维能力的培养、重视学生在教学中的主体地位必然是中学学科教学的要求。

但实际的高中历史教学与历史高考改革之间存在差异。传统历史教学在教学目标上注重知识的传授和积累，忽视核心素养的培养；教学过程注重老师的讲解和学生的接受，忽视学生的自主学习；教学载体注重现成课本利用，忽视课标的利用及历史知识体系的重新整合；教学反馈注重大量练习习题，搞题海战术，忽视历史学科素养的培养；教学手段单一，历史课就是教师讲历史知识体系和学生背重点和考点，学生对历史课教学提不起兴趣。这种现象导致的结果必然就是历史教学与高考考试严重脱节。以至于很多师生在高考考后很困惑：虽然师生在高三备考中做了大量工作，花了大量时间，练了大量的习题，但历史高考成绩仍然不理想，得分和付出不成比例。

比如2020年全国卷三曹操的屯田制。曹操的屯田制在几个版本的教材中都未提及，在日常高考复习中师生都鲜有触及。考试结果恐怕不会很理想。

但如果在历史教学中，师生在复习古代中国历史的土地所有制时，曾经运用过头脑风暴法，学生基于基础的想象，或许就会提出疑问："古代中国土地所有制是不是只有井田制、均田制、租佃制等几种形式？"进而可以适当拓展，还有曹操的屯田制等。解题过程中抓住"大力发展屯田，以解决军粮供应、田亩荒芜和流民问题"，这个题也不会存在多大的难度。

因此，头脑风暴法这种多样化立体化的教学形式有利于历史教育与历史高考的对接。

再次，头脑风暴法有助于培养学生的团队合作和创新等多种能力和意识，更好落实历史学科新课程标准的要求。

2017版的普通高中历史课程标准明确提出高中历史教育必须坚持落实立德树人的根本任务。要让学生全面发展和可持续发展。要让学生通过历史课程的学习，掌握必备的历史知识，形成必备的历史能力，养成必备的历史素养。

头脑风暴法的要旨就是分组讨论并大胆地展开想象，说出想法，从众多的想法中找出解决问题的办法。这正好契合了当今教育要求思维发散和小组合作讨论的趋势。

三、头脑风暴法落实历史教学有策略

头脑风暴法运用在日常教学中贵在落到实处。如何落实呢？

首先，教育教学活动的参与者（包括教师、学生、家长）需转变态度和观念，认识到教育的本质。

在教育改革的大背景下，教师和家长都应转变观念，主动适应国家教育发展的要求，多一点素质教育的情怀，少一点功利教育的急切。学校和教师如果在教学活动中始终只关注分数，只关注考试，那么家长和学生自然只会关注分数和考试，学习的目的自然就会成为为分数而奋斗。

教育的本质自然无从实现。教育的本质是什么？

雅斯贝尔斯认为教育应该触及灵魂。我认为教育就是把一个自然人转变为一个社会的人。

理解了教育的本质，教育的方法和措施才会有相应改变，才容易理解头脑风暴法在高中历史课堂教学中的价值。

其次，无需将头脑风暴法与传统教学方法完全对立，而可以有机整合统一。

头脑风暴法是一种新式教学手段和方法，但它与传统教法不是非此即彼的关系，一堂课中，采用传统教学方法（比如教师讲授）之余，完全可以穿插头脑风暴法。这样，教学手段才丰富，学生的注意力才容易集中。

比如，高三历史一轮通史复习时，当复习到汉代政治制度时，我们在讲清楚汉代政治制度本身的内容和特点后，完全可以对特定的历史人物比如汉高祖、汉武帝进行一定程度的了解；对政治制度本身我们可以采用讲述法，对历史人物我们可以采用头脑风暴法来掌握他们的历史事迹和功绩。这样的历史复习就包含了历史人物、历史事件、历史观点、历史方法等，自然就丰满起来了。

再次，教师和学生应做充分的课前准备，避免头脑风暴法成为花里胡哨法，好看不好用，力争头脑风暴法落地，在实际教学工作中起到应有作用。

学生的课前准备主要是课前预习、预知相关历史知识。

教师的课前准备包括以下环节：

（1）确定主题，明确方向。

一个好的头脑风暴法是从对历史课堂主题的准确阐明开始的。教师在课前确定教学目标，学生掌握什么内容、解决什么问题，什么环节开始、什么环节结束、达到什么程度，时间的控制等。

（2）材料准备。

为了使头脑风暴法在历史课堂的效率更高，效果更好，可提前准备相应材料，如要求学生收集一些历史资料；教师可以出一些历史测试题让学生思考，促进深度思维，还可以播放历史的音视频、PPT、活跃气氛……

（3）教室布置。座位以按小组为单位排成圆环形或正方形，以便小组内交流。

（4）分好小组，明确分工。

可把班级分为几个小组，每组成员6至8人，特殊情况下组员人数可不受限制。每组设组长1人，1名记录员。组长需要确定议题和规则；在小组讨论时启发引导，归纳某些发言的核心内容，提出自己的设想；在讨论结束时收集讨论发言予以整理等。

（5）规定纪律。

使用头脑风暴法必须制定规则，并要求所有人遵守。如要求参与者不消极旁观；不要私下议论，以免影响他人的思考；参与者的发言要直接到位，也不必做过多的解释；不插科打诨，引发哄笑。

四、头脑风暴法作为较为新式的教学方法，在日常的历史教学中要尽可能地避免走入误区

1. 急躁冒进。试行一次，认为就可以解决学生的所有问题，学生的素养、能力就提高了，总是想毕其功于一役。

2. 信心不足。试行一次，感觉没有解决任何问题，又浪费了时间，不自觉地回到传统的老路上；认为学生的基础太差，没有推行的条件。

3. 老师设定的主题存在问题。要么太简单，要么脱离学生的认知条件，因此课堂上出现学生因无话可说的哑场局面或者热闹而无用的赶场局面。

4. 拘泥于一种特定的形式而不变通。实际上头脑风暴法运用在教育教学中形式多样：可集体讨论，可集体辩论，可冥思苦想，可轮流发言，可分别写作，可集体写作，可先说后写，可先写后说，等等。

总之，头脑风暴法应用于高中历史教学给我们提供了一种新思路，提供了一种有效的就特定主题集中注意力与思想进行创造性沟通的方式，在今天新高考背景下，在注重学生主体地位的教育教学环境下，它不失为一种可资借鉴的途径。

悦享语文活动，装扮靓丽青春

四川省井研县研城中学　夏钰

少儿作者秦文君曾说："家庭教育应是一扇门，推开它，满是太阳和鲜花，它能给小朋友们带来自信和欢乐。"教师在语文活动课的教育过程中为小朋友增添了信心与欢乐，孩子们收获的不仅是愉悦的体验，更是受益终生的语文能力。

悦享语文活动就是高兴、愉快地在语文活动中获得满足，在语文活动的世界里愉悦前行，享受愉悦的过程，收获令人愉悦的果实。

一、重视根本，用活动引领学习

课堂教学过程中，教师注重于学生语文基础能力的训练，以集体教学活动的形式使学生在享受语文的同时，也训练了学生最基本的语文能力。

（一）用心聆听

学生在活动中学会用心聆听，快速抓取语段关键信息，提高交流、展示等综合能力。

教师有效组织学生开展读书交流活动，将个人对古今中外的文学作品的阅读体验在活动中分享，让每位学生成为活动的参与者、策划者、组织者，引导学生提炼关键信息，增强综合交际能力。

（二）诗意表达

学生在活动中学会以充满诗意的语言来表达内心丰富情感，让情感外化，培养表达能力。

古诗中寓情于景的诗句不胜枚举。如《钱塘湖春行》，教师们可采用"以文代画，以文寄情"的方式，组织语言，诗意地表达"乱花渐欲迷人眼，浅草才能没马蹄"的意境，传达出诗人的情感。课前"我来说"，课上"问题对答"，课下"对对联"等丰富多彩的活动，能帮助学生解决"开口难""说好难"等表达问题，提升表达能力。

（三）深刻阅读

学生在活动中学会深刻地感知语言，摄取文段内容，理解文章主旨，增强阅读理解能力。

教师可通过分角色朗读、课本剧表演等形式开展语文活动。常用的文言虚词"也"放在句末，以代表说话人的语气，看似平常，却微妙地暗示了作者的内心情感，引人回味。《马说》中的5个"也"字值得教师引领学生倾情朗读并深刻体会。"故虽有名马，祗辱于奴隶人之手，骈死于槽枥之间，不以千里称也"一句，我们要引导学生读出作者对千里马命运悲惨的痛惜；"食马者不知其能千里而食也"，读出对食马者愚妄无知的愤怒；"是马也，虽有千里之能，食不饱，力不足，才美不外见"，读出对食马者愚妄无知，千里马惨遭埋没的痛斥；"且欲与常马等不可得，安求其能千里也"，读出对食马者无知浅薄的强烈谴责；"呜呼！其真无马邪？其真不知马也"，读出对食马者不识人才的嘲讽与悲叹。

（四）生动写作

由用心地聆听、诗意地表达、深刻地阅读最终升华为生动地写作，教师引领学生在活动中学会用细腻的笔触描绘生活，用隽永的语言书写哲理，提高学生书面表达能力。

生活琐事叙述、人物形象速写、自然景物描写、风土人情白描、个人观点阐述、独有情感抒发、语文活动体验、生活百态感悟等都可以成为训练学生写作的方式，在研学旅行、作文竞赛等活动中引导学生生动地写作，提高学生的书面表达水平。

二、立足课堂，以活动浸润课堂

教师要立足课堂本身，在课堂中引导学生发现语文的美，感受语文学习的愉悦。

以语文课本上的综合性学习为指导，加以适当的拓展，开展语文课堂活动；以散文、古诗文教学为契机，让学生诵读优美篇目，通过配乐朗诵、分角色朗读等形式开展活动。结合小说、戏曲教材，使中小学生创造性地演课本戏，在生动的演绎中，加深对文本的理解。在名著导读的基础上，指导学生开展名著阅读的分享活动。根据课堂教学中具有争议性的议题，及时指导学生开展辩论会。选取学生最感兴趣的话题，积极开展主题演讲等活动。筛选主题深刻的文本，鼓励学生自主探讨，开展文本探讨交流活动。

三、走进生活，使活动联系生活

教师引领学生在生活中发现语文的美，体验语文的趣，悦享语文的乐。

（一）节日情怀

举办丰富多彩的课外活动，如：清明节祭祖踏青；端午节了解屈原；春节写春联；元宵节猜字谜等。采用查找资源、访问周围人等多种形式，让学生切身投入到实践中，认识到我国传统节日所包含的人文内容，使学生重视我国传统节日，培养民族情怀。

（二）乡土情韵

开展有意义的采风活动，如了解雷畅故居九子十翰林的典故、四李桥的由来、经学大师廖平的故事、熊克武的革命精神；寻访名胜三江白塔、千佛岩；探寻民俗农民画、柑橘文化、盐文化等，通过走访，走近身边的名人，了解当地的乡土文化，体味乡土情韵。

（三）研学情趣

开展有深度的研学实践活动，如游览名胜古迹：三苏祠、小平故里、犍为嘉阳、武侯祠、三星堆、杜甫草堂等，带领学生外出研学，让学生愉悦身心，在青山绿水中受到历史文化的浸润，享受语文的美好情趣。

通过形式多样的语文教学活动，教师逐渐引导学生由活动的参与者转变成了活动的组织者和策划者。学生在快乐的教学过程中，学习语文的兴趣被激发，综合实践能力得以培养，语文素养得以提升，语文成绩也将日益提高，可谓悦享成功的果实，装扮了自己的靓丽青春。

小学中段群文阅读教学中表格式研学单的设计与运用
——《基于群文阅读的中段学生言语品质提升策略研究》

井研县马踏镇中心小学校　谢静

摘要：群文阅读自实施以来，改变了阅读教学的格局，有效提高了学生阅读速度、阅读效率和阅读理解水平，逐渐成为阅读教学的新常态。与此同时，三四年级的学生，缺少对文本的整体把握能力和对信息的整合处理能力，而群文教学的课堂容量大，对学生的理解能力、概括能力、快速提取信息的能力、比较和分析能力等都是一个不小的挑战。此时，利用表格来帮助学生快速梳理文本信息，进行整体建构，就是一个不错的选择。本文将对如何设计与运用表格式研学单进行详细探讨。

关键词：群文阅读；表格式；研学单

群文阅读自实施以来，改变了阅读教学的格局，有效提高了学生阅读速度、阅读效率和阅读理解水平，逐渐成为阅读教学的新常态。与此同时，中段小学生缺少对文本的整体把握能力和对信息的整合处理能力，而群文教学的课堂容量大，对学生的理解能力、概括能力、快速提取信息的能力、比较和分析能力等都是一个不小的挑战。如何才能在有限的时间内帮助学生快速提取文本信息，达成教学目标呢？笔者认为，设计表格式研学单，便是一个不错的选择。利用表格式研学单，可以化繁为简，将复杂的文本信息简明直观地呈现在学生面前，将零散的知识系统化，以帮助学生进行整体建构。

一、利用表格式研学单概括主要内容

现在的群文阅读考题几乎都有概括文章主要内容的习题。中段小学生刚刚从字词句的学习过渡到段落文章的学习，对文本缺乏整体把握能力，要在极短的时间内概括出文章的主要内容还有一定难度。这时，我们可以利用表格式研学单帮助学生快速梳理文本信息，把握主要内容。

如在教学叙事类群文《童年时光》时，我们设计了这样一个表格式研学单：

文章题目	时间	地点	主要人物	事件
快乐的星期天	星期天	家里	爸爸、妈妈和我	大扫除
偷钱				
青铜葵花				

在学生初读群文完成表格填写后，我让学生将三篇文章的时间、地点、主要人物、事件连起来用一句通顺的话说一说。这时，举手的学生很多，大多都能按表格进行叙述。如《快乐的星期天》一文："《快乐的星期天》主要写星期天，爸爸、妈妈和我在家里搞大扫除的事。"看看，这样是不是很轻松地就概括出文章的主要内容了？我再顺势进行方法小结："孩子们，这就是文章的主要内容。写事情的文章，我们可以抓住事情发生的时间、地点、主要人物和事件来概括文章的主要内容。"

二、利用表格式研学单理清写作顺序

表格不但能帮助学生概括文章主要内容，还能帮助学生理清文章写作顺序，学习在习作中如何进行有序表达。在教学三年级写景类群文《眼里万千风景，心中一片深情》时，我们设计了如下研学单，来帮助学生梳理写作顺序。

文章题目	顺序	提示顺序的关键词	景物	景物的特点
三峡之秋	时间	早晨、中午、下午、夜		
美丽的小河	时间	春天、夏天、秋天、冬天		
爷爷的园子	空间	东边、北边、西边、南边		

学生在填写完表格后，可引导学生观察表格，比较文章在写作顺序上的异同，使学生对写景类文章常用的时间顺序和空间顺序形成清晰的认知。考虑三年级学生的学情，"移步换景""按游览顺序"两种写作顺序并未出现在本组群文中，可在四年级的群文教学中涉及。

在仿写环节，我再次引导学生观察表格，让学生自己归纳总结写景物可以按什么顺序来写，以形成知识的整体建构。接着让学生构思自己的小练笔，提问："你想写什么？你会采用哪种顺序来写？"然后让学生拟定习作提纲，提纲中注明写作顺序和提示顺序的关键词。下面是一位学生拟定的习作提纲：

景物：我想写村里的池塘。

顺序：我要按时间顺序来写。

正文：

第一段：介绍村里的池塘。

第二段：早上的池塘。

第三段：中午的池塘。

第四段：傍晚的池塘。

第五段：我爱村里的小池塘。

在提纲的引导下，该学生写出的小练笔条理非常清楚。

三、利用表格式研学单感受人物形象

在进行写人类群文的教学时，感受人物形象是其中一个很重要的教学目标，利用表格式

研学单，可以让学生从不同层面把握人物形象，感受人物品质，习得表达方法。如三年级人物群文《"经典"中的儿童》，我们关注的语文要素为人物外貌描写，与之对应，设计的研学单为：

文章题目	描写人物	人物特点	抓住哪些地方进行描写	都采用了什么描写方法
经典一组	红孩儿	威风凛凛	脸面、嘴唇、头发、双眉、穿着、体形、叫声、眼睛	外貌描写
	葫芦娃	威风凛凛	脸型、眉毛、眼睛、穿着、胳膊、双腿	
	三毛	机灵可怜	头发、眼睛、鼻子、身材	
秃鹤	秃鹤	脑袋光滑	脖子、脑袋	
长袜子皮皮	长袜子皮皮	调皮可爱	头发、鼻子、嘴巴、牙齿、穿着打扮	

表格第四列重在引导学生从体形、五官和穿着等不同方面去感受人物形象，学习外貌描写的基本方法。通过表格的梳理，学生对于什么是外貌描写有了更清晰的认识。同时，将表格第三列和第四列进行对照观察，能让学生明白外貌描写都是为突出人物特点服务的。

四、利用表格式研学单学习表达方法

群文教学既要关注人文主题，也应关注语文要素。让学生领悟作者的表达方法非常必要。只有领悟了作者的表达方法，才能进行有效的迁移运用，提升学生的言语品质和习作水平。利用表格梳理作者的表达方法，对表格进行比较、分析，能让学生明白不同类型文章的基本写作方法及同类型文章在基本写法之内的不同表达，帮助学生进行整体建构。

在设计表格式研学单时，记事类文章可引导学生关注写作顺序；写人类文章应关注人物品质及人物描写的基本方法——语言、动作、神态、心理、外貌等描写；写景类文章应关注写作顺序和修辞手法；说明文应引导关注说明方法；状物类文章应关注从哪些方面进行描写及描写的方法；寓言类群文可突出对比手法的运用；古诗词群文可学习其中的修辞手法、借物喻人、借景抒情表达方法……

如状物类群文《植物之美》，我们设计的研学单为：

文章题目	描写了植物的哪些部位	从哪些方面进行外形描写	修辞手法	品格特点
《荷塘月色》片段	叶、花	颜色、香味、姿态	比喻 拟人 通感	
《仙人掌》	花、刺	颜色	拟人	顽强 乐观
《竹赞》	枝、叶	颜色、姿态	拟人	坚贞不屈
《茉莉花》	茎、叶、花	颜色、姿态、香味	比喻 拟人	朴实无华 无私奉献

表格第二列，旨在引导学生从枝、叶、花、茎等不同部位介绍其特点。表格第三列，则能让学生明白可以从颜色、味道、姿态等方面来描写植物的外表特征。表格第四列指向修辞

手法。表格第五列引导学生对植物品格进行联想，升华文章主题。整个表格设计都指向作者的表达方法。在完成表格填写后，引导学生观察表格，比较文本异同，在比较中归纳总结出植物类文章的一般写法。

五、利用表格式研学单体会作者情感

利用表格，还能帮助学生体会作者情感。如上面提到的群文《植物之美》，通过表格的梳理，学生不仅感受到了植物外在的美，而且感受到了植物内在的精神美。无论是生命力顽强的仙人掌，还是坚贞不屈的竹子，抑或是朴实无华无私奉献的茉莉花，都是那么让人敬佩。而在这种敬佩中，学生也能自然而然地体会到作者对这些植物的赞美之情。

六、利用表格式研学单比较文本异同

在群文中培养学生的思辨能力，是群文教学非常重要的一个目标，对文本异同的比较，便成为群文课堂上常见的题型。而小学中段学生思维的广度和深度还处在较低的水平，比较文本异同对他们来说还有难度。这时，利用表格可以帮助他们明确思考的方向，知道从哪些方面进行比较。如上述例子中的表格，都可以引导学生从不同方面进行文本的比较。如写作顺序的异同、人物外貌描写的异同、植物描写方法上的异同、修辞手法的异同等。在分析比较中，增强学生的思辨能力，拓展思维的广度和深度。

七、利用表格式研学单达成仿写目标

学以致用方能化为己用。从群文中习得的表达方法，可通过仿写内化为学生自己的认知。利用表格式研学单总结表达方法，可以让学生零散的认知系统化，仿写时更能有的放矢，不偏不倚，达成目标。

综上所述，群文阅读教学中合理地利用表格式研学单进行文本梳理，能帮助学生快速提取关键信息，把握文章主要内容，领悟文章表达方法，培养学生的思辨能力，提高群文课堂的教学效率。

如何在高中英语阅读课堂教学中培养学生的核心素养

四川省井研县井研中学　熊菊

摘要：在高中英语的阅读课程教学中，英语基础知识的传授和英语核心素养的培养都是至关重要的。那么在高中英语阅读课堂教学中应如何培养学生的核心素养呢？这是我们一直在思考和探索的问题。通过高中英语阅读的课堂教学课例可知，我们需要在具体的教学情境下，通过听、说、读、看、写等多种方式，帮助广大学生吸收和借鉴传统优秀文化的精华，涵养其内在的精神，形成正确的世界观、人生观、价值观，构建思想文化意识，同时也是培养广

大学生逻辑性、批判性和创新能力，提升广大学生的自主性、学习效率与自主性，从而最终实现教学质量的提高。

关键词：高中英语；阅读课堂教学；核心素养

在高中英语的阅读课程教学中，英语基础知识的传授和英语核心素养的培养都是至关重要的。那么在高中英语阅读课堂教学中培养学生的思想道德品质、文化传承意识及自主独立学习能力是我们一直在思考和探索的问题。通过高中英语阅读的课堂教学课例可知，我们需要在具体的教学情境下，通过听、说、读、看、写等多种方式，让我们的学生能够准确地识别不同文体的特点，并且希望他们能够正确地分析句子的结构，理解困惑词和短语及其他阅读素材中不同的思想观点和态度，掌握理解主旨大义，提高运用英语所获得的信息、解读信息、理解文本的能力，帮助广大高中学生充分吸收和学习借鉴古代中国优秀传统逻辑文化的艺术精华，涵养其内在的逻辑精神，形成正确的逻辑思想观和世界观、人生观、价值观，构建自己的逻辑文化价值意识，同时也应该是不断培养广大高中学生逻辑思维的科学逻辑性、批判性和艺术创新性，提升广大学生的逻辑思维表达效率和逻辑实践思维能力的一个最终目标，从而最终实现教学质量的提升。

一、高中英语阅读课堂教学课例与评析

我们的高中英语阅读教材体现话题——结构——功能的特点，阅读是话题的主线，活动是载体，通过主题教学和图式教学，达到听、说、读、看、写的训练，增加语言知识点的学习，培养语言技能，训练思维方式，提高文化素养。所以我们在阅读教学中就更加重视课前预习、课中培养和课后巩固，实现素养的提升。如在阅读教学的过程中 Warming up 以图片视频或值日报告等方式，激发学生兴趣与期待；Pre-reading 侧重于训练学生预测篇章结构、文章题材等的思维能力；Reading 即训练阅读能力，培养阅读技巧；Comprehending 即深入理解文本结构，长难句的分析，培养学生思维的逻辑性和情感的教育与熏陶；Language points 就是词汇、语法知识的巩固和语言的运用能力。现在以 Module 4 Great Scientists 中的 Reading and Vocabulary (The Student Who Asked Questions) 教学为例，来探讨如何在英语阅读教学中培养学生阅读素养。

1. 做好课前预习(Pre-reading)，以导学案来夯实基础知识，提前做好资料的收集，培养学生自主学习的能力

学生们在课前先完成导学案的 reading 部分的预习作业，有词汇的变形，有长难句的分析，有相关的阅读材料等。这恰好体现教学目标中一定要培养学生自主学习的能力。

2. 通过以话题式的视频、图片为载体教学，启发学生思维

在阅读教学中 Warming up 部分，我们常常通过值日报告或播放视频、图片来设置恰当的任务和活动引出主题，激发学生的思考，以此激活学生的思维，提高他们的英语语言表达能力。

首先，老师要求全体学生通过观看视频，了解当前世界各国新冠疫情防控工作，以及钟南山教授在今后的抗疫教育工作中所做出的努力和贡献，引导我们的学生在平时关注与生活休戚相关的事情，了解更多新闻，拓宽他们的视野，从而改变他们那种"两耳不闻窗外事，一心只读圣贤书"的习惯。其次，在观看视频后，老师设置了思考任务:What do you think of Mr.Zhong' contribution to the society and what qualities should we learn from him？让学生自行思考和回答。再由钟南山教授自然过渡本节课的主题"伟大的科学家袁隆平"，这样的环环相扣，使学生们的思维得到了一步一步的训练。

介绍伟大的科学家袁隆平的相关资料,了解他的一生成就和对社会所做的贡献,如获得世界粮食奖(The World Food Prize is awarded annually to individuals whose efforts significantly contribute to improving the quality, quantity and availability of food in the world.)的相关知识,既培养学生的文化意识,又拓宽了知识面。

Introduce something about Yuan Longping.
Name: _____ Nationality: _____ Major: _____
Inventions /discoveries: _____
When did he invent/discover:_____

再次,在读前的环节中,老师设置了问题:From the title "The Student Who Asked Questions", guess what the passage is about. 通过让学生对标题的分析,训练学生的思维能力,Who is the Student? Why did he like to ask questions? 从而引领学生做出更多的思考,也激起了他们对这篇文章的阅读好奇心。

3. 借助阅读学习策略,提高学生语言能力和学习能力

在 Reading 过程中,教师有意识地帮助学生形成一定的学习策略和阅读技巧,如略读、跳读、详读、识别关键词、确定主题句、预测、推断等来提高学生的阅读理解能力。

①善用思维导图,勾勒文章脉络。在 Comprehending 环节中,通过浏览全文,关注文章标题、首段、末段或各段的段首、段尾,抓住关键词,快速掌握文章的基本内容和篇章布局,并用思维导图呈现出来,让学生一目了然,进一步理清语篇,也为学生在最后根据思维导图进行文本的复述环节中,提供了语言的支架,培养了逻辑思维能力、归纳能力及综合语言能力。

在 while-reading 这个环节中,通过学习下载录音材料让每位学生自己做一些听力练习,并熟练地运用快速读懂(fast-reading),通过浏览整篇文章,关注一下文章的标题、首字段、末字或各个时间段的部分,以及其中一些字段的部分,了解一下文章的基础性内容和每一个篇章的布局,快速掌握这篇文章的主线。

学生根据这个文章结构,自己动手画一个鱼骨图,这样就能更好地了解这篇文章,以此升华到人物传记的篇章结构。(The students find the structure of the passage and draw a mind map by themselves.)

②根据时间顺序来制作一个表格,让学生通过填重点单词,来发现文章是按什么顺序来组织的。How is this passage organized? By time order. Biography is usually organized by time order.

③训练学生从文本中获取关键信息和详细信息的能力。为了更好地理解这篇文章,学生从文章的细节入手,做出合理准确的推理、判断和总结。如 Decide whether the statements are true or false,或者 What can we infer or imply from the last paragraph.

④ How to write an essay on a scientist's life. (人物传记的结构归纳,完成了从读到写能力的培养深化。)

Para1. Recognition/Title
Para2. His life story (growth, childhood, education, way to success, significance...)
Para3. Summary

4. 延伸阅读,提升学生的人文素养,增强文化自信

在教学的过程中,老师通过利用相关的资源来进行延伸阅读,共同感悟先进人物的事迹,从而来提升学生的人文素养,增强家国情怀,坚定文化自信。如在本篇文章中选用了袁隆平

获得世界粮食奖（The World Food Prize）和屠呦呦发现青蒿素获得诺贝尔奖的事迹，来激发学生更加热爱学习，立志献身科学，为社会做出贡献。

在处理《The story behind Tu Youyou's great finding》这篇文章的阅读时，设置联系上下文猜测词义和填表格（Guess the meaning of the words in bold with the reference of the context and read the passage again and answer the following questions, then complete the chart.）活动，既整体理解这篇文章的结构，又训练学生猜测词义、回答问题和解读文本的能力，让学生努力学习树立标杆。

5. 通过情感升华，塑造学生的品格

在教学的讨论（Discussion）环节，对学生进行德育渗透，树立正确的三观，培养健全人格。如针对当前社会越来越多的青少年崇拜明星而不喜欢科学家的现象，让学生展开热烈的讨论：作为青少年，我们究竟该喜欢谁？为什么要喜欢？（Discuss which you like better, scientists or pop stars? Why?）这样，鼓励学生自信地表达自己的观点，有助于学生的思维发散，创新能力的培养，思想情操的陶冶，有强烈的感染力和鲜明的教育性，能很好地落实"培养学生良好品德的重要性"这一大纲要求。

通过提问的方式（What qualities should we learn from Yuan Longping? Which is the most essential one and why? eg: Curiosity, Patience, Enthusiasm, Creativity, social responsibility, perseverance, diligence, Always keep learning），以科学家的事迹为例，激发青少年学习科学家们为国家作贡献的优秀品质。通过热烈的讨论，在教育教学中渗透情感教育，比刻板地直接进行德育更为真实有效，学生心智得到发展的同时，在情感上也逐渐成熟起来，从而树立正确的三观。

6. 巩固练习的训练及家庭作业的设置，实现知识的掌握和能力的突破

①在复述文章时，通过将文章用高考语法填空的要求设计空格，这样既与高考无缝接轨了，训练了高考中的语法填空技巧，又提高了学生的阅读和概括能力。

The Student Who Asked Questions

As we all know, Yuan Longping is a_____（lead）figure in the rice-growing world.

As a boy, he was called "the student_____ asks questions". As a young teacher, he began _____(experiment) in crop breeding. He thought that the key to _____(feed) people was to have more rice and to produce it more quickly. In 1970 a naturally male rice plant _____(discover). This was _____breakthrough. As a result of this, Chinese rice production rose _____ 47.5 percent. The yield of the new rice is much _____(great)than _____of other types of rice grown in Pakistan.

In a word, Yuan Longping' contribution is ____(true) important to our country.

②在Language points部分，设计相应的练习来巩固知识，提升能力。有语言点和词汇的知识过关清单(handout for language points in B4M4 and Words and Expressions)，在知识的讲解中，老师准备许多与时下的热门信息相关的实例，让学生能学以致用，与时代接轨。如知识点的清单中"美国人对待新冠肺炎的态度是造成疾病快速传播的关键"，"科学家们不断尝试，直到发明新冠肺炎疫苗"，"The national security legislation was brought in in this year's NCP & CPPCC"等这样的题，既能让学生记住key, on and on, bring in 的用法，又能了解社会时事，是一举两得的做法。

在练习题中，最后一题是"challenge yourself: please create a story or introduce your favorite scientist with the words and phrases we have learned"。从而让学生从学到写，完成了从"输入"到"输出"的蜕变。

③ Homework(家庭作业)。通过课文中的阅读教学的学习，我们不仅要培养学生的阅读理解的能力，我们还要上升到对学生们的写作能力的培养，于是作业的设计就是一篇书面表达的练习。这篇文章是一篇人物传记，根据我们学习的人物传记的结构来完成这篇书面表达。

二、高中英语阅读课堂教学的思考

我们常说，只有不断反思方能不断前行。这堂阅读教学课，师生之间的互动频繁，课堂气氛浓烈，学生在老师的引导下逐渐学会了思考，学会了分析，学会了创新与发现，学会了演绎，并且在整个阅读教学的过程中，始终将阅读活动贯穿着对学生听、说、读、看、写等各种综合能力的训练，对于学生的阅读情感教育也是恰如其分，真正充分发挥学生的阅读主体作用和老师的社会主导性功能，通过广大师生、学校之间、学生之间的交往、合作与探究，渗透了核心素养的培养。

不足的地方是在学生讨论的环节，还有一些学生很胆怯，不敢表达自己的观点，害怕犯错。所以在今后的教学实践中，要鼓励学生自信点，敢于多说，善于表达，才能更进一步提高自身能力。

"教书育人，助力学生成人成才"这是英语阅读教学的实质。教育不是注满一桶水，而是点燃一把火（Education is not the filling of a pail, but the lighting of a fire）。我们知道学好语言的最佳方式是置身于其中(The best way to learn a foreign language is to be surrounded by it)，这绝非一日之功，而是一个漫长且循序渐进的过程。打造一堂真正的英语教学优质课，我们不仅要让所有学生的英语成绩都得到提高，学校的英语教学质量不断提高，更重要的是在于帮助和促进我们学生的身体和精神发展，塑造健康的人格，培养他们的思维技巧，让所有的学生真正得到全面发展。我们相信在不断的摸索和探讨中，我们的高中英语阅读课堂教学会变得越来越有效。

参考文献：

[1]中华人民共和国教育部,普通高中英语课程标准(2017年版)[S],北京人民教育出版社,2018.6.

[2]敖娟琴,谈如何在高中英语阅读教学中培养学生学科核心素养,《知识力量》2019年2月中.

[3]向明芬,如何在高中英语阅读教学中培养学生的核心素养,《新课程(下)》2018年12期.

学、思、践
——谈教师专业成长

四川省井研县研城中学　熊萍

在紧张而有条不紊的工作之余,我也喜欢读读各种书,虽然仅限于浏览性阅读,但也借此打发时间和增添一些生活的内容和乐趣。然而在茫茫书海中,有这么一本书,我认真阅读并做了勾画,同时还写出了旁批,结合多年教学和众多学生,把自己的教学过程融入进去,通过学习与思考,有颇多感受。

这本书就是《好课堂与教师成长密码》,它的作者是徐世贵。近20年来,在辽宁的盘锦和本溪有两颗璀璨的明珠在中国教育的土地上光艳夺目。一位是享誉全国的教育改革家魏书生先生,一位是在全国基础教育界久负盛名的徐世贵先生,他们出生于同一个时代,经历过相似的生活境遇,有过相同的人生诉求,实现着相似的人生价值。

之所以我喜欢并推荐这本书给大家,是因为这本书回答了这样一些问题:我们在座的,从教之初,相信每位老师都想成为一名好老师,当从教几年之后,教育激情消退,我们是否能记得初心?我们是否记得当年跨进教育行列时许下的美丽愿望?作为一名年轻教师,我时常问自己,当初为什么选择这个职业?现在做得怎么样?未来又有什么计划?内心的回答总是模模糊糊,面对现在平庸的自己似乎也不讨厌,讲到未来,看似有计划却只是光说不做。整个人的状态就是走在人群中只会被淹没。在我迷茫不知如何前进时,这本书让我找到了最初的我,让我在现下平庸的日子里有了斗志。这本书给我提供了快速成长策略,告诉我思想走多远,课才能走多远,怎样形成自己的教学风格等一系列成长密码。

这本书,内容丰富,条理清楚,重点突出,最关键的是它用清楚明了的案例,让我们知道了课堂中以及平时的教育教学生活中遇到的棘手问题该如何解决。主要内容为:以"系统化理论"为原则,以生动的课堂实例让教师潜移默化地成长,介绍了课堂好方法具体操作步骤。既唤醒教师如何落实核心素养、课堂教学评价与管理,又为教师快速成长指明了方向。更为重要的是,信息技术的使用对教师课堂教学的帮助。

本书给我的启迪主要有以下三点:

一、快速成长策略

教师要主动结合自己的工作实际和成长过程,养成学习思考总结的习惯,让自身的专业迅速成长。一是:教师成长首先要学会宁静,心无旁骛。面对这个嘈杂的社会,教师如果不能静心思考和充电,成长是不可能快速的。这点,对我来说太欠缺,我喜欢热闹,喜欢说话,但却忽略了独处所带来的心静和专一。没有心静哪来的深度思考?没有深度思考哪来的成就和业绩?二是:勇气是教师职业生涯必可不少的一点。勇者无敌,只有勇敢接受每一次挑战,才能快速成长。三是:教师在教学活动结束后,要对自己教学活动过程进行回顾反思总结,以期提高自己的教学水平。四是:借助专业写作对教育教学就有目标、有计划,教师结合个人经验体会，把别人的、书本的通过系统地反思与提炼融入自己的教育教学过程中。

二、总结教学风格

每位老师都应有自己的风格，那是独一无二的，无法替代的，但凡有自己风格的老师，就拿到了成功的钥匙。

一是要拜师学艺，将师傅的教学风格与自己的教学相结合，形成自己的教学风格和特色。

二是要自我揣摩，以多种教学风格的优点为基础，形成自己的教学风格和特色。

三、快乐工作

人最幸福的事莫过于有一份自己喜欢的工作，做自己喜欢做的事。作为教师我们应如何去寻找工作中的理想化呢？我认为快乐工作的秘诀，不仅是做喜欢的事，而是喜欢做事。我们在日常工作中应学会"干一行，爱一行"，我们要认为教师事业是有价值的、有生命力的工作，投身于它，可以带来生命的成就感、获得感和满足感。

学习这本书后的疑惑：

该书给我们教育教学提供了很多好的方法，但有些章节的有些论述，结合自己多年来的教学实践，还是觉得有商榷的余地。用赏识激励唤醒学生，过多娇嗔的赏识评价会适得其反。

作为教师，我想每一位教师想要抽学生回答问题的初衷都是想让他能真实回答问题，同时希望通过回答来检测学生的学习情况，以此激励和鞭策他上进和前行。如果教师没有真诚，就肯定失去了为师的初衷、育人的初衷、育才的初衷。对于对学生的评价，也要因年龄而异，因认知而异，过于形象的比喻，过于哆嗦的语气评价学生，有可能适得其反，让学生产生不自在或羞涩的心理状态，从而让学生在接下来的学习时间里失去专心学习的机会。评价学生时应根据学生的年龄段、思想状况、学业状况、表现状况、心理状况、家庭状况等做相应的评价。对于一个品学兼优的学生和一个学困生的评价就应该有些不同。

四、实践情况与探索实践

在教学实践中我也用过比较形象的比喻评价学生，结果惹得全班哄堂大笑，让课堂秩序难以及时恢复正常，课后很多多事的学生还时不时嘲笑回答问题的学生，这给回答问题的学生造成了程度不小的尴尬，反而让该生在以后的回答问题上失去了主动性和积极性，不利于学生的发展。

对于学困生能否在课堂上积极参与课堂活动，除了教师评价之外，我觉得还应该从以下方面入手：一是加强思想教育，树立信心。为了促进学困生的转化，让他们从厌学变为乐学，教师要对"学困生"晓之以情，让"学困生"打开心灵大门，帮助他们树立信心。二是教给学生热爱生活的方法，增强对周围事物的情感。三是加强心理沟通和疏导，成为学生好伙伴。四是多赞美学生。

长久以来的教学实践表明，只要学生喜欢一位教师，他也会喜欢这位教师所教的课程。学生只要喜欢老师并乐于与其交朋友，就会把这种情感迁移到学习上，从而产生巨大的学习动力，这样教育教学工作才能事半功倍。

农村小学音乐课中"柯尔文"手势应用初探

井研县马踏镇中心小学校　杨建铭

摘要： 农村学校的孩子们养成音高的概念，识读乐谱流利，自信，自然唱歌的能力特别困难。我认为必须使用一种能让没有基础的农村儿童愿意接受且简单易记的方法。"柯尔文"手势在音乐实际教学中就能起到较好的效果。利用柯尔文手势训练二声部，培养直观的音高概念，能有效帮助乐器教学。

关键词： "柯尔文"手势；具体应用；二声部训练；助力乐器教学

小学音乐"新课程标准"对小学生音乐基本技能和基本素养作出着重强调：提倡用自然的歌声表达情感，提升学生的自信；学习歌唱和乐器演奏的基本技能；阅读基于音乐听觉的构图，以及在音乐表演活动中使用音符。对学生的识谱技能更是提出具体要求，针对不同年龄段、不同层次学生提出不同要求。因此，歌谱、乐谱的识谱教学是小学音乐教育的重要组成部分，是儿童学习音乐必不可少的组成部分和必不可少的内容。学生能够自主识谱，对扩宽儿童的音乐视野，加深理解音乐包含的思想感情，能起到非常大的作用。

但是，作为农村小学的音乐老师，利用音乐课给农村小学儿童建立准确的音高概念，提高其流利的乐谱读取能力，并具有自信，自然地唱歌，是件特别困难的事情。相较于城市学校的儿童，农村学校专业音乐教师较少，学生专业接触音乐偏少，而且各个途径接受的正规音乐培训也较少。因此，农村学校的孩子们养成音高的概念，识读乐谱流利，自信，自然唱歌的能力特别困难。因此，我认为设计一种适用农村儿童的音乐教学方法很重要。"柯尔文"手势在音乐实际教学中就能起到较好的效果。

一、"柯尔文"手势的基本概述

"柯尔文"手势是由匈牙利著名音乐教育家约翰·柯尔文首创的，是用"音阶手势"给音高定位的一种音乐教学方法。它是柯达伊音乐教学法中的重要组成部分。顾名思义，就是它用七个不同的手势高低位置来表示七个不同唱名音阶，把抽象的音的高低关系在视觉空间上具体表现出来，更好地帮助学生形成了正确的音高概念。这种教学方法把看不见、摸不着的音高化成有实际高度的"音阶手势"，并让学生在具体视唱曲中，把旋律线化成手掌的实际位置高低。柯尔文手势因具有直观、形象的特点，在国内外受到很多音乐教育者的喜爱。

二、农村小学音乐课堂中"柯尔文"手势的具体应用

（一）直观培养学生音高概念应用"柯尔文"手势

农村孩子音高概念差，我们在日常的识谱教学中，如果一味地强调这个音符应该唱多高，那个音符应该唱多低，是非常抽象的，学生反而掌握不好。这时，如果恰当地应用柯尔文手势，用不同的手势表示不同的音高，让学生学着用手形的变化及手位的高低调节来学唱简单的音阶；新歌教学时让学生在老师的琴声引导下边做手势边识谱，能使学生产生对音符唱名及相对音高的联想，将学生觉得难捉摸的高音在一定程度上予以视觉化、形象化。学生们边唱边动，

对音乐的兴趣提高了,在不知不觉中对识谱的畏难情绪就减弱了,并且极大地提高了音准的准确性。老师在日常的音乐教学中,坚持不懈地指导练习,日积月累地强化训练,抽象难懂的音高概念在良好的柯尔文手势中自然就建立起来了。

本学期我在教授四年级表演歌曲《我们大家跳起来》时,这首歌曲旋律比较简单,节奏舒缓,适合学生自学歌曲旋律。然而在实际教学过程中,我发现四年级的孩子对于音准的把握仍然有一定的难度。为了克服这一难点,我在教学中积极运用了"柯尔文手势"。因为歌曲节奏比较舒缓,我就一边播放歌曲旋律,一边跟着做出歌曲的旋律手势,让学生认真观察老师都做了哪些音的手势。孩子们看着老师的动作,瞬间注意力被吸引过来了。接着,孩子们边看老师的手势边思考旋律,再让孩子们看老师的手势识谱视唱,最后让学生自己参与进来,自己边做手势边唱。通过这样的教学过程,孩子们逐渐掌握了歌曲的旋律,更解决了歌曲学习中的难点。学生有兴趣主动参与到学习中,识谱学习也变得更加轻松简单。歌曲演唱音准稳了,自信和自然也就更好了。

（二）进行二声部合唱训练时利用"柯尔文"手势

合唱训练是中高年级音乐教学中的难点,对学生的音准、节奏有很高的要求,因此需要对学生进行严格而系统的训练。通过"柯尔文"手势,学生可以直观地了解音高和音调之间的关系,这方便学生理解和记忆,并且可以帮助学生了解第一个人声系统中音高和音调模式之间的关系。音高方向使抽象的音高关系直观而生动。它是一种肢体语言,用于调音以及师生之间的交流。老师不需要大声唱歌,而只使用手势来呈现短片音乐,并要求学生唱出自己的音乐来训练内部听力。

每位教中高年级的音乐老师都会知道,分声部歌唱教学中,声部合唱是最困难的。学生的声音常常不准确,并且会与其他声音脱节。借助"柯尔文"手势帮助能有效解决这个"难题"。

在为两部分合唱教学音高时,我最初使用"柯尔文"手势来训练静态音高,让学生首先将音高放置在国际标准的"la"声音上。用高、低两个声部来练习两声部和声。例如：学生：注意教师左手和右手的"柯尔文"手势不同,"do"和"mi",以及"do"和"mi"在不同的位置嗡嗡作响,并且三分之二的音调上升,然后释放每个声音的音高。

根据每种声音中的半单人声,还要求学生在每种声音之间演唱第三个音阶。然后,他们开始唱自己的声音,逐渐地,他们自主地"唱一个声音,然后听另外的声音",也就是说,唱出自己那部分的声音,然后敢于听另一部分的声音来发展自己的能力。重要的是要保持人声柔和而有力,这样才能清晰地区分声部合唱。通过使用嘴巴、耳朵和心灵,学生的和声概念得到了不断增强。

在学习由两声部组成的歌曲之前,我还使用了两个手势来指示不同部分的音调,调整音高和训练听力,以便学生学习彼此倾听和合作。教师使用两个手势来指示不同声音的音调,调节音高,训练听力,使学生学会互相倾听并进行协作。练习时不要读乐谱或弹钢琴,只是按照老师的手势唱歌。使用手势的帮助来进行带有音调的音阶模式转换。这是学习音阶位置和练习分声部乐谱的好方法。一张乐谱,一个音阶,一个句子,只是慢慢地练习,当学生们完整地演唱两部分时,他们都觉得自己已经取得了进步,获得了成功的喜悦。

（三）乐器教学中使用"柯尔文"手势

音乐教学中的乐器教学不但是学生学习音乐和表达音乐的重要方式,也是孩子们智力提高的重要方式。通过乐器学习,不仅能使孩子们学会乐器的具体演奏技巧,更能培养孩子们

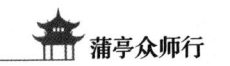

做事从始至终、不怕艰苦的优良品质。每当优美的乐器声响起，一种自豪感便会由内而生。

乐器初学者对乐器本身很感兴趣，但学习起来会很困难。在实际教学中，合理使用"柯尔文"手势来辅助教学，更能提高学生的学习兴趣。例如，在学习口风琴指法练习的过程中，"柯尔文"手势通常能很好地辅助教学。例如，在教学歌曲《大家来唱》的这一乐句（3/4 3--|212|1--|1--|646|5--|161|757|646|5--|3--|212|1--）时，学生使用三音手势并立即采取行动解决。逐渐掌握了这首歌的演奏特性后，他们自然会记住这些音乐手势，对这首歌有更深的了解，并同时掌握这首歌的演奏，顺利达到教学目的。

"柯尔文"手势运用于农村小学音乐课堂，既能创设愉快有趣的教学情境，提高学生学习音乐的兴趣，又能解决教学中的重点、难点，锻炼学生较强的音乐素质和技能、技巧。应用"科尔文"手势辅助音乐教学，使音乐教学更好地完成培养素质的任务，达到音乐教育的目的，让师生一起共享音乐的魅力！

平板助力 诗情画意
——交互式智能平板在高中语文古诗词教学中的应用探究

四川省井研县井研中学　杨元超

摘要：高中语文古诗词教学，交互式智能平板助力，创设情境，探究技法，拓展深化，增效减负。

关键词：交互式智能平板；诗情画意；增效减负

中国古典诗词是传承中华文化，弘扬民族精神的有效载体，是高中语文教学的重点、难点，也是语文高考的考点。

交互式智能平板（以下简称"平板"）集成了投影机、电子白板、电视、电脑等诸多教学装备，是高中语文古诗词教学重要的助力工具。

一、平板助力，增效减负

在培养核心素养驱动的古诗词教学中，平板助力，事半功倍。一是可以"提供生动、直观、丰富的学习资源，以弥补传统语文教学的缺失"；二是可以丰富教学手段，"创设教学情境，提供学习支架，掘通学习渠道，拓宽学习路径"，改变教学方式单一的窘况；三是可以减轻教师课堂板书负担，快速、清晰地展示教学内容；四是可以通过图文声像等感官刺激，激发学生的兴趣，陶冶学生的情操，开阔学生的视野，引导学生从浅表阅读转变为理解阅读，继而深度鉴赏。

二、平板助力，创设情境

在高中语文古诗词教学中，应用"平板"生动逼真的图文声像等创设情境，营造氛围，让学生"身临其境"，领略中国古典诗词的声韵美、画面美、意境美，培养语言、思维、审美等核心素养。例如，在教学《滕王阁序》时，指导学生课前搜集有关滕王阁的影像资料，以及相关的名人轶事，存入"生本资源"库。然后，运用"平板"，课堂展示，让学生了解滕王阁的美丽景色、历史地位以及本文的写作背景，激起"心驰神往"的学习情趣。在教学《蜀相》时，应用"平板"展示杜甫草堂、武侯祠的图片，接着播放电视连续剧《三国演义》的片段，让学生理解诸葛亮六出祁山，病死五丈原鞠躬尽瘁的人物形象，再播放音频，诵读诗歌，在苍凉、肃穆的氛围中展开教学。

三、平板助力，探究技法

在高中语文古诗词教学中借助"平板"，让学生观察、思考，理解情感，探究技法，提升能力，逐步实现"片言可以明百意，坐驰可以役万景"。

一是鉴赏诗歌题目。古人云："题者，额也；目者，眼也。"题目往往是诗歌内容的高度概括，是诗歌的眼睛，是解读诗歌的一把钥匙。在教学中，制作PPT，借助"平板"，引导学生鉴赏题目，通过"眼睛"这个窗户透视诗歌的题材、内容、情感等。例如：

鉴赏题目"黄鹤楼送孟浩然之广陵"（李白），理解题材（送别诗）。

鉴赏题目"夜归"（周密），理清结构思路（起句切题，承句醒题，转句深化，合句结题）。

鉴赏题目"行军九日思长安故园"（岑参），理解内容（对国事的忧虑和对战乱中人民疾苦的关切）。

鉴赏题目"孤雁"（崔涂），理解情感（抒发羁旅孤凄忧虑之情）。

二是探究诗歌手法。应用"平板"，可以将抽象文字转化为直观形象，进而理解古诗词语言的含蓄蕴藉，表现手法的灵活多样。鉴赏《山居秋暝》时，学生提问："明月松间照，清泉石上流"是怎样以动衬静的？我采取以下步骤答疑解惑：一是观看视频，理解意境：天色已暝，却有皓月当空；群芳已谢，却有青松如盖。山泉清洌，犹如一条洁白无瑕的素练，淙淙流泻于山石之上。二是深入感悟，分析手法：清澈的泉水，在石头上哗哗地流淌，用哗哗流淌的声音衬托出山林的幽静，这就是写景中常用的手法"以动衬静"。教学刘克庄《贺新郎·九日》时，首先观看视频：重阳节，天空昏黑，斜风细雨，词人登高远眺，千山万壑，浩荡秋色，大雁远飞，斜阳西沉。接着深情诵读，然后分析意象（长空、斜风、细雨、大雁、斜阳等），理解情感，最后点拨作结：作者带着强烈的主观情感去描写客观景物，将情感寓于此景物中，通过描写此景物予以抒发，这种抒情方式就是"借景抒情"。

四、平板助力，拓展深化

在高中语文古诗词教学中应用"平板"，借助课外链接，拓展深化教学，逐步进入"视通明百意，心驰役万里"的理想阅读境界。

一是深度理解写作背景。教学柳永的《雨霖铃》时，让学生通过观看视频，深度理解创作背景，从而更加深入理解意境。柳永才情卓著，但仕途坎坷，常出入歌楼舞馆，过着浅斟低吟的生活。他以敏感的心灵和真挚的情感，创作了大量表现男女离情别绪的作品，被誉为宋词"婉约派"宗师。这首词写的是柳永从汴京南下时，与恋人缠绵悱恻、哀婉动人的离情。

二是比较阅读同类诗歌。教学李白的《将进酒》时，运用"平板"让学生对比阅读，《将进酒》中"人生得意须尽欢，莫使金樽空对月"，《月下独酌》中"举杯邀明月，对影成三人"，《把酒问月》中"唯愿当歌对酒时，月光长照金樽里"，从而深入理解李白"酒诗"的特点，

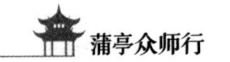

感悟诗人飘逸的性格和旷达的情怀。

三是创建"生本资源"库。语文学科资源包括文本文献资源、音频视频、学生创造的"生本资源"等。在古诗词教学中，应用"平板"引导学生分类收集、整理积累，创建"生本资源"库，如"常考意象"库、"常用典故"库、"诗歌题材"库等，丰富学生的知识储备，便于学生根据所需搜索使用，逐步达到"操千曲而后晓声，观千剑而后识器"的境界。

总之，在高中语文古诗词阅读教学中，教师要积极借助"平板"，优化教学手段，提升教学效益。

参考文献：
[1]《高中语文新课程标准》.
[2]《四川省普通高中语文学科课堂教学基本要求》.
[3] 刘晓莉、雷体南，《基于交互式智能平板的混合式教学模式探究》，《中国教育信息化》2016年1月.
[4] 李俊霞，《古诗鉴赏审美谈》，《中学语文园地》2004年9月.

悦享语文，构建语文家园

四川省井研县研城中学　杨云梦

摘要： 孔子云："逝者如斯夫，不舍昼夜。"随着时间飞逝，社会日新月异，语文教育者在面对这高速发展的社会时面对众多教学理论的提出，不知何去何从。而我们要做的就是将所思所行总结起来，试着去探索一条语文的规律，构筑师生共同的语文家园。

关键词： 悦享语文；语文家园

家园，在字典中的解释是"指家中的庭园。泛指家庭或家乡"。我们此处论及的"家园"诚然不是指那青瓦白墙的一方庭院，也不是指亲人团坐的家庭温暖，但却有共通之处，即"情之所系，心之所托"。所谓的语文家园就是让师生时时心系语文，将语文作为情感寄托之所，让每个人都能在语文之中找到存在感。

如何构建语文家园，可以从以下几方面进行探索：

一、教师将精神家园建筑于语文学科，谋求自身多方面发展

很多语文老师抱怨，语文教学太烦琐，挤占了太多时间、精力，让语文老师疲于应付，但是语文教学并不是简单的时间堆砌，语文教育者应当思索的是如何让语文课变得"有味儿"，如何让学生悦享语文。要做到这一点，对语文老师的要求是极高的，不仅要求具有基本的专业素养，更需要语文老师将语文时时挂在心中，将语文作为精神家园。所谓"寓教于乐"，乐的不仅是学生，更应是老师。只有能让教育者自己享受的教学过程，才有可能让学生享受，更遑论语文家园。

浙江外国语学院的卢真金教授打造了一个教师专业成长模型。这个模型是一个三角形，分为立足篇、理论篇和实践篇，其中立足篇是基础。他把理论篇称为"气宗"，把实践篇称为"剑宗"，认为教师的专业发展在立足篇之后，一定会有某一偏向，或走"气宗"，或走"剑宗"，还有就是特殊的"剑气合一"发展。对于现在的语文老师而言，单纯的理论或者实践已经不能满足教学工作的需要，这就要求我们走"剑气合一"的发展道路。广泛阅读，博采众长，不仅要阅读文学名著，更要阅读教学理论相关书籍，以丰富理论知识。与此同时，在新理论的指导下来改进教学工作，这就是所谓的"剑气合一"。推而广之，即语文老师要注重多方面发展自身，更新自身知识储备，以广博的知识和新颖的教学模式去俘获学生的心，让学生爱上语文。

学校在老师素质发展上是一个很大的助力，可以为其发展创造最有利的条件。研城中学在这方面也有所尝试，如我校定期组织老师到全国各教育大省听课学习，回校后，外出学习的老师将学习所获整理出来，大家开会讨论，共同学习。这种辐射式学习方式，对我校老师教学方式改革起了很大推动作用。除此之外，在语文老师素质发展方面还可以探讨更多的形式，比如学校购置相关专业书籍供语文老师阅读，定期召开教研会交流学习心得；开展语文老师文本解读专题月，对教材重点文本进行重新解读……想让语文家园百花齐放，拥有一批素质高、学习能力强的语文教师无疑是为语文家园铺上了最肥沃的土壤。

二、教学目标简单化，抓住学生兴趣点

这里所说的简单化不是指深度上的简单，而是针对目前存在的烦琐的教学目标设定而提出。中学生的年龄特征决定其在知识接收能力上不可能太强，而在三维目标影响下，很多教师在目标设置上认为必须面面俱到，却反而什么都抓不住。繁杂的目标让学生望之却步，又何谈家园之说？无论是在语文课堂或是活动中，目标的设置都应该紧扣学生兴趣点，精心制订教学目标，调动学生积极性。有的老师对此理解也出现了偏差，认为在课堂上将各种资料运用多媒体方式一一呈现出来，让整个课堂眼花缭乱，就是学生所爱的语文教学。但是往往这种"假繁荣"式的课堂却脱离了语文之本，徘徊于语文家园门外。学生真正感兴趣的语文教学，应该是能解决他们实际问题的。比如我校王虹老师针对本班学生语文写作上细节描写不到位的普遍问题设计了一堂练笔课。她的这堂课与传统的作文习作课或者作文讲评课都很不同，与其说是一堂课，不如说是一次充满趣味的练笔活动，与这里提到的语文家园是要让学生心系语文的理念不谋而合。她在课堂开始给学生出示了一句很简单的句子："李明吃馒头。"然后让学生加入动作描写，学生纷纷写出："李明狼吞虎咽地吃馒头。""李明急匆匆地吃馒头。"接着开始有学生写出："李明两手各抓住一个馒头，左右开工，一边一口，吃得狼吞虎咽。"这时老师适时地引入细节描写，然后让学生在此基础上加入神态描写。又有学生写出："李明两手各抓一个馒头，左右开弓，一边一口，吃得狼吞虎咽。只见他眼神一动不动地紧盯着碗里还剩的一个馒头，好像那馒头会飞走似的。"接着王老师再次进行巩固，出示了句子："下课了，同学们奔向食堂。"让学生加入各种细节描写。整堂课目标明确，意在训练学生的细节描写能力。学生参与度极高，学生对写作的兴趣大大增加。语文家园的建构其实细说起来，就是由老师有意识地去寻找学生兴趣点，通过活动、课堂教学等方式让学生去爱上语文。

三、改变评价体系，让学生心声自然流露

如今的语文课堂存在两种极端现象，一种是课堂除了老师外无人敢说，另一种是学生说的都是老师想听的。这两种现象究其本质，都是老师把占话语权，这样的语文，必定无法让

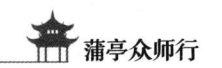

学生悦享。语文的重要职能之一就是让人能够表达自己，而学生却不敢说，说不出，对语文也必然无好感了。如何改变这一现状？首先现行的评价体系应该做出相应调整。就我校而言，可以做以下尝试：

（一）增加辅助评价体系

在现行的分数为主的评价体系下适当加入其他评价标准，对学生进行综合评价。比如在期末除了推选三好优干，还可以增加学科积极分子。以语文学科为例，将上课有精彩发言，活动中有突出表现的学生记录下来，期末评为语文积极分子。

（二）改变老师评语方式

老师都以"真好""很不错""真棒"来评价学生，没有针对个体的具体评价，这种评价是无意义的。因此在评价学生时，应结合每个学生不同情况作出不同评价。

四、师生共同探求适合自身的学习模式

很多语文教师愿意在教学工作中尝试新的学习模式，比如我校有老师在尝试群文阅读的教学模式，我校也组织老师们学习翻转课堂的微课制作。这些都为语文教师提供了多种选择。但每个班级学生情况不同，所适宜的教学模式也不相同。如学生基础较好，老师可尝试翻转课堂，录制微课，让学生课前自主学习，将课堂时间用于引导学生解决难点。最重要的一步是定期收集学生的学习反馈，可以以问卷调查、技能迁移等方式进行。如果说高素养的老师是语文家园的土壤，那么适宜的学习模式就是滋养语文生命的营养。

五、将文化传承，素质培养摆在首位

现今中国的高考制度决定我们的语文教学不可能脱离分数而存在，但我认为语文教学的首要责任仍是传承中华文化，培养学生语文素养。用博大精深的中华文化去感染学生，吸引学生。因此语文教师可在这方面多下功夫。论及如何传承中华文化，培养学生语文素养，单靠课堂时间肯定是不可能实现的，那就必须结合即将写到的下一点来实现。

六、丰富语文活动，形成校园文化

悦享语文不仅体现于课堂，更应体现于校园生活的每一处。语文教师应组织开展丰富的校园活动，让语文氛围充斥于校园，形成特有的校园文化，让学生产生校园即语文家园的认同感。

（一）利用学校阅览室，以班为单位共同借阅

组建班级图书柜，班上每一位学生借出一本书供大家翻阅。每周固定一节课为语文阅读课，培养学生阅读习惯。但在此过程中，教师必须注意几点问题：

1. 对学生阅读的书目加以选择。阅读书目要选择适宜学生年龄，难度适中的书目。难度选择上，先选择易读有趣的书目，再逐渐加深。

2. 适当引导，激发学生阅读兴趣。如在阅读《红楼梦》时，可以在每一回设置一个较简单的问题，让学生去阅读中找答案。（贾宝玉与林黛玉前世有何渊源？为什么说贾宝玉和薛宝钗是金玉良缘？）也可以在每次阅读结尾留下悬念，给学生下次的阅读留下期待。此举最终目的是让学生体味阅读兴趣味，从而养成自主阅读的习惯。

3. 举行演讲比赛、古诗文诵读比赛等多种形式的语文课外活动。如以古诗文诵读比赛为例：每班选出5位选手，各年级选出5位老师作为评委。设置必背题、诗词接龙题、抢答题、诗词表演题进行比拼。

鼓励语文老师多创新，以新颖的活动形式让学生感受到语文之乐，但在活动设计过程中

注意紧扣语文。

4. 举办形式多样的语文社团活动。学生根据自身兴趣，组建各种文学社团，如唐宋诗词社、明清小说社、文言文爱好社、现当代文学社等。每周选取两天，将下午最后一节课用作社团活动时间。学生就各自感兴趣的领域展开重点研读，将自己的研读成果与社团内成员讨论分享。每个社团可将自己的成果投稿至校园广播站，年终由学生投票选出最具人气社团。

5. 形成"校园主题月"模式。每个月确定一个语文主题作为本月的探讨重点。比如将1月设为"散文月"，老师可以引导学生在这个月内多阅读散文，让学生写一写从所读散文中收获到的内容，可以是散文的学习方法，或者是收获的人生哲理，内容不限。老师也可以在这个月指导学生如何写散文，或者如何赏析散文。月末全班同学总结本月收获，每班选出最值得分享的成果，将之展贴到橱窗。橱窗里定期展示主题月成果，定期更换。

七、语文与生活紧密结合

语文家园可以是在校园内，但也更应走到校园外，让学生在生活中悦享语文。

（一）将语文带入生活

语文学习过程中，很多事物或现象是学生不熟悉的。面对黑白的课本，学生可能无法完全理解作者的思想。这时候就需要学生走出校园，走进生活去感受语文。如在学习《紫藤萝瀑布》这一课时，学生没有见过紫藤萝，无法理解作者为何见到紫藤萝会产生对生命的思考。我们可以让学生去观察紫藤萝的特点，感受其旺盛的生命力。学《望岳》时可以让学生周末参加登山活动，体验一把"一览众山小"的豪情壮志。

（二）在生活中寻找语文

语文不仅存在于学校课堂，生活处处有语文。如举行"方言小达人"活动，收集特色方言词句，体会语言妙处，感受语文魅力。

（三）用语文书写生活

举行"时光剪影"活动，让学生找出印象深刻的照片，用笔书写出来，在书写过程中回味生活，感受文字美丽。

八、将语文与多学科结合

语文的学科特性是以文字为主，是门抽象的艺术。我们可以将它与其他学科相结合，碰撞出新的火花。

以语文与体育学科的结合为例。学生在初一刚接触动作描写之时，往往不得要领。这时，语文老师可让学生举行一场篮球比赛。观看球赛的同学细心观察场上球员的动作，然后再让学生来写这场篮球赛，相信结果会让老师惊喜。

但不管与哪门学科相结合，都不能脱离语文这一核心。我们想要展示的是学生悦享语文，不能使之失去语文味。

总的来说，语文家园的构建就是学生与老师共同参与，课堂内外互相补充，校内校外相结合，共同营造出的一个爱语文，学语文的大环境。语文老师们大可发挥自身的创造力，用更多方法去实现这一目标。

参考文献：

[1] 王崧舟，《剑气合一：在语文家园安身立命》.

[2] 傅国涌，《寻找语文之美》，鹭江出版社，2017.7.

物理教学应注意培养学生三种能力

四川省井研县研城中学　尹建东

　　初中物理两年学制，介绍了力、热、光、电、声的基本常识，要让学生初步理解物理的学科特点及其应用，具备基本的物理计算、分析能力。8年级上册是物理学科的入门篇，教学上都会把调动学生学习兴趣作为重点，不过，站在纵观整个初中物理全局的角度，我建议应把培养以下三种能力作为教学的重心来抓。

　　第一，培养物理语言的表达能力。从实践中走来，再回到实践中去，是物理学科的重要思想。为了让孩子接受与理解物理知识点与规律，教材都尽量从列举孩子身边熟悉的现象入手，归纳抽象到物理的概念与规律。我们物理教研组习惯把第二章声现象放在科学之旅后边来讲，一是声现象贴近学生生活，比较简单，容易激发学生兴趣。二是机械运动的第一节长度与时间的测量中关于长度单位的换算牵涉到科学计数法、负指数，数学还没讲到，学生易卡壳，刚在科学之旅激发的兴趣，会被一瓢冷水浇灭。声、光、热的教学中都有较多的物理概念与规律，能否用这些知识解答与分析物理现象，说得有依有据，说得清楚明白，说得简要完整，对学生来说是一个长期培养锻炼的过程。但这个能力的培养是具有长期效应的，教师应从8年级上册就认真抓起。孩子起来回答问题经常会把概念规律说不清楚，乃至产生歧义，反复出现"反正""就是"这些词语，不断做手势来加强表达，这是表达能力不足的典型表现。总觉得自己知道，就是说不清楚。有的孩子还要差些，话卡在喉咙里，就是张不开口。而听老师一分析，自己好像也知道。

　　那么，怎么培养呢？我的经验是平常有意识加强训练，比如课前听默写一下上节课的知识要点；请孩子上讲台复述上堂课内容，力争准确、有条理；每周让孩子上台介绍点课外物理常识或物理小故事，例如科学家的故事等。也可以写点物理小文章，比如"身边的噪声""我喜欢的一种乐器""光就这样欺骗了我们""我的科学梦""我在趣味物理组"等，既训练了孩子的表达能力，又培养了孩子的想象力和物理学科情感。另外，物理表达能力的培养，对提高学生审题能力也是大有帮助的。

　　第二，培养物理计算能力。8年级上册物理比较简单，很多内容是常识性了解，教学要求多为"了解""知道"层次，教学任务较轻，建议在物理的计算上增加点难度，多下点功夫。速度的有关计算，虽有小学基础，但初中物理题型繁多，格式要求也明显不同。另外，用图像解析路程、速度、时间三者的关系，反映物体的运动特征也是首次出现。我习惯把速度的计算做成一个专题，花一周时间来讲解与突破。这为训练三个物理量的计算类型（比如密度、压强、功率等）做了个范例，也为8下略微复杂的力学计算打下了很好的基础。

　　第三，培养识图、作图能力。8上光学有两章，讲了三个光的传播原理，即光的直线传播规律、反射规律和折射规律，以此为基础，分析了相关应用，主要是成像规律。而这一切的东西都是可以用光路图来分析解答的。我观察到大部分学生初次接触作图都是不耐烦、不规范、不准确的，他们不愿意在作图上严格要求自己。老师一开始是必须严肃、严格的，反复训练，督促纠错。要求孩子认真审题，明确作图要求，教师也可以把中考作图题的评分标准分享给学生，组织学生互评，对照查找差距。光学作图的训练到位了，就为学生以后力学的作图、受力的分析和初三电学的作图与分析电路图打下了很好的基础。倘若学生的习惯没养成，极有可能留下无穷隐患。

总之，作为一个有经验的物理老师，应加强对整个初中物理教材的研读与分析，找出其内在的联系，在物理的教学中有大局观念与系统意识，这样持续下去，对培养学生的物理核心素养大有裨益。

践行统编新理念推动语文教学高质量发展

井研县师范学校附属小学校　张杰

语文教育教导的是文字，传承的是文化，是一切教育的基石，今年秋季教育部致力构建开放的、富有活力的、统一组织编写的教科书体系，实现在全国各地的所有年级全覆盖，目的是全面提高学生的语文素养。新部编以2011版的课程标准为依据，吸纳语文课程改革的优秀成果，沉淀课程改革的先进成果经验和先进理念，积极倡导自主、合作、探究的学习方式，作为义务教育阶段的语文教师，我将以"立德树人"的思想作为风向标，深入学习贯彻统编教材教学理念、教育方式，积极思考，主动作为，推动语文教学高质量发展。

一、加强学习，深入领会统编教材的新理念

（一）着眼整体，关注细节

从学习统编教材总主编、副主编、各册执行主编的有关论述入手，细读消化近期专家培训专题讲座，对着整本教材，一个个单元、一篇篇文、每一个知识点地研读，在研读的时候更要在全局中把握内容，较全面地理解教材这样安排的编写意图。关注细节，关注每一篇课文的内容和形式，甚至图画，不起眼的细微之处都有蕴含着的新信息。

（二）以"单元"为单位，实施"三位一体"，研读教材、发现教材

以整体到局部地深入细致研读新教材，琢磨每一篇精读和略读文章的功能性和独特性，从大局出发，了解它在整个单元中的意义，发现一个单元各知识点之间是否层层递进，是否前后呼应，是否勾连。单篇文本教学固然重要，但是与单元各内容之间的联系，努力系统领会教材内容才是更深刻的内涵。

二、新旧对比，探索语文课堂转型

（一）注重思想政治教育与语言文字训练的统一结合

新时代的教育工作聚焦的是为谁培养人，培养什么样的人，语文教育工作的落脚地始终在思想教育上，教师要重视文本，发掘教材的语文要素和情感态度的教学点，遵循作者的思路组织教学，让学生充分领会和消化课文内容，体会里面的思想感情，注重在教学中深化与学生的思想交流，潜移默化地引导学生产生思想认同。

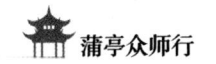

（二）紧扣当期教学目标，注重语文教学工作的系统性和连贯性

语文教育在不同的年龄阶段有不同的重点与内容，识字写字、阅读、习作、口语交际以及优秀传统文化积累在每个教学阶段的侧重点都不一致，在教学过程中要紧扣当期教学目标，把握教学的重点难点，合理分配教学资源。根据学生不同的年龄特征，同样的教学内容可以合理分配不同的教学目标和重点，从而采取不同的教学手段。

（三）聚焦统编教材的变化，完善语文教学体系

一是统编教材所选古诗文和传统文化数量大量增加，要注意低、中、高学段教学要求的差异性。对于低年级古诗需做到能读会写，做到背诵积累，做到"囫囵吞枣"即可；对中年级学生需了解古诗句含义，对诗人表达的情感不作要求；对于高年级学生，需要引导其在理解古诗文意思的基础上，初步领会诗人所表达的思想感情，做到循序渐进，不断积累。

二是充分发挥自读课文价值。统编教材较原来教材增加了"旁批"，读写结合更加紧密，自读课文是"教读"知识与方法的迁移与运用，要引导学生将"教读"中获得的阅读经验，沉淀为自主阅读的阅读能力，增强语文阅读本领。

三是做好整本书阅读指导。明确学生的已有知识，适时开展导读课、推进课和分享课，指导读书方法，把"快乐读书吧"利用起来，与日常文本教学相连接，形成课程化的阅读。

（四）提升阅读能力，掌控语文核心

部编本的应用，要求学生的阅读数量和质量要有"海量"，这对学生和教师都是新一轮的机遇和挑战，对于有方法的阅读，有选择的阅读，有积累的阅读就是机遇，要引导学生进行大量的阅读实践，这是"拉分"的捷径，对于那些在阅读上没有兴趣，没有坚持的学生就会被逐渐拉开差距。

三、多措并举，努力让语文课堂产生共鸣

（一）引导学生开展深层次的思想交流

努力运用启发式教学思路，活跃课堂氛围，引导学生积极主动思考、提问，运用问题捕捉课堂教学上的重点、难点、盲点，实现精准突破。同时充分尊重学生提出的问题，要引导学生借助提出的问题去理解课文。

（二）巧用多媒体教学，营造"浸入式"学习氛围

由于小学生注意力不集中、抽象思维能力较弱等情况，适当运用多媒体教学，如配套的视频、灵活的图片、应景的音乐等相关材料，都会吸引并且调动学生的新鲜感和积极性，让有些久远的文字或者无法感知想象的事物，形象直观地让学生发现，将抽象事物具体化，加深学习印象。

（三）创设动态教学的课堂，调动课堂的参与度与积极性

根据教材特点和学生年龄特点，以灵活方法为手段，调动学生的课堂积极性，如根据学生的特点，以及教材提供的信息，可以让学生"动起来"。比如六上的《竹节人》的教学，可以让学生去做一做，《美丽的西沙群岛》让学生去画一画，《开国大典》让学生去看一看，等等，让学生在不一样的情境中参与进去，把无形的知识以有形的姿态铭记于心。

教育是立国之本，强国之基，"统编"将更好地适应飞速发展的社会，凸显新时代的新面貌，进一步突出育人导向，既有华夏五千年的经典传承，又富有新时代的气息，既遵循了语文学科的规律，又贴近生活，这样富有时代性、科学性、生活性、趣味性的教材，需要教师们不

断去钻研，不断去挖掘，然后用自己的魅力赋予"统编"新的生命意义。

参考文献：
[1] 王崧舟，《剑气合一：在语文家园安身立命》.
[2] 傅国涌，《寻找语文之美》，鹭江出版社，2017.7.

交互式智能平板在高中物理新授课教学中的有效应用研究

四川省井研县井研中学　钟治刚

摘要： 在信息环境当中，以往的教学方法早已无法满足教学要求以及学生需求，但智能平板却给教学创造了新的可能。智能平板属于新型教育形式，可以促使教学效果得以提高。而且，智能平板还能把传统教学和现代科技进行融合，增强师生的交互性，不仅给教师教学带来便利，同时也给学生学习创造了便利条件。本文在分析智能平板在高中时期物理教学当中的运用优势的基础上，对物理新课讲解期间智能平板的运用展开探究，希望能给实际教学提供相应参考。

关键词： 高中物理；新授课教学；交互式智能平板

前言： 众所周知，物理学科包含很多抽象知识，很多知识都具有较强的逻辑性，特别是高中物理，具有的逻辑性以及抽象性更强，这给学生学习带来较大困难。很多学生在物理学习期间会混淆概念，解题期间难以对所学知识加以运用，再加上高中课程非常紧，所以教师难以及时给高中生答疑解惑，进而产生很多物理方面的学困生。然而，在课堂教学期间对智能平板加以运用可以对这种现象加以有效改善。

一、物理教学和智能平板

如今，智能平板给高中生学习物理知识创造更多机会，可以让高中生跳出物理解题，把实际生活当作出发点，对物理知识进行探索以及获取，在物理教学当中对智能平板加以运用，不仅与现阶段教育改革整体要求相符合，同时还与物理学科具有的实际特点相切合。这样一来，除了便于高中生对物理知识加以学习之外，同时可以帮助学生对物理原理加以理解，进而给教师教学提供一定便利，除了节省教师板书的时间之外，同时还能让高中生对原理知识加以直观认识，加深其对物理知识的整体印象。

二、智能平板在高中时期物理教学当中的运用优势

（一）提升高中生的物理学习兴趣

如今，导致物理学困这一现象的重点因素就是高中生难以对物理知识提起学习兴趣，在

课堂之上难以集中精力，所以很多学生都无法对物理原理牢固掌握，在解题期间难以对所学知识加以灵活运用。但智能平板教学属于新型教学模式，可以快速吸引高中生注意力，帮助学生对心态进行调整。同时，智能平板还能对物理知识进行动态展示，帮助学生对抽象概念加以理解。例如，在对"电路"这种抽象概念加以讲解期间，物理教师便可对智能平板加以运用，让高中生自行对连接方式加以调整，这样系统会直接给出判断，同时说明错误的具体原因。高中生通过实验可以对电路加以认识，同时对物理学习产生兴趣。

（二）提升高中生的课堂学习效率

因为平板教学可以提升学生的课堂学习效率。所以在物理课上，教师可以把高中生当作教学主体，在教学当中积极提升高中生的积极性以及兴趣，促使其学习效果得以提高。同时，平板教学还能播放教学视频，帮助学生对所学知识进行巩固，强化记忆。借助智能平板进行习题练习，系统会分析答题情况，自动生成错题集，帮助学生练习知识难点，提升学习效率。

三、物理新课讲解期间智能平板的运用

（一）导入环节当中的运用

进行新知讲解期间，物理教师通常会开展课堂导学，这样不仅能够提升高中生的物理学习兴趣，同时还能帮助学生理解所学知识，即便一些学生并未进行课前预习，也可以跟上教师的授课进度。一般来说，课堂导学包含两种形式，第一，举出一些和新知识相关的生活现象或者实验现象；第二，通过对之前所学知识进行复习，把新知识引入进来。而借助智能平板可以让导学优势充分发挥出来。第一，进行举例导学期间，物理教师可用智能平板直接对一些现象进行演示，这要比教材当中的图片更具说服力。例如，对"重力"加以讲解期间，物理教师可直接通过智能平板来对行星运行的具体过程加以演示。第二，借助已学知识开展导学期间，物理教师可借助智能平板对高中生进行学前测验，然后通过系统获得学生答案。这样一来，物理教师可以在课堂之上有重点地对知识加以讲授，帮助高中生对已学知识进行深入理解[1]。

（二）课堂教学当中的运用

在高中阶段，物理教学主要分成两个部分，即课堂教学和实验教学。借助智能平板可以把课堂教学和实验教学进行充分结合。在物理教学之中，对抽象知识进行讲解是一个教学难点，物理教师可通过制作相应的课件来对抽象知识的具体发现过程以及具体表现加以演示。这样不仅能够加深学生印象，同时还能把物理知识和现实生活进行联系，强化高中生的运算能力[2-3]。例如，针对力的分析及计算，高中生可借助智能平板来给物体添加一些不同类型的力，比如拉力、摩擦力以及浮力等。进行实验期间，高中生会发现，任何环境当中，物理都会受重力作用，其余外力可用受力分析进行添加，之后进行简单计算，便可把受力大小求出来。进行实验教学期间，物理教师进行实验演示期间，可用智能平板对实验过程加以录制，之后让高中生通过平板进行观看，这样可以避免一些学生因为座位影响无法看清实验过程。同时，实验期间，物理教师还可通过电脑主机进行检查，如果存在错误操作，物理教师可将其投放到大屏幕上，然后一边指正错误，一边进行讲解，进而促使教学效率得以提高。

结论：综上可知，在物理教学当中对智能平板加以运用，可以给课堂教学带来一种活力以及生机，让枯燥乏味的课堂充满趣味性，同时借助智能平板，还能提升高中生的物理学习兴趣，

提升高中生的课堂学习效率。所以，物理教师需对智能平板加以重视，在新授课当中对智能平板加以运用，这样能够帮助高中生对所学知识加以理解，促使其课堂学习效率有所提高。

参考文献：

[1] 余丽娜，浅谈交互式电子白板的应用与研究——以高中物理课堂教学为例[J]，课程教育研究，2019（17）：175.

[2] 王真珍，基于初中物理教学中平板电脑的应用探讨[J]，课程教育研究，2016（29）：164.

[3] 牟世娟、牟世霞，多媒体技术与大学物理教学融合初探[J]，新西部（理论版），2014（21）：154+143.

"探究式教学"在数学课堂中的运用

井研县马踏镇中心小学校　周显华

摘要： "探究式教学"包含"课堂导入—合作探究—巩固应用"三部曲（简称：导—探—用）。由优质课堂导入，激发学生兴趣，通过小组合作讨论、动手操作等方式探究解决问题的方法，并巩固提升应用，从而解决问题。

关键词： 优质的课堂导入；合作探究；解决问题；巩固应用；拓展提升

一花一世界，一叶一菩提。与我们所生活的丰富多彩的世界一样，在持续的发展过程中，教学模式也逐渐演变出各种形式。通过长期的实践与学习，我在这个过程中逐渐形成了具有个人特色的教学方式和风格，即"探究式教学"。"探究式教学"模式的主要实现步骤可以概括为："课堂导入—合作探究—巩固应用"三步走（简称：导—探—用）。由优质课堂导入，激发学生兴趣，通过小组合作讨论、动手操作等方式探究解决问题的方法，并巩固提升应用，从而解决问题。主要目的是为了增强学生的动手与实践能力、参与合作与主动探究能力以及培育其创新研发意识。

一、课堂导入

万事开头难，但是做好开头，事情就成功了一半。在整个教学过程当中，教师能够在课程中实现优质的课程导入可以吸引学生的注意力并促使其快速集中，使学生对课程内容产生好奇与兴趣，增强学生的自觉能动性，使其自愿地去探索吸取知识，最终有效促进教学效果的实现。

（一）复习导入法

温故才能知新。教师在进行教学时要结合过去学习的旧知识，帮助学生对所学知识产生新的认识和更深刻的理解，由此将新内容与旧内容实现相互衔接，促进学生对于新知识的认识与理解，通过运用带有趣味性的教学形式，带领学生融会贯通，实现学以致用，最终实现课堂导入的作用，推动课程教学的有效进行。

例如，在对五年级上册中《三角形的面积》这一知识点进行教学导入时，通过复习导入法导入新课，能够获得更好的教学效果。

1. 复习阶段：我们已经学习了如何计算平行四边形的面积。你还记得平行四边形的面积是如何计算的吗？它的计算公式是通过怎么样的推导过程得来的呢？（学生回忆平行四边形的面积计算公式及推导过程。）

2. 提问阶段：红领巾是什么形状的？（学生观察红领巾，说说对三角形的认识，明确：要知道要用多少布，就要计算红领巾即三角形的面积。）

3. 揭示此次课题——三角形面积的计算内容。（表明该课程的主要学习内容。）

（二）故事、谜语导入法

小学生对各类故事、谜语都存在很大的兴趣。因此，小学数学教师在对课堂导入内容进行设计时，可以结合孩子的自身特点与天性，选择恰当的形式来设计课堂导入的内容与方式，这将极大地引起学生学习的热情与兴趣，不仅能够吸引学生的注意力，同时还能促使学生自觉地参与到课堂学习中去，进一步推动课堂导入的优化与完善。

例如，在五年级上册《植树问题》教学导入时，运用谜语激趣，导入新课。

1. 展示谜面：两棵小树十个杈，不长叶子不开花，能写会算还会画，天天干活不说话。（学生猜谜语：手。）

2. 引导学生观察手指根数和间隔数的关系。（教师指出，在数学上，把像两根手指之间的空叫作间隔。学生伸出自己的手指观察，发现：手指数比间隔数多 1。）

3. 揭示此次课题：本节课我们就来学习和解决一些像手指一样分布的一些植树问题。（表明本节课的学习内容与要求，由此引入新内容。）

（三）游戏导入法

好玩是儿童的天性。因此，在数学的教学过程当中，通过游戏与玩耍能够吸引孩子的注意力，降低孩子对学习的抗拒心理，激发孩子的兴趣，由此充分调动其学习的主动性与积极性。

例如，在对五年级上册中《可能性》这一知识点进行教学导入时，可以通过游戏的方式引入新的知识。

1. 师生游戏：

a. 设计游戏：一个盒子中有两枚棋子，分别为红色和蓝色。提问：如果找一名同学在盒子里任意取出一枚棋子，谁能知道他取出的是什么颜色？（引导学生自由大胆地猜测，会产生多种答案。）

b. 找一名同学取出其中一枚拿在手里，让学生继续猜测接下来会取出什么颜色的棋子。（引导学生给出统一答案。）

c. 提出质疑：为什么第一次答案各不相同，但第二次的答案是一致的？（学生回答：在确定了第一枚棋子之后，剩下的棋子就可以确定了。）

2. 揭示此次课题：在日常的生活中，有些事件的发生与否我们不能准确判断，而有些事件可以做出准确的判断，在我们的学习与生活中存在很多的案例。那么，这节课就让我们来探究事件发生可能性的问题。

如此设计下来，游戏与数学教学实现了有机融合，实现了寓教于乐，也将有效提升教学的质量与效果。

（四）情景导入法

情景导入法则是指教师在课堂导入的过程中，结合课程内容来制定一定的教学情境以实现导入目的的一种教学方法。在对小学数学的相关课程运用情景导入法时，教师可以通过结合各种信息技术来更好地运用该方法，主要包括运用多媒体辅助教学，在课程中添加具有趣味性的图像、视频等方式实现情景导入的目的，有效提升导入的最终效果。

例如，在五年级下册《图形的运动——旋转》教学导入时，运用情景导入新课。

1. 教师用课件演示：a. 钟表；b. 风车。

提问：观察课件的演示，想到了什么？

2. 学生交流汇报：

a. 钟表上的指针和风车都在转动；

b. 钟表上的指针和风车都是绕着一点转动；

c. 钟表上的指针沿着顺时针方向转动，风车沿着逆时针方向转动。

3. 像钟表上指针和风车这样绕着一个点或一个轴产生转动的现象就是我们接下来要一起研究的"旋转"。（板书课题）

二、合作探究，解决问题

合作探究，重在学生如何合作、如何学、如何充分体现学生的主体作用，老师是学生学习的促进者、组织者和指导者。通过引导学生动手操作，多种感官参与学习、合作学习，亲身经历知识的形成过程，有效地发挥学生的主体作用和互助合作精神，会使得他们在交流合作中获得经验，为学生个体发展提供空间，让每一个人都有着不同的收获和体会。

（一）把握合作、探究学习的内涵，求实求真

合作学习作为重要的学习形式之一。相对于个体学习而言，合作学习主要是指学生组建小组与团队并进行明确的分工与协作，以完成共同的学习任务的一种学习方式。探究学习对于开发学生的自主能动性也发挥着关键作用。探究学习主要是指通过教师的合理引导，学生自主地运用类似研究方式进行学习，完成学习任务，并对学习过程中遇到的困惑与难题进行自主研究，促进学生在探究的过程中有效提升自身的学习能力。虽然合作探究已进入课堂，但不能盲从，如果有必要合作探究，就要求教师在教学设计时确定研究的起点，更要明确为什么研究，要得到什么效果，把握什么分寸比较适度，让合作探究真实有效。

（二）把握好合作探究的尺度，与自主学习相结合

提高学生的自主学习能力是当前数学教育的基础和目的。合作学习与探究学习等多种学习形式都是以自主学习为基础而存在的，探究学习则贯穿于自主学习与合作学习的始终。当一个学生缺乏一定的自主学习能力，那么合作探究就无从谈起。因此，在教学过程当中就要求教师要为学生提供更多的自主学习机会，培养学生的自觉能动性，使其善于思考才擅长思考，与此同时还要注重培养学生的合作探究学习能力，促进学生的全面发展，培养学生的钻研与探究精神，自主地解决生活与学习中遇到的问题。

三、巩固应用，拓展提升

在教学过程中，要求教师要把握好练习任务的"度"。只有充分发挥出练习的积极作用，才能有效地巩固已学知识，进而实现灵活应用，启发学生的思维，提高学生的学习能力。与

此同时，在学生学以致用的过程当中，能够获得老师的及时反馈与指导评价，不仅能够及时纠正学生在学习中存在的问题，还能提高学生的信心，在以后的学习过程中能够更好地对所学知识进行应用。

1. 练习内容要有针对性，体现高效

作为教师，要对练习题的内容设计提高认识，不能局限于书本，练习的内容针对性要强，要少而精，抓住有代表性、典型性的习题来练。关键就在于引导学生在掌握知识点的情况下能够举一反三，融会贯通，并在后期的学习中推而广之。这样的高效练习，不仅可以提高同学们的灵活解答问题的能力，减轻过重的学习负担，还可以提升学生的学习情趣和身心健康。

2. 丰富练习形式，形成独特风格与特色

要求教师在进行练习内容与形式的设计时要关注练习题型和形式的多样化并做出创新，在体现真实生活与趣味性的同时，还要关注练习内容层次性与拓展性的实现。通过丰富的练习形式与内容，能够有效激发学生的学习兴趣，有利于学生更灵活、更有效、更扎实地完成练习任务。还可以在同一问题情境中，让学生提出不同层次的问题，教师不失时机地加以引导学生学会分析，学会筛选，学会思考，学会整合，以使不同学生有不同的发展。

3. 合理安排并把握练习时长

教师对练习题的设计要有时间观念，每道试题完成的时间要做到心中有数。学生在规定时间内认真有效地完成老师布置的教学任务，不仅能够促进学生良好习惯的形成，还能为学生形成正确时间意识与树立时间观念，有效提升学习效率。

教学有法，教无定法，贵在得法。因此，在新课程理念下的课堂教学中，请多给孩子一些自主、快乐的探索空间吧，让他们能走得更稳，看得更高，飞得更远……

参考文献：
[1]《中国教师智库》【课堂教学设计与案例】.
[2]《倍速学习法》【名师教案】.

引导小班幼儿在自主游戏中做计划的有效策略

井研县幼儿园　周雪樵

摘要："计划—工作—回顾"是自主游戏关键且独特的环节。做"计划"是幼儿表达自己的游戏意图，支持其游戏进一步升入，并获得能力发展的重要手段，是自主游戏必不可少的环节。针对小班幼儿的年龄特点，我们通过"巧施妙法帮助幼儿理解什么是'计划'，为做计划打好基础；采取多种方式帮助幼儿熟悉材料和环境，为做计划做好前提；老师适时运用恰当的语言，为做计划提供有力支持；利用趣味游戏形式带领幼儿做计划，为做计划做好开场式"等策略，带领小班幼儿做游戏计划，有效提高了他们做计划的能力。

关键词：自主；游戏；小班；幼儿；做计划；策略

随着全国游戏改革的推进，我们深刻意识到"自主游戏才是最适合孩子们的游戏"，更加坚定了我园的"自主"游戏之路。如何支持幼儿自主游戏的深入开展，怎么让幼儿在自主游戏中既能玩出快乐，又能玩出发展，老师怎么样做到既尊重幼儿自主，又能有效支持，已经成了我园每个老师的必修课。针对这些问题，我园在组织自主游戏时，借鉴高宽课程，践行了"计划—工作—回顾"的游戏模式。

"计划—工作—回顾"是自主游戏关键且独特的环节。而做好游戏计划是使自主游戏得到升入并支持幼儿获得发展的重要手段。在"计划"环节，幼儿自主决定在工作时间（即游戏时）干什么，并把自己的计划告诉教师，教师则帮助他们思考和充实计划，记录他们的计划，并帮助其执行。我园在自主游戏开始时，老师都会组织幼儿面对面做计划，引导幼儿针对选择材料、行动、合作伙伴、游戏地点等做游戏计划，表达游戏意图。游戏前，幼儿用语言说出，或用写画、手势、动作、表情等方式表达出他们的计划，能帮助幼儿确定一个明确的游戏意向。长期坚持做游戏计划可促进幼儿按自己的计划去做相应的事情，使其计划性和规划性获得发展，并促进其坚持、专注等学习品质的发展，因此做计划成了我园自主游戏必不可少的环节。

而小班孩子因其年龄特点决定了他们思维想象、语言表达、生活经验、写写画画等技能都非常欠缺，甚至有些话都说不清楚，那么该如何引导他们做计划呢？在实践过程中，我们也有些方法和策略，现与大家分享：

一、巧施妙法帮助幼儿理解什么是"计划"，为做计划打好基础

小班孩子因其思维的具体形象性，"计划"这个词对于他们来说是极为抽象和陌生的，往往不能理解什么是"计划"。因此在游戏初期，我们首先结合孩子们生活经验帮助其理解什么是"计划"。在小班孩子首次做计划之前，我们会开展集体讨论活动，结合孩子生活经验进行讲述，让孩子们对什么是做计划先有一个具体的认识。比如，问问孩子们："放假的时候，爸爸妈妈问你们想去哪里玩，你们都说了想去哪里玩呢？""哦，优优说想去湿地公园玩；俊熙说要去峨眉山；桐桐说想要去太阳岛山庄玩……其实你们先想好了要到哪里去玩，就是做了一个计划……"

其次，小班幼儿做计划初期，我们会采取重述、重构幼儿游戏计划的方式，将"计划"这个词渗透给幼儿。比如，在计划时老师会问："你今天打算到哪里去玩？"等幼儿讲述出："我想去玩沙；我想到吃鸡战场去玩；我要去玩滑滑梯……"老师帮助其重构游戏计划："哦！你今天的计划是去玩沙；你今天的计划是到吃鸡战场去玩；你今天的计划是去玩滑滑梯……"通过重述、重构的方式，逐步将"计划"这个词慢慢渗透给幼儿。经过一段时间，待幼儿明白什么是计划后，我们在游戏计划环节就会直接提问："你今天的计划是什么？"这时孩子们就能直接讲出自己的计划，如：我今天的计划是到魔哒宝屋去玩……

通过老师们的巧施妙法，逐步将什么是"计划"渗透给孩子，从而在理解的基础上开始学习做自己的游戏计划。即便是小班的幼儿，只要方法找对了，孩子们一样会逐步熟练地做游戏计划。

二、多种方式帮助幼儿熟悉材料和环境，为做计划做好前提

幼儿对游戏材料、游戏环境的熟悉，是做好游戏计划的重要前提。尤其对于具体形象思维占主导地位的小班孩子来说，他们的游戏大多是"看到了，才能想到"，所以小班孩子要顺利做游戏计划，先帮助其熟悉游戏材料和环境非常重要。为此，我们采取了多种方式助幼儿熟悉室内外及功能室游戏材料和环境。

在小班幼儿入园前期，首先我们会带幼儿逐一参观各个游戏区，采取分期分批的方式带着孩子到每个区角和功能室，看一看，转一转，把玩把玩每个区角里的材料。让孩子们了解教室里、走廊上、户外操场有哪些区角、哪些功能室，每个游戏区和功能室里有哪些材料。在熟悉游戏材料和环境的前提下，孩子们才知道要去哪里玩，用什么玩，做计划的时候才能更好地将自己的游戏意图表达出来。

小班孩子做计划能力和其他能力发展一样，有其阶段性的特点。小班年龄段的孩子更多会通过动作、眼神、表情、短词、短句来表达他们的计划。这是小班孩子做计划的典型表现。小班阶段有些孩子还不能用语言来表达自己的游戏计划，需要用肢体动作，如用手指、用眼神看过去等方式，表达自己想去玩的地方。而做户外游戏和功能室游戏的计划时，这部分孩子因为肢体语言的局限，其用手指不到、用眼神看不到相应的游戏区角，往往无法表达出自己的游戏计划来。因此，我们采取了将各个游戏区角和功能室环境拍成图片，张贴在教室固定的地方的方式，孩子们平时可以看一看、讲一讲这是某某区，回忆回忆某区里有什么游戏材料，让孩子们进一步熟悉游戏材料和环境。而在做游戏计划时，语言表达能力较弱的幼儿，可通过指向或者看向自己想去的区角的图片来做计划。但做计划的能力，不是孩子们先天就具备或一蹴而就的技能，而是需要通过多次练习，逐步习得的经验。因此，在幼儿用肢体动作做完游戏计划后，我们会再用完整的语言帮助他们把自己的计划重构出来，如：我看到你指着"酷车一族"，哦，你今天的计划是到酷车一族去玩……一段时间后，能力稍弱的幼儿也能逐步用简单的语言来表达游戏计划了。

总之，只要我们为孩子们做好充分的准备，为幼儿做游戏计划做好前提，小班的孩子一样会自主做好自己的游戏计划。

三、老师适时运用恰当的语言，为做计划提供有力支持

同为小班幼儿，虽有共性的年龄特点，但每个孩子都是独特的个体，因而都具有个体差异性，不同的孩子各种能力的发展也存在着差异。所以，在做计划的实际过程中，我们也特别注重针对不同的幼儿，老师适时运用恰当的语言，为其做计划提供有力的支持。

针对语言能力有限，不熟悉计划流程的幼儿，可以让幼儿用手势动作表达计划。如："甜甜，把你要去的地方指给我看一下。"

针对处在游离状态没有明确意图、不知道选什么区域的幼儿，可以结合幼儿的前期游戏经验，提醒幼儿延续前期的游戏。但如幼儿不愿意延续游戏，还是尊重幼儿的意图。如："我记得昨天游戏结束在收整玩具时，你说想穿上裙子当公主，也许你今天可以来做这件事。"

针对容易改变自己游戏计划的幼儿，老师可通过复述幼儿的计划，让幼儿在游戏中落地自己的计划。如："我记得你今天的计划是去'酷车一族'当交警。"

总之，教师可根据不同幼儿的实际，灵活、适时地运用恰当的语言，为幼儿做计划提供支持，以提升幼儿做计划的能力。

四、以趣味游戏形式带领幼儿做计划，为做计划做好开场式

现实中很多老师在指导幼儿游戏时，绝大多数时候只关注游戏、关注玩耍时刻，将"自主游戏"误解成了仅仅是在"玩"的时候，忽视了游戏前幼儿可以自主制定游戏计划。做游戏计划可以让幼儿知道自己想要做什么以及怎样去做，让游戏更具目标性，更能提升幼儿游戏水平，促进其各方面能力的发展。对教师来说，与幼儿一起做游戏计划，给教师提供了一个鼓励幼儿思考，并对其思维活动进行积极回应的机会。教师会更加清楚，随后要观察什么，

幼儿可能会遇到什么困难，可以提供哪些帮助。因此自主游戏前的做计划环节，对于教师和幼儿都非常重要。

但计划不是孩子必须完成的一项"任务"，而它本身就是孩子游戏的一部分。尤其对于小班年龄的幼儿来说，因其注意力的时间较短，做计划的环节越有趣，越能吸引幼儿。在实践中我们结合小班幼儿的特点，利用各种趣味的游戏带领幼儿做游戏计划，吸引幼儿的开场式，使做计划的参与性更高、兴趣更浓，有效提高了做计划的效果。例如，开学初针对小班幼儿对游戏和游戏环境都不太熟悉，可以用"开飞机"的游戏带幼儿做游戏计划。飞机开到某个游戏区域，教师就让幼儿看看、谈谈这个区域的材料。如果有幼儿计划在这个区域游戏，他就"下飞机"开始游戏。再如，"神秘箱"的游戏：用一个不透明的纸箱，在箱子顶挖一个能放进幼儿手的小洞，教师把幼儿的照片放在神秘箱里，幼儿轮流抽照片，抽到谁的照片，谁就做计划。

教师在使用各种小游戏引导幼儿做游戏计划时，一定要把握好度，其目的只是集中幼儿的注意力，引起幼儿做计划的兴趣，决定谁先做计划。切不可搞得过于热烈，并一直玩下去，这样反而会转移幼儿注意力，影响后面自主游戏的开展。

总之，做计划的最终目的是支持幼儿游戏的发展。作为教师我们要充分相信孩子，把游戏计划的时间真正还给孩子，相信小班的孩子做计划的能力也会给你带来惊喜，他们的游戏也可以玩得比我们想象的更好。教育从来就没有"一锤定音"的事，总是在不断发现问题、解决问题的过程中。在后续的研究中，我们将进一步深入研究如何通过"计划—工作—回顾"，全面支持幼儿在游戏中获得发展，并将相关经验成果提炼总结成文与大家分享。

参考文献：
[1] 霍力岩，《高宽课程》，华东师范大学出版社．
[2]（美）爱泼斯坦，霍力岩等译，《高宽课程的理论与实践：学前教育中的主动学习精要——认识高宽课程模式》，教育科学出版社．
[3] 董旭花，《儿童自主性学习区域活动指导》，中国轻工业出版社．
[4] 蒋琴，《计划工作回顾：孩子不想做计划，那是你的计划游戏没选对》，读懂儿童公众平台．
[5]《孩子游戏没玩好原来是因为少了这个游戏"发动机"》，读懂儿童公众平台．
[6]《小班孩子不会做计划问题很可能出在老师身上》，读懂儿童公众平台．

核心素养下初中数学中考复习策略

四川省井研县研城中学　　周永康

摘要：《义务教育数学课程标准（2011年版）》提出了数学十大核心素养。只要真正意义上培养起学生的数学核心素养，无论怎么样的考题，无论怎么样的检测，学生都能如鱼得水地考出优异的成绩。初中数学中考复习需要对初中数学知识更进一步系统地归纳、巩固、补充与提高。中考是一次学生核心素养的检阅，师生都会全身心地投入到中考复习中去。在教育一线工作了二十多年的我，积累了几点初中数学中考复习策略，与同仁交流，欢迎批评指正。

关键词：核心素养；初中数学；中考复习；策略

一、解决学生思想问题的策略

态度与方法在一定程度上决定着做这件事情的成败。数学成绩不理想，主要原因是因为孩子们思想上的问题，与智力因素关系不大。所以我们老师要多与孩子们交流，找到问题的本质和根源，从思想上去解决孩子"为什么不喜欢数学""为什么没有学习积极性""为什么提不高学习成绩"等问题。找到了思想上的问题，再结合实际情况去解决问题，很多时候还需要在情感上下功夫，做到"晓之以理，动之以情"。

二、提高课堂复习效率的策略

课堂是学习的主战场，是学生获取知识和方法的主要阵地，所以必须用好课堂，高效复习。

1. 备好复习课

复习课要具有很强的针对性，要明白这堂课的重点、难点、考点、常见题型等等，切不可做无头苍蝇。备复习课要具有很强的综合能力，把相关的知识与方法整合在一起，打好组合拳，这样的复习课才会更高效。

2. 课堂要组织好

课堂组织教学是不可忽视的一门艺术，要求教师对课堂要有很强的把控能力。把课堂组织得井井有条、收放自如的教师，教学质量一般都比较优秀。相反，那种课堂缺乏组织力，乱糟糟，管不住学生的课堂，教学质量会令人担忧。

3. 课堂效率要高

很多数学教师讲功力得，一堂课45分钟都在讲，学生就在那里傻听，这样的复习效果令人担心。高效的课堂，老师不要一堂课都在讲，好成绩不是靠老师讲出来的。高效的课堂一定是教师能调动学生的主观能动性，如抽学生回答、学生上台展示、分组讨论与活动等等方式。如果能充分调动了学生学习的主观能动性，从心理学、认知学角度出发，就更容易掌握数学知识与方法，更能解决数学问题，进而形成核心素养。

三、课后下功夫的策略

数学需要课后多下功夫，要求老师能调动学生课后学习的积极性，在课后主动认真地干，有效果地干。初中生很多都自觉性差，课后作业和家庭作业不认真完成，为了完成上交任务，就会去抄袭作业，或者用手机搜答案。这种课后不自觉，不下功夫的行为对于学习危害很大，教师要及时给孩子指出问题和危害，提出改进办法，并进行追踪检查。

要引导孩子们适当地多刷题以使自己见多识广、熟能生巧，同时要求孩子们刷题后多总结、反思、归纳，做到触类旁通。

四、适度检测与讲评的策略

我们不可否认考试有检查和促进功能。如果一个月，甚至一学期都没有考试过一次，谁知道学生掌握知识的情况如何？存在哪些问题？就连学生自己都不知道，这样的教学效果可想而知。根据复习情况和进度，可以适当安排一周一小测，一章一中测，一月一大测。通过检测可以更好地发现问题，并采取措施针对性解决问题，从而大大提高复习的质量。

备好考试讲评课，有针对性地抓住重点讲，抓住孩子们的高频错题、易错点、难点来讲，并适时拓展补充，最好不要整张试卷从头到尾一讲到底，全面开花，处处发力，这样的评讲效果往往事倍功半。

五、专题引领核心素养的策略

中考题注重知识的基础性、全面性、选拔性。在填空题、选择题、解答题中均涉及综合性较强的题，大约二三十分，如果学生不具有较强的学科核心素养，这些题均不易得分。所以我们在培养优生上还得下一番功夫。压轴题大都是阅读理解、类比应用、规律探究、动点动态等方面的综合题，其学科素养要求高，我们教师可以通过专题引领、分类总结、类比迁移等思想方法培养和提高学生数学核心素养。

六、因材施教的策略

《新课程标准》指出：人人获得必需的数学知识，不同的人得到不同的发展。每个人存在个体差异，我们作为教育工作者也要尊重这种差异，做到因材施教。

在对学生的要求方面，要具有适度性、差异性和拔高性。针对优秀学生，要提高对他的要求，课上和课下注重培养。要恰当地进行鼓励或表扬，发挥赏识教育的作用。对学生存在的问题，一定要及时指出，并提出意见和建议，要求他按时加以改正。

应对初中数学中考的策略有许多，需要我们在教与学的过程中不断总结。我们教师要做好学生成长路上的引路人，中考不仅仅是一场知识与素养的检测，也是学生人生的一个转折点，我们要带领孩子们"长风破浪，直挂云帆"！

参考文献：

[1] 徐波，《浅析初中数学中考复习策略》，《数学大世界》2018年11期.

[2] 覃启秀，《初中数学中考复习策略分析》，《中学课程辅导》2018年第18期.

[3] 陈炳昌，《关于初中数学中考复习的策略探究》，《课程教育研究》2017年第48期.

在群文阅读教学中引导学生言之有序

井研县马踏镇中心小学校　朱慧

摘要： 群文阅读教学是指让学生通过阅读多个文本，探讨同一议题的阅读教学方式。而"言之有序"，就是行文要条理清楚，思路明晰，布局合理，章法严谨。那么，群文阅读教学和学生的言之有序有联系吗？答案是肯定的——有。那就是以读悟法，以读促写。一、快速阅读，感悟有序；二、合作学习，有序表达；三、比较阅读，梳理顺序；四、拓展练笔，训练有序。

关键词： 群文阅读；言语品质；言之有序

群文阅读教学是指让学生通过阅读多个文本，探讨同一议题的阅读教学方式。一方面，群文阅读强调多读，补阅读量之不足，增加孩子对世界的认知；另一方面，群文阅读强调会读，在多篇文章的对比性或联结性阅读中，培养学生的理性思维和探索精神。

而"言之有序"，就是行文要条理清楚，思路明晰，布局合理，章法严谨。学生作文常犯的毛病就是"言之无序"：或思维混乱，东拉西拽；或前后矛盾，主次不分；或漫无中心，一盘散沙；或把段落简单相加，缺乏严谨。

那么，群文阅读教学和学生的言之有序有联系吗？答案是肯定的——有。那就是以读悟法，以读促写。

一、快速阅读，感悟有序

群文阅读与单篇阅读相比，单篇阅读更侧重于精读，而群文阅读教学，学生一节课要阅读多篇文章，我们就要有意识地渗透快速阅读的策略，教给学生默读、浏览、扫读、跳读等方法，快速地把握课文内容，感悟作者的写作顺序。

我在教学《让我的眼在动物身上有序移动》这组群文的"感悟有序"环节时，我就注重了阅读方法的指导与训练。首先，我在课件上出示阅读要求：拿出阅读材料，快速浏览这三篇文章，思考这三篇文章都写了动物的（　　）和（　　）？在制作课件时，我把"浏览"两字用红色加大加粗，醒目地提示了学生要采用"浏览"的方式阅读。接着，在"浏览"的旁边跳出泡泡"浏览：快速地选择自己需要的内容默读"。这样，学生明确了阅读目的和阅读方法后，很快就给出了答案。然后，课件上再次出示阅读要求：快速跳读这三篇文章，用"（　　）"把写外形的段落括起来。我采用相同的方式教给了学生跳读的方法：以寻找某一特定信息为目的的快速浏览。学生交流描写外形的段落后，我又让学生扫读《螳螂》这篇文章中写外形的段落，用"＿＿"把写了哪些部位标出来。同样，我又教给了学生扫读的方法：寻找文章中的特定信息或特定词组的一种浏览方式。最后，学生交流写了螳螂的哪些部位后，出示螳螂图片，引导学生一边看图一边体会作者的观察顺序：从整体到局部，从上到下。

二、合作学习，有序表达

群文阅读和传统的阅读教学相比，群文阅读教学让学生思考的问题更多，能够为学生提供更多思考的机会。如何在有限的课堂时间中，让学生充分参与、积极思考，就要巧借小组合作学习了。在合作学习中，通过让学生讨论，取人之长，补己之短，完善学生个体的知识建构，有效地调动学生积极性，最大限度地保障每个学生的参与度，使每个学生在言语品质方面得到提升。

在群文阅读教学中，小组合作学习的流程大致有：明确阅读任务——合作交流——汇报展示——评价反馈。

合作交流环节，我要求小组成员必须人人参与，小组长要根据组员的特点进行合理分工，探索需要解决的问题。在《方法多样巧说明》这一组群文教学时，我就要求学生：品读这几篇文章，把使用了说明方法的句子画出来，并批注说明方法，再在小组内交流这些说明方法的好处。小组交流时，组长都会让学习能力较差的同学先发言，他们找到的句子一般都是较为简单的、容易发现的句子，在谈说明方法的好处时，也理解得不够准确，概括得不够到位。但没有关系，通过其他同学的补充后，找到的句子就越来越多，感悟到的方法就越来越全面了。特别应注意在教学这个环节时，一定要让学生学会倾听。倾听是获取知识的重要方法，他人在发言时认真倾听，才能获取更多的知识和信息，才能习得更好的学习方法。因此，在合作学习前就要提出听的要求：认真倾听同学发言，及时勾画发言中提到的文本信息，记录下发言的关键词或中心内容，然后把所有同学的发言进行归纳整理，为轮流代表小组在全班汇报展示作准备。

汇报展示环节，对于讲的同学，老师要有意识地引导学生：说完整的话，把每句话说正确，说通顺，有顺序、有条理地表达小组的意见。老师对学生不规范的表述要进行合理引导，帮助学生把话说清楚，说明白。如上文提到的小组交流了说明方法和好处，进行汇报展示时，可引导学生用"第一篇文章使用的说明方法有……这样写的好处是……第二篇文章使用的方法有……这样写的好处是……第三篇文章……"的句式，把自己的意思表述清楚。对于听的同学，除了强调认真倾听外，还要强调用心思考，有不同的看法或有疑问的地方，可以做上记号，等这位同学讲完后进行评价反馈。

评价反馈环节，要引导学生不能只关注别人的错误，还要关注别人的闪光点，及时地给予称赞与鼓励。当一个同学回答不够完整时，不能嘲笑、打击，而是这样评价：谢谢你给我的启发，我的想法是……或者是：听了你的分析，我觉得还可以从……个方面去理解……这样去评价，能让学生获得信心，产生表达的欲望，更积极地参与学习，乐于表达！

三、比较阅读，梳理顺序

"比较"是群文阅读用得最多的教学策略，在阅读过程中将其有关内容不断进行比较、对照和鉴别，这样既可以开阔眼界，活跃思想，使认识更加充分、深刻，又可以看到差别，把握特点，提高鉴赏力。如何化繁为简，帮助学生用较短的时间提取重要信息，发现文章特点，梳理文章的表达顺序呢？表格梳理不失为一种好办法。

在群文阅读教学中，我经常使用表格梳理这一方法，引导学生比较几篇文章的差异，梳理文章的表达顺序。如在《让我们的眼在动物身上有序移动》的群文教学中，我设计了下面表格，让学生阅读并填表。

标题	描写了哪些外形	特点	观察顺序
《螳螂》			
《翠鸟》			
《大公鸡》			

学生完成表格任务后，我引导学生观察表格内容：横看表格每行，几篇文章都抓住了动物的外形特点有顺序地进行描写；纵观表格各列，各种动物都有各自的特点，作者在描写这些特点时，采用的方法不一样，写作的顺序也不一样。通过观察表格内容，学生梳理出了描写动物外形常用的顺序有：从整体到局部，从局部到整体，从上到下，从头到尾等。学生也从中受到了启示：要想把动物介绍清楚，首先要按一定的顺序进行观察，然后抓住特点，有顺序、有条理地写出它与众不同的特别之处。

四、拓展练笔，训练有序

群文阅读由多篇文章组成，不同的文章都有不同的内容，学生在阅读这些文章的过程中也会有各种不同的体验，这些体验，正是学生进行写作的良好素材。拓展练笔能让学生及时地把心中的所思所想写下来，以读促写，以写促读，读写结合，最大限度地提升学生的言语品质。

学完一组群文，教师往往要进行一次短暂的课堂小结，如课堂中所学到的新知识、新方法，或者受到的启示等等。我们可以尝试着把这种课堂小结和学生随课而写的小练笔进行有效整合，让学生根据情况"想一想"、"仿一仿"、"写一写"，把习得的方法进行及时训练，既满足了学生表达个性化语言的需要，又能提升学生的言语表达水平。

　　我在《方法多样巧说明》教学的结尾，设计了小练笔：请仿照上面的例文，至少使用两种以上的说明方法，有顺序地介绍一下操场上的摇钱树。学生对操场上的摇钱树非常熟悉，随口都能说一两句，但没有顺序，毫无章法。因此，在教学这个环节前，我引导学生梳理了这几篇文章说明的顺序、使用的方法，让学生知道了说明事物时，要抓住说明对象的特征，采用恰当的说明方法，有顺序、有条理地进行说明。梳理出了说明文的常用顺序：时间顺序、空间顺序、逻辑顺序。而写摇钱树，最好采用空间顺序。几分钟后，孩子们纷纷完成了自己的小练笔，有的按从远到近的顺序写道：摇钱树比四层教学楼还高，远远望去，就像一座绿色的城堡矗立在操场上。它非常粗，要四个同学手拉手才能围住。夏天，它的叶子密密麻麻的，一簇堆在一簇上面，不留一点儿缝隙。我们在树下游戏，无论多么强烈的阳光都照不到我们。有的按从下到上的顺序写道：摇钱树的主干非常粗，直径大约有 2 米，和餐厅的大圆桌差不多大小。枝干粗的相当于一个大水桶，细的也比我的小腿粗。抬头望去，树叶密密层层，遮住了天空，只有星星点点的阳光透过缝隙映射下来。

　　虽然只有短短的几句话，但学生在这样的训练中，巩固了学到的方法，积累了习作的素材，激发了表达的兴趣，为提升学生的言语品质打下了坚实的基础！

　　这样的群文阅读教学，给孩子们营造了一个宽松、民主、自如的学习氛围，引导了学生言之有序地进行表达，有效地提升了学生的言语品质，使我们的群文阅读越来越精彩！

以《骆驼祥子》为例谈名著整本书阅读指导策略

井研县研城初级中学校　左旭梅

摘要：统编教材对初中生名著阅读做了新的要求，语文教师在指导学生对名著进行阅读时，要找准阅读切点，抓好任务驱动，指导学生对名著整本书进行高品质、高效率的阅读。本文以《骆驼祥子》为例，从三个方面探讨了名著整本书阅读指导策略。

关键词：名著阅读；切点；任务

　　歌德说："读一本好书，就是和许多高尚的人谈话。""部编本"语文教材总主编温儒敏在《"部编本"（初中）语文教材使用的几点建议》中指出，"部编本"增加了课外阅读、名著导读的分量，加强了"名著选读"。《语文新课程标准解读》："初中生要学会制订自己的阅读计划，广泛阅读各种类型的读物，课外阅读总量不少于 260 万字，每学年阅读两三部名著。"[1]可见，名著阅读在初中语文教学过程中起着非常重要的作用。教师在贯彻落实语文新课程标准的过程中，应真正将名著阅读教学落实，发挥名著阅读在语文教学中立德树人的独特功能。

名著的"整本书阅读"不同于浏览浅显易懂的通俗读物，也不同于传统教材内的篇章阅读或片断式阅读，更不是随意的碎片化阅读。我们在指导学生进行名著阅读的教学中，要让学生养成良好的阅读习惯，自主对整本书进行阅读，横向掌握整本书的内容。教师要找准阅读切点，抓好任务驱动，指导学生正确的阅读方法，纵深挖掘名著阅读的价值，从而提高学生的文化品位。

所谓找准阅读切点，是指教师在名著阅读指导备课时，聚焦小专题，选择好名著阅读的突破口，唤醒学生的共鸣，然后点拨学生发现名著的美，从而得到艺术熏陶和审美品位的培养。而任务驱动，则是指教师在组织学生进行名著阅读之前，根据不同名著的文体特质，从不同的教学目标，设计多个学习任务，让学生在任务的驱动下走进名著，真正去阅读名著，在落实任务的过程中去实现感悟、思考、体验名著的过程，学生在这一落实的过程中潜移默化地得到语言的熏陶、思维的训练、心灵的滋养。

一、切点多元化，把握作品的内容

爱因斯坦说："兴趣是最好的老师。"阅读兴趣是学生读完整本名著的前提，也是有效阅读的关键。但对农村中学的学生来说，整本书阅读推进的难度较大，很多学生只关注故事梗概，或是用影视电子阅读方式取代文字阅读。怎么吸引学生主动参与到整本书阅读中来，实现真正的有效阅读？下面，我以《骆驼祥子》为例，谈谈我在推进名著整本书阅读中的指导策略。

我首先带领学生对名著进行了以下常规了解：内容梗概，各章节主要内容，人物形象，作品的主题，艺术特色。接下来，为了调动学生阅读兴趣，我设置如下五个任务：

任务1.梳理祥子生活中的重要他人，为他厘清亲友关系。

老师导语：祥子的人生中，出现了哪些重要他人？这些人和祥子有什么关系？这些人各自的结局是怎样的？

学生成果展示：

生1：虎妞，祥子的妻子，人和车厂厂主刘四爷的女儿，长得虎头虎脑，性格大胆泼辣，办事爽快利落，在和祥子的感情纠葛中，她一直处于主动地位，是个敢于追求个人自由爱情的人。最后难产而死。

生2：刘四爷，祥子的老丈人，虎妞的父亲，人和车厂的老板，极端的自私自利。最后和女儿闹翻，孤苦伶仃一个人。

生3：小福子，祥子的红颜知己，一个善良的、可悲的小人物，先是被父亲卖给了一个军官，后被父亲卖到了窑子里，最后自己上吊自杀了。

任务2.选取祥子生活中的重要事件，为他发一条朋友圈。

老师导语：祥子一生有许多重要的事情值得记载，请任意选取一件事情，为他发一条朋友圈，其他同学对朋友圈进行回复。

学生成果展示：

生1：祥子的朋友圈：哎，大病一场，好久没出车了，今天必须出去搬砖了，可是现在挣俩钱好难啊，老婆和肚子里的孩子还等着我呢，再累也得拼啊！！！

生2："虎妞"回复：真是笨蛋！命里注定的穷鬼，叫你回去跟我老子赔礼认错，又死不了你，偏要去拉破车，就凭你那仨瓜两枣，能把我娘俩养活？不过还是身体要紧，我还有点积蓄，够我们仨吃的了，你也不要太拼了。

生3："小福子"回复：祥子哥，别太拼了，小心身体！真恨我自己，帮不了你！！

生4：刘四爷回复：哼，看你有多大能耐，离了我，你和虎妞能混下去？还不是早晚回来啃我……

任务3.点赞祥子奋斗时的积极精神，为他写一则颁奖词。

老师导语：五一劳动节，北平车行协会将授予祥子"最美洋车夫"奖章，请你给获奖的祥子设计一则颁奖词。

教师示例：你用毅力追求梦想，用勤劳书写人生，用汗水体现价值，用一辆洋车树立生活的信念，你以一个普通人力车夫的生活，彰显一个平凡人的伟大。拼搏是你的硬核，我们向你致敬，让我们以热烈的掌声欢迎骆驼祥子上台！

学生成果展示：

生1：你老实、健壮、坚韧、吃苦耐劳，你勤劳、善良、忠厚、朴实，你注重信用和讲义气，你有小生产者所共有的积极进取的求生意志和人生理想。你的积极努力值得我们学习，祥子，我们为你点赞！

生2：他身上具有劳动人民的许多优良品质。他善良淳朴，热爱劳动，对生活具有骆驼一般的积极和坚韧的精神。他用不懈的努力和追求向我们证明了，只要积极努力，人生就是绚丽的。让我们为"最美洋车夫"奖章获得者祥子鼓掌！

任务4.破解祥子堕落时的心理密码，为他写一段内心独白。

教师导语：就是这样一位自尊好强、吃苦耐劳、努力奋斗，不断进取的祥子，在卖车安葬虎妞，小福子上吊后却堕落为一个麻木、潦倒、狡猾、好占便宜、吃喝嫖赌的行尸走肉，请你破解祥子堕落时的心理密码，为他写一段内心独白。

学生成果展示：

生1：什么也没有了，连小福子也入了土！心心念念的小福子就这么走了！老天不公啊！哎，以前我是多么体面的祥子，如今这脸，这身体，这衣服，都不用洗了，什么新车旧车的，只要有车就好。

生2：以前，还有希望，现在呢，什么都没有了。算了吧，一切都是命，认命吧！我的心已经随着小福子去了，就这么迷迷糊糊下去吧！

厘清朋友关系，发朋友圈，写颁奖词，写内心独白，以上四个任务驱动，从多个角度创新设置小任务。学生在完成这些小任务的时候，积极主动地对《骆驼祥子》进行反反复复的阅读，在完成各个任务后，学生不但对作品的内容、人物形象非常熟悉，而且为后面对作品主题的探讨做了很好的铺垫。

二、切点深入化，领悟作品的内涵

祥子的人生经历了"三起三落"：希望——失望，奋斗——失败，挣扎——绝望，最终走向颓废和堕落，整本书读起来使人既心酸又倍感压抑。多重因素，造成了祥子最终走向了毁灭。祥子的悲剧一生，引起了我们很多思考，让我们从祥子的人生轨迹中，去深入聊聊祥子。

1. 用片段切入，聊聊祥子早期的逆袭

教师导语：早期的祥子，为了实现自己的人生梦想，不断追求，是个真正的奋斗者。即便生活百般欺骗他，他追求梦想的脚步从未停歇。请从第1~5章中去感受祥子早期遇到困境

时是如何去实现逆袭的。

屏幕出示片段一：

当祥子看到几个扛枪的牵来几匹骆驼，马上找到救命稻草："骆驼！祥子的心一动，忽然的他会思想了……磨石口是个好地方，往东北可以回到西山……由这里一跑，他相信，一步就能跑回海甸！……"

屏幕出示片段二：

他承认自己是世上最有运气的人，上天送给他三条足以换一辆洋车的活宝贝；这不是天天能遇到的事。他忍不住地笑了出来。

屏幕出示片段三：

祥子在海甸小店病躺了三天，到了城里，找到个馄饨挑儿要了碗馄饨，活过命了……他到桥头吃了碗老豆腐……一碗吃完，他的汗已湿透了裤腰……"再来一碗！"站起来，他觉出他又像个人了。

屏幕出示片段四：

他勉强压住气，他想不出别的方法，只有忍耐一时，等到买上车就好办了。有了自己的车，每天先不用为车租着急，他自然可以大大方方的，不再因抢生意而得罪人。

任务1：在这几个片段中祥子遇到了哪些逆境？他是如何应对逆境的？请结合片段内容谈谈。

教师示例：片段一祥子被大兵连人带车捉去兵营，他面临的逆境是不仅辛苦攒钱买的新车丢了，还随时面临着死亡。处在这样一个凶险的困境里，祥子充分利用自己多年拉车积累的生活常识和经验为自己寻找逃命的机会，终于逃出兵营。——祥子凭聪明和经验披荆斩棘，扛起希望的火炬，继续奔跑。

学生成果展示：

生1：片段二祥子逃出兵营，丢了新车只牵回三匹骆驼，祥子内心非常郁闷，但祥子却将三匹骆驼认定为上天送给他的宝贝，这种乐观的精神，轻松地让他从逆境中走了出来。——祥子用乐观继续点燃希望的火把，向目标不断奋进。

生2：片段三祥子死里逃生后大病一场，病好后他在桥头吃了两碗老豆腐，舌尖上的美味填补了饥饿的胃，现在他恢复了体能，又变回了那个健康充满活力的祥子了。——祥子重整行装，满血复活，继续在追梦的路上奔跑。

生3：片段四祥子为了早日买到车，他已经顾不得名誉和处理好人际关系了，面对众车夫的谩骂，祥子压住心中的怒火，一心只为了买车——祥子自我进行心理疏导，理智对待梦想，为了梦想锲而不舍。

2. 用电影切入，聊聊祥子后期的堕落

屏幕播放《哪吒：魔童降世》宣传片。

教师导语：哪吒身为魔丸，所有人都笃定他的"命中注定"，但哪吒依旧喊出"我命由我不由天"的呼声。祥子与哪吒同样都"不安于命"，哪吒最终成功，祥子却走向了失败，让我们走进电影片段中，感受哪吒，思考祥子。

任务1：导演创作这个故事的目的是什么？

学生成果展示：

生1：是想告诉我们人生可以自己改变命运，不是命由天定。

生2：是让我们不要管别人怎么说，自己的命运自己做主。

生3：不能听天由命，自己的路自己选。

任务2：同样"不安于命"的祥子最终走向失败的原因有哪些？

教师导语：早期的祥子与哪吒一样，在追梦的路上坚忍顽强、奋斗不止，但祥子在经历了三起三落后，失去了信心，一步步走向毁灭。请谈谈造成祥子悲剧的原因。

生1：造成祥子悲剧的主要原因正是把"人"变成"鬼"的社会。他历尽艰辛，三起三落，他最大的梦想不过是拥有一辆属于自己的车，但是大兵横行、孙侦探敲诈、车行豪夺这样一个强大、罪恶、病态的社会，让他最终成为社会的牺牲品。

生2：他人的影响也是造成祥子悲剧人生的另一个重要原因。虎妞在祥子悲剧人生中无疑起到了一定的作用，畸形的婚姻给了祥子个人奋斗一个新的打击。

生3：另一个对祥子产生重大影响的女人是小福子。当他知道小福子死后，他最后一根救命稻草没有了，他的希望就此彻底破灭了。

生4：祥子自身性格的弱点是造成他悲剧命运的主观原因。他盲目乐观，不知道个人的努力比起社会沉重的压迫是多么微不足道；思想保守，不懂理财；外表坚强，其实骨子里很软弱。

任务3：用假想切入，替祥子重置人生的道路。

教师导语：命运和祥子开了一次又一次的玩笑，可以说，祥子的人生中踩了太多的坑，可是深入去解读，你会发现，有许多坑是祥子可以绕过的，发挥你的想象，以"假如当初祥子……"作为开头，为他设置一条新的人生道路，让他实现华丽转身。

教师示例：假如当初祥子不要贪图那一点点个人的小利，不冒险拉人去清华园，就不会被大兵抓走，刚买的新车就不会被大兵抢走，他就可以继续老老实实地在北京城的大街小巷奔跑，完美实现自己的人生目标。

学生成果展示：

生1：假如当初祥子听高妈的建议，思想不要那么保守，学会理财，把钱存进银行或放高利贷，就不会为了再买新车，被孙侦探敲诈。

生2：假如当初祥子不受虎妞的诱骗，学会自控，自己谨慎点，他的婚姻就不会失败，他的生活意志和奋斗精神就不会一点点地被击溃。

生3：假如当初祥子听虎妞的劝告，把钱拿去做点小买卖，凭虎妞能把人和车厂打理得井井有条的本事，祥子勤奋，虎妞相助，说不定祥子的人生从此就会如开了挂，一路风生水起。

聊早期的逆袭、聊后期堕落的原因，假想重置人生，以上设计的三个任务，开启学生的大脑风暴，让学生在熟悉作品内容的基础上，进一步了解人物形象，深入解读作品，深刻领悟作品的内涵。

三、切点生活化，挖掘作品的价值

1. 时事热点切入，关注社会生活

屏幕显示热点材料一：

方舱读书哥：身在病床，心在书中

该男姓付，从武大博士毕业后去美国深造，目前是博士后，在佛罗里达州立大学教书。付先生回武汉探望父母，没想到其家人和他相继被确诊新冠肺炎，2月5日晚上作为第一批患者转到江汉方舱医院。照片走红后，《政治秩序的起源：从前人类时代到法国大革命》的书名也浮出水面。经过20多天的治疗，"清流哥"恢复不错。

任务1："清流哥"付先生在方舱医院静心读书，祥子在最后选择自我堕落，比较两人的心态，谈谈我们该如何面对人生的困境。

教师导语：生命中，我们每个人都会面对各种各样的困境，面对困境，有的人以平和的心态坦然面对新冠疫情，如清流读书哥，在书本中安放自己的灵魂。有的人在困境中失去自我，忘记了最初的梦想，如祥子，在经历三起三落后自暴自弃。祥子若能在最后学会以平和的心态与自己的人生和解，一如既往地以积极心态面对一切，最终一定能走出人生的困境。

学生成果展示：

生1："清流哥"在这场灾难面前，以平和的心态对待，而祥子在困境中却失去生活的信心，自甘堕落。人生不是一帆风顺的，谁都会遇到困境，面对生活的困境，我们该学会以平静的心态去对待，乐观坚强，努力去战胜它！

生2：人这一生总会遇到这样或那样的风风雨雨、沟沟坎坎，面对人生的困境，我们应该学会微笑着面对生活。

生3：我们在生活中总会遇到许多挫折，在挫折面前，我们应坚持不懈，永不放弃！

2. 亲身经历切入，关照自我成长

教师导语：成长的路上，我们也经历过许许多多的困境，请结合自身的成长经历，谈谈在成长中遇到困境时，我们该如何选择。

任务1：谈谈这些年你遇到过哪些困境，遇到困境时你是如何选择的。

学生成果展示：

生1：在我的学习道路上，我一直很努力，可成绩总是平平，有时候我想过放弃，但我一直没有放弃，我相信总有一天我会成功的。

生2：我遇到的最大的困境是小学四年级时，我因为贪玩耽误了学习，半期考试时成绩一落千丈，那时候感觉特别灰心，后来在父母的鼓励和老师的帮助下，我重拾信心，不断努力，终于在期末考试时取得了好成绩。

时事热点切入，让学生学会关注社会；亲身经历切入，让学生学会关照自己。以上两个任务驱动，不仅让学生深入品读作品，而且让学生主动去探究作品的人文价值和文化价值，挖掘出作品的真正价值，同时学生的鉴赏能力、文学素养也得到了极大的提高。

切点多元化、切点深入化、切点生活化，我们在指导学生进行阅读名著的过程中，只要能找准阅读切点，抓好任务驱动，为学生的阅读搭建好平台，就能引导学生真正走进名著中去感受、领悟、品读、鉴赏，他们的智慧就能得到提高，思维就能得到培养，心灵就能得到净化；就能引导学生在名著阅读的领域中，登上阅读的山巅，领略到名著的无限风光。

当然，名著阅读指导的策略还有很多很多，只要我们在名著阅读指导中潜心钻研，突破常态教学，另辟蹊径，就会觅得属于自己的独特的教学路径，在语文教学的路上花开不败。

参考文献：
中华人民共和国教育部，义务教育课程标准（2011版）[M]，北京：北京师范大学出版社，2012：108.

教师全员培训篇

专家指点迷津，前进更有方向

四川省井研县井研中学　何斌

2020年5月30日到31日，井研县2020年"打造高效课堂"中小学教师全员培训在井研中学如期举行。作为井研县名师培养对象的我，对这次的培训十分期待，自我提升的内在需求异常强烈。在长期的教育教学中，我虽然也积累了很多的经验，也有自己对教育教学事业的感悟和理解，对于平时的教育教学活动，也可以说是得心应手，也取得了不少的成绩。但是在理论修养方面，我还是感到有很大的不足，自我发展和提升遇到了瓶颈。这次的培训专家，素养好，威望高，影响大。其中有成都师范学院的卢雄教授、成都武侯区教科院的幸世强教授、成都市青羊区教科院的专家、名师工作室的领衔人刘大春教授、信息技术理论和运用的专家陈子斌。如此优秀的培训团队，自然是干货满满，让人期待。

培训活动在井研县教育局毛洪川局长语重心长的讲话中开始了："教师要有仁爱之心，要有职业的幸福感。心中有信仰，脚下有力量。"毛局长曾经也是一名教师，现在再次回到他熟悉的教育部门，这或许就是冥冥之中的"不忘初心"吧。毛局长的讲话一语中的，道出了教育的核心——"仁爱之心"。教师心中必须有爱：爱自己的职业，爱自己的学生。只要心中有爱，就会甘心情愿地奉献，就会体会到教师职业的幸福。心中有爱，教师的职业属性才会升华成"蜡炬成灰、春蚕到死"的事业。

卢雄教授在《立德树人与教师职业的心理调适》中指出，培养什么样的人是教育的首要问题，教师的任务经历了从教书到教书育人再到育人的历史演变。我们要科学地认识教育的本质，教学过程就是师生心理互相作用的过程，因此，我们要努力地走进学生，让"亲其师，信其道"成为一种现实的需要和表现。幸世强教授在《核心素养背景下的高品质课堂教学》的讲座中清晰地勾画出核心素养的来龙去脉，从背景到核心概念再到表现，从素养的意义到发展路径。幸教授的讲座，理论性很强，对我的指导作用很大。我们现在一直在强调学科核心素养，高考也在不断地突出对学生核心素养的考察。在平时的教育教学中，我们把学科核心素养挂在嘴上，写在纸上。通过这次学习，我深刻地感受到培养学生的素养，最关键的是首先提高教师自己的核心素养。如果我们的老师对其都是一知半解，那又怎么能够培养出有素养的学生？

刘大春教授的《教研创新与课堂教学改进》和信息技术理论和运用的专家陈子斌的讲座给我印象最为深刻。整个讲座的设计，既有理论深度，又有很强的实践性和可操作性。刘教授告诉我们，一个优秀的教师十个怎样去做，如何做到"羞怯怯、傻乎乎、疯癫癫、雄赳赳、笑眯眯、情深深"，在整个职业的过程中，我们应该时刻谦虚和谦让，时刻憨厚与宽容，对教育事业保持执着，始终充满饱满的热情和真情，对待学生要表现出亲和与包容。如果我们做到这些，那么我们离职业的成功就近了很多。现代信息技术的运用是现代化教师的必备知识和必备技能，是提高教育教学效率的有效途径和方法。听了陈老师的讲课，我对于自己对现代信息技术的理解和掌握程度感到十分的惭愧。看见老师的水平，我真的难以望其项背。不过，我乐于去学习，乐于去改变自己。

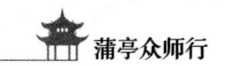

专家培训指点迷津，成长进步更有方向。在接下来的学习和工作中，我将把这次培训的收获转化为教育教学的手段和方法，力争全面提升教育教学效果，打造真正高效课堂。

化爱为羽，以学促教，打造高效课堂

井研县门坎镇中心小学校　贺圆莉

2020年5月的最后两天，注定是不平凡的。县教育局组织全县教师，秉承培训提高，以"打造高效课堂"为宗旨，利用周末，请到四位省级优秀教育专家，为全县教师带来四堂精品课程。四位专家从四个不同层面给我们一线教师传经送宝。有幸参加这样的盛会，我倍感荣幸，受益匪浅！

一个个鲜活的案例，发人深省；一条条鲜明的观点，引人入胜；一次次技术的观摩，让我深感不足……

一、现代教师职业道德，可以归纳和提炼为一个字——爱

当刘大春教授温润的声音送来这句话时，我心头一颤。是呀！每个孩子都是遗落人间的天使，我们教师的职责就是利用有效的教育教学方法，帮助孩子们重新找到自己振翅高飞的羽翼，并一路引领他们越飞越高，越飞越远；而万不可做那折翼之人。所以在教育教学中，面对孩子出现的问题，我们应多一分耐心，少些许急躁；多一分温和，少些许斥责；多一分宽容，少些许刻薄……唯有这样，我们才会发现孩子身上的闪光点，以优点为媒，点亮孩子的自信之源，帮助孩子找到学习的兴趣和快乐。从此，孩子们才不会谈"作业"色变，见老师如鼠见猫。爱，是教育的基石，也是教育的手段。刘大春老师的一段话，醍醐灌顶，在现在这样急功近利的时代，如一眼清泉，滋养人心，消除我们心中的疑虑。

教书育人，育人为先！培养孩子良好的品质，树立孩子正确的人生观、价值观，才是教育的真谛和最终目标。无论孩子的文考成绩是否优异，他们都有权利体验学习的乐趣，而不是仅仅只在意考试分数！

二、针对纪律问题，我们在管理上应遵循的最基本的策略是：预防为主，最小干预

刘大春教授在具体谈论班级管理时，抛出了这样的观点，我感同身受。作为一名一线教师，更是一名小学班主任，除了常规科目教学的工作，更多的精力会放在班级建设上。刘老师推荐的许多管理方面的专业书籍，有机会一定拜读。提炼交流的十种学生纪律问题的处理方法，可以现学现用。这对打造良好的班风学风，具有很强的可操作性。

三、信息技术带来课堂新模式，科技引领教育教学新一轮的改革

陈子斌老师"炫技"式的讲解，让我深感信息科技一日千里的迅猛发展，更让我觉得信息技术的学习的重要性和必要性。5G科技带来的人工智能化生活的梦幻体验，地理课堂二维

到三维转换的视觉效果……让新型课堂缤纷无限，缩小城乡差距，给孩子更真实、更精准的现代课堂！

两天的学习，转瞬即逝，而四位老师留下的新理念、新技术值得我们慢慢学习，慢慢体会和自主运用，以此打造属于自己的高效课堂。愿井研所有的一线老师们，以学促教，化爱为羽，共同托起井研孩子健康、快乐成长的一方天地，携手打造井研教育更美的明天！

打造高效课堂我在反思更在行动

四川省井研县研城中学　雷刚

2020年5月30日—31日，井研县教育局在井研中学组织开展井研县2020年打造高效课堂教师全员培训。

县委教育工委书记、教育局党组书记、局长毛洪川对我们参训教师提出四点要求：一要有精神追求。重师德，守规矩，存良善，强素养，争做名师、名家。二要有敬畏之心。敬畏事业，敬畏岗位，敬畏纪律。三要有教育自信。井研目前各学段呈现良好发展态势，要乘势而上，顺势而为，推动井研教育创特色、树品牌。四要有仁爱之心。爱是教育的灵魂，没有爱就没有教育，要用心温暖心，用爱传递爱。希望全县教育工作者心中有信仰，脚下有力量，不忘初心，砥砺前行，努力成为更好的自己。

活动一：成都师范学院卢雄教授以《立德树人与教师职业心理调适》为主题作专题讲座

卢教授从立德树人，教师要守好"三线"（思想航线、师德底线、法律红线引入，强调学校要开展三生教育，即生命教育、生活教育、生涯教育）阐明了我们教育要培养什么人，由谁来培养，怎么培养以及教师职业心理调适与专业发展。他希望我们要系统学习"学"与"教"的知识，要树立专业自信，讲解了教师职业心理调适方法，加强自我修炼"六个不"，希望我们要做专业教师，不做教书匠。

活动二：成都市武侯教科院幸世强教授以《核心素养背景下的高品质课堂教学》为主题作专题讲座

幸教授从核心素养背景讲起，内容包括：为什么要提出核心素养；高品质课堂教学是落实核心素养的主战场；深度学习是高品质课堂教学的核心，是落实核心素养的必由之路。在核心素养背景下，学什么？怎么教？怎么学？幸教授从教学设计、课堂提问、教学方法、学生评价等一一进行了诠释，要求老师们认真思考教学逻辑，采用探究法教学，强调课堂教学要能体现核心素养下高品质课堂六个特征。

活动三：成都市青羊区教育科学研究院刘大春教授以《教研创新与课堂教学改进》为主题作专题讲座

作为成都市名师工作室领衔人，刘教授介绍了工作室成长的情况：聚焦主题，聚合智慧攻坚克难；基本策略，以写促学精准发力；主要做法，向着目标努力前行；互惠多赢，多方受益共同成长。

刘教授强调学生的管理就是沟通、沟通再沟通，刘教授结合丰富生动的生活案例和课堂教学管理案例，以风趣幽默的语言，对案例进行了深入浅出的剖析，详细讲解了与学生沟通的十个技巧，教给了我们与学生对话的倾听策略、表达策略等。

活动四：成都市金苹果锦城一中陈子斌教授以《信息技术在教育教学中的有效应用》为主题作专题讲座

陈教授先从信息技术的基本内涵与发展趋势讲起，进而讲述了信息技术与教育教学的深度融合，解读了信息技术在教学的有效应用。提出了"移动APP将会成为改变教学的一把利器"的观点，深入讲述了信息技术与教育教学融合的内涵、方式与着力点，分享了信息检索、资源获取、实用技术工具与方法，并实际演示了多个软件的使用方法及应用技巧。还给我们推荐了各学科教学中常用的APP。

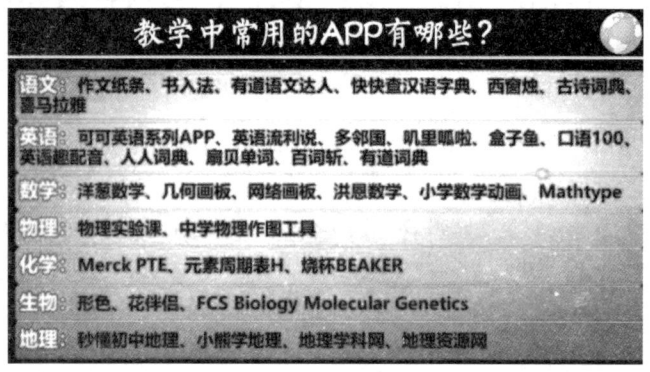

	教学中常用的APP有哪些？
语文	作文纸条、书入法、有道语文达人、快快查汉语字典、西窗烛、古诗词典、嚣马拉雅
英语	可可英语系列APP、英语流利说、多邻国、叽里呱啦、盒子鱼、口语100、英语趣配音、人人词典、扇贝单词、百词斩、有道词典
数学	洋葱数学、几何画板、网络画板、洪恩数学、小学数学动画、Mathtype
物理	物理实验课、中学物理作图工具
化学	Merck PTE、元素周期表H、烧杯BEAKER
生物	形色、花伴侣、FCS Biology Molecular Genetics
地理	秒懂初中地理、小熊学地理、地理学科网、地理资源网

培训感悟：炎热的天气，并没有阻挡我们求知的脚步和参训的热情，让我们静心聆听，认真笔记，及时反思自己的课堂：

1. 当我们课堂拖堂时？学生是反感还是在追求知识的完整性？

2. 如果我的教学有趣、有用、精彩，学生还会在课堂上打瞌睡吗？

3. 在批评教育学生的时候，我是否对学生有足够的尊重？是否让学生打了开心扉，听得进去我的说教呢？

4. 当专家的讲座让人投入、互动频繁时，我在想自己的课堂是否也是这样的和谐。

5. 当我们对一个学生束手无策时，我们是感叹"现在的学生难教"呢，还是感叹"我们知识不够、能力不足，驾驭不了，应该充电了"呢？

培训的内容是丰富的，教授们的演讲是精彩的——课堂最魔幻，可以是天堂，也可以是地狱。教育的本质是在构建师生关系，教师百分之一的错误是对学生百分之百的伤害（卢雄）。核心素养是素质教育再出发的起点，高品质课堂教学必须关注学生核心素养的培养，课堂是培养学生核心素养的主战场（幸世强）。实施课堂管理的诀窍就是"沟通、沟通、再沟通"。每一颗心都需要爱，需要温柔，需要宽容，需要理解（刘大春）。人工智能与人类的重新分工将改变学习内容和学习方法，以人为本的教学观，特别注重课堂生成性资源的应用（陈子斌）。

如何快速消化吸收并影响自己以后的教育教学工作且带动全县初中地理教师前行？

我想以工作室为平台，以课题《农村初中极简地理导学实践研究》为载体，辅以8张PPT为极限，以问题链为纽带，以关键词固化课堂效果，以思维导图深化课堂，在初中地理教育教学中只争朝夕，不负韶华！

感触颇多，收获颇丰！他们能成为专家，那是因为他们付出得更多，思考得更成熟，理论更成体系，范式更具有可操作性。

简单的事重复做，你就是专家；重复的事用心做，你就是赢家！一起加油！

孩子们眼中的好老师
——"打造高效课堂"培训会学习心得

井研县研城镇初级中学校　李婷婷

2020年5月30日—31日，井研县教育局组织开展井研县2020年打造高效课堂教师会员培训。在这次培训会上，有幸听到几位专家在教育教学方面的讲座，收获颇丰。其中记忆最深刻的是刘大春教授讲授的一段——关于孩子们眼中的老师是怎样的。孩子们说道："我希望老师：长得不要太高，也不要太矮；不要太靓，也不要太丑；不要太近视，也不要视力太好。"乍一听，这个要求是不是有点矛盾？其实再深一层次地去思考就会发现，其实这是孩子们对老师最深层次的需求，也是做好老师的基本要求。

什么是不要太高，也不要太矮呢？其实反映的是学生想要的尊重，希望老师能平等地对待自己。记得大学毕业那年，有一次我去面试一份工作，当时一个考题是：有个小朋友因为和其他小朋友发生争执而哭了起来，作为老师这个时候你要怎么办？当年具体怎么回答的记不太清了，只记得做了一个动作，蹲下来与那个小朋友平视，再交谈。当时可能还不太明白这个动作所代表的具体含义，如今有些恍然大悟，原来这就是平等，将他放在自己同一水平去看待，是最基本的尊重。在从教的这些年，自己一直记得这个动作，当学生遇到问题、困难时，也记得要弯腰、平视他，从心里就与他是平等的关系，尊重学生，学生自然会更尊重老师。

那什么是不要太靓，也不要太丑？真的和老师的外在形象有关吗？诚然，老师保持一个整洁、大方的外在形象，是基本的职业素养。不过，刘教授在此讲的形象，却更多是教师的个人人格、性格形象。不是外貌的两种极端，其实反映的是老师的性格不要太极端，学生更喜欢的是具有亲和力，会善待、理解他人的老师。像《音乐之声》这部电影里的父亲，对孩子的要求过于严苛，导致孩子们对父亲恐惧大于了爱。电影里至少孩子和父亲还存在亲情关系，所以他们还有爱。但现实生活中，老师和学生除了师生关系，基本再无其他社会关系，如果这个时候，老师只有严厉，或是只有一味地纵容，那学生对老师，除了畏惧或不在乎，应该是很难生出爱这种情绪了。所以，如果一个老师，在性格上更具亲和力，会善待、理解他人，应该更能赢得学生的爱和学生的心。

最后，什么是不要太近视，也不要视力太好？顾名思义，想要你看得清，又不想你看得太清。看清优点，看不清缺点，是希望老师对学生更多一份宽容与理解。刘教授推荐了一部电影，也是大学时候教育学老师推荐的电影——《放牛班的春天》。马修老师，用一双善于发现美的眼睛，去寻找每一个孩子的闪光点，出于对孩子们的爱，给他们更多的理解与宽容，孩子们也在这份爱中敞开心扉，找到了真正的自己。

孩子们对老师简简单单的几点要求，其实就是做老师的基本要求与准则：学会尊重、善待、理解学生，对学生多一分宽容，平等地对待他们，具有亲和力，与学生多沟通。如果能做好这些，一定能多赢得学生们的一份尊重、一份信任。

让课堂"活""力"起来

井研县师范学校附属小学校　潘羽

阳光明媚的五月，不经意地透过薄薄的云层，化作缕缕金光，洒遍大地，留下款款热情。2020年5月30日—31日，2000多名教师齐聚一堂，在井研中学参加这一场重大的学习盛会——"井研县2020年打造高效课堂教师全员培训"。本次培训，我们聆听了几位专家的讲座，心里充满了感激。崭新的教育理念如春风一般，如阳光一般，洒进我的心中，生根发芽！

两天的时间，我忙碌着，充实着，幸福着，快乐着！讲座中的教育思想和教育理念，以及典型案例和例子，让我受益匪浅：卢雄教授让我正确认识教师职业心理现状，引导大家进行心理调适，让我们从师生关系入手，加强自我修炼，不断成长，实现专业发展，明确教师的任务是立德树人。幸世强教授非常系统地让我们认识到核心素养引领下的高品质课堂，那就是抓住课堂这个主战场，让课堂"活""力"起来，在"和谐"的课堂中"对话""合作""探索"与"创新"。刘大春教授分享了课堂教学改进的六种做法，通过具体生动的事例，分享了课堂纪律言语管教的十招，引起了老师的共鸣。陈子斌老师让我们体会到了5G时代背景下的信息技术日新月异，给课堂教学带来了新的变革。开阔眼界，让我们利用云计算、物联网、大数据这些人工智能，有效地应用到教学中去，打造出自己的高效课堂。

爱是优秀教师的人格基础。高尔基说过："谁爱孩子，孩子就爱谁。只有爱孩子的人，他才能教育学生。"著名作家魏巍也说过："教师这种职业并不仅仅靠丰富的学识，也不仅仅是依靠这种或那种教学法，这只不过是一方面，也许更重要的是他有没有一颗热爱儿童的心。"教师要做到尊重学生，爱学生，与学生"共情"。"学生喜欢的老师，不要太高，也不要太矮；不要长得太漂亮，也不要长得太丑；不要视力太好，也不要深度近视。"教师要做到对学生阳光普照、机会同等、严慈相济，才能让学生"亲其师，信其道"。

培训中我感受最深的是幸世强教授的核心素养引领下的高品质课堂。那就是抓住课堂这个主战场，让课堂"活""力"起来。如何才能让课堂真正的"活""力"起来呢？我在教学中要从以下六方面去做好：

第一，课堂上学生是学习的主人，任何高明的教师也无法代替。为此，平时教学中，我要充分根据学生已有的知识情况，精心设计学生的活动，激发学习兴趣，启迪学生智慧，启发学生思维，并给以足够的时间，引导学生阅读、查资料、动脑思考、动手操作、集体讨论、自我展示、及时反馈信息、及时调控，使师生、生生合作和谐、默契，以实现课堂教学的优化，真正让课堂"活"起来。

第二，给学生创造愉快的学习环境，是数学课堂高效的切入点。为此，在教学设计中我要深入钻研教材，从教材、教学条件和学生实际出发，精心设计教学过程，构建一个优良的、有利于激发学生积极情感的教学环境，让所有的学生都能动起来，使课堂具有吸引力。

第三，设置问题情境，变"以问答中心"为"以任务中心"，引导学生自我实验探讨，生生相互讨论交流，分析形成结论，使启发具有穿透力，探究具有思维力。

第四，努力创造条件，让学生获得成功的喜悦。对表现好的学生及时肯定、表扬，让他们尝到学习甜头，从内心体会到学习的快乐，从而逐步养成自觉主动学习的习惯，增强学生学习的动力。

第五，要精心设计不同层次的作业练习，满足不同层次学生的学习要求，不让一个学生掉队，使不同的学生有不同的收获，使练习具有驱动力。

第六，充分利用信息技术的强大辅助功能，让教学内容更加直观、生动，富于变化，真正使课堂和学生活动起来，实现高品质的课堂教学。

为期两天的培训，我充分认识到了自己为师的不足，需要学习的地方太多，因此必须树立终身学习思想。"只争朝夕，不负韶华"，只有努力朝着"最好的自己"努力，才会成功！

风好正是扬帆时

井研县机关幼儿园　彭伶俐

繁花似锦，夏木成荫的五月，有幸踏入井研中学的大门。优美的校园环境，先进的多媒体教室，浓厚的学习氛围，还有幽默风趣的教授，让我重新体验了一把当学生的感觉。再次回到校园，再次落座于明亮的教室，再次听取老师讲课，再次零距离感受校园的生活和氛围……井中无疑是块广袤的土地，而这里的每位学子都貌似一株小草，在肥沃的土地中不断汲取养分，积极进取，快乐成长。

为期两天的集中培训，让我受益匪浅。其中，有领导们的精彩讲话，有名师的经验分享，有心理讲师的辅导讲座，有同伴谈论自己学习经历，还有班主任对课堂规范管理，县疾控中心专家讲解的学校传染病的预防……仿佛一场饕餮盛宴，让人无尽回味。

一、收获，荡涤心灵

四位知名专家，一场一专题，一题一收获。成都师范学院卢雄教授从通俗生动的例子入手，对教育现象进行了分析和反思，对教育的本质进行了阐释。指出了教师要遵守的三个底板，教师面临的三大职业问题，提出了幸福教师的三懂——"懂自己与职业；懂学生和学习；懂教育与教学"。要求老师科学地了解学习的规律和学生的心理，尊重教育规律；要始终对学生充满期待，让学生的潜能发挥到极致；要积极进行心理调适努力走专业化发展的道路，由一个教书匠成为一个教育家。

成都市武侯教科院幸世强教授从核心素养的背景讲到核心素养的概念，怎样发展核心素养？在核心素养的背景下学什么？怎么教？怎么学？幸教授从教学设计、课堂提问、教学方法、学生评价等方面一一进行了诠释，要求老师们认真思考教学逻辑，采用探究法教学，强调课堂教学要能体现核心素养下高品质课堂六个特征。

成都市名师工作室领衔人刘大春教授分享了工作室成长的做法：聚焦主题、基本策略、主要做法、互惠多赢。指出个人和团队的发展要聚焦主题，找准突破点，发挥优势，持续发力，精诚合作才能不断前行。强调沟通的重要性，刘教授结合丰富生动的生活案例和课堂教学管理的实际案例，以风趣幽默的语言，对案例进行了深入浅出的剖析，详细讲解了与学生沟通的十个技巧。如何才能让课堂高效，让学生有效学习？刘老师讲座内容中的"表达策略"和"倾听策略"解答了我们的困惑，教师只有会表达，善倾听，才能真正走进学生的内心世界！

金苹果锦城一中的陈子斌教授用深入浅出的语言和直观的视频资料从信息技术的基本内涵入手谈到了未来学校发展的九大趋势。指出未来学校教育将由信息化向智能化发展，而信息技术作为教育改革的推手，将成为改变教育教学的一把利器。陈教授根据信息技术与教育教学融合的思考，专业地分析了信息技术在教育教学中的有效应用，并现场为参培教师提供了很多教育教学中具有实用性和可操作性的小技能和小方法。

二、反思，重新出发

1. 教育是爱的事业

爱是教育的基础，没有爱就没有教育。教师的爱不同于一般的爱，它是一种把全部心灵和才智献给孩子的真诚。这种爱是无私的，它要毫无保留；这种爱是深沉的，它蕴涵在每一件小事当中。我们所面对的不只是几十双眼睛，更是几十个家庭，是整个中国的明天！乌申斯基指出："教师个人对学生心灵的影响所产生的教育，无论什么样的教科书，无论什么样的思潮，无论什么样的奖惩制度都是代替不了的。"作为幼儿教师，只有爱孩子，给予孩子充分的尊重和信任，我们的教育才富有实效。教育者所做的一切努力，正是为了让孩子某一天可以"自己来"，而最幸福的是我们，因我们将见证孩子是自信的、乐观的、有能力的这一过程。

2. 从学习中汲取奔跑和奋斗的力量

利用一个周末，给自己放个小假，与名师相约，来一场心灵的对话。重新梳理，整装出发。这个周末，给自己加点教育的激情。教育需要激情，因为教育是心灵的对话，是心心相印的活动。是以心激心，以情动情的触动。激情使教育富有感召力、震撼力，使教育增添光彩。作为老师，学习是工作的一种方式，也是休闲的形式。而及时记录的学习收获则是一种发自内心的感悟。希望每一次的学习都能如这次带给自己成长的喜悦，都能发现指点迷茫的明灯。一路学习一路收获，一路反思一路取舍，一路走下来始终不变的是：教育的坚守。

3. 多写，重积累

关于"教师一定要写教育故事"的观点我是非常赞同的。无论篇幅长短，无论字数多少，实实在在地记录自己的观察所得。叶澜先生讲过："一个教师写一辈子教案不一定成为名师，如果一个教师写三年反思有可能成为名师。"意思亦是如此。如果不能建立老师"写"的生态链，那么，老师写的能力便会钝化，所以，在提升老师专业能力的各种行动中，写是当务之急。

4. 相信团队

人的群居说明了人是一种社会性的生物。通过发扬团队精神，才能取得更好的成绩。不能要求每一个教师都是优秀教师，都是教育的行家里手。一个人的知识和技能是远不够的，每个人必须与他人协作，才能彼此成就。团队精神是教师集体的结晶，是教师教育教学和科研能力的具体体现。团队精神的实质是"整体大于部分之和"。集群体之优势，形成合力，累为焦点，不必面面俱到，也许在解决教育的某些问题上或某个问题的某个方面，更能获得突破。

"师指一条路，烛照万里程"。我不确定为期两天的培训能学会多少，但可以肯定的是，我们会有所改变。"风好正是扬帆时"，相信在名师的引领下，在自我的不断探索和砥砺中，我们能欣赏到更美的教育风景，享受更有意义的教育人生。

打造高效的课堂　享受课堂的高效
——井研县2020年打造高效课堂教师全员培训心得

井研县研城小学校　邱丽群

为了进一步打造高效课堂，提升教师驾驭课堂教学的能力，适应新形势下教育改革与发展的需要，教育局组织了此次全员培训。短短的两天时间里，全县教师坐在宽敞明亮的教室专注聆听讲座，积极讨论交流，仿佛又回到了学生时代。专家通过鲜活的实例、丰富的知识以及精湛的理论，让我们也进一步了解了高效课堂的方法和方向，拓宽了我们的教育视野，让我们更新了教育理念。

一、专家精彩引领，全员幸福成长

成都师范学院卢雄教授以《立德树人与教师心理调适》为题，从底板原理引入教师的三大职业问题：愿教、能教、会教，引发思考与探讨：培养什么人？由谁培养？怎么培养？通过问题，带领我们厘清了教师职业的心理调适与专业发展方法，让大家深刻认识到教育的本质就是构建师生关系，做好"两学两教"，既教书又育人，让爱成为教育的永恒基础，努力培养德才兼备的优秀人才，做幸福的人民教师。

成都市武侯祠教科院幸世强教授以《核心素养背景下的高品质课堂教学》为题，从解读核心素养入手，讲解世界各国发展核心素养培养的有效模式，结合中外学术论著和清华附小"五大核心素养"构建，落实以人为本的素质教育理念，打破学习与发展的四大问题：打破一把抓情结，打破知识点情结，打破短平快情结，打破顾眼前情结，着力于知识、能力、素养的培养，做到开课要有吸引力，启发要有穿透力，探究要有思维力，表达要有亲和力，练习要有驱动力，结尾要有扩力，勤思善问，不断创新，真正打造适合孩子的高品质课堂。

成都市青羊区教育科学研究院刘大春教授以《教研创新与课堂教学改进》为题，以自己作为特级教师，领衔名师工作室发展、培养工作室成员成长的丰富案例，生动形象地讲解了如何聚合智慧攻坚克难，以写促学精准发力，向着目标努力前行，多方受益共同成长。当刘教授娓娓讲述自身成长的故事时，参训老师们深深为之感动，阅读、学习、写作……多年的坚持，提升了自身的专业成长，实现了师生共成长的精彩。刘老接地气的精彩分享，折服了与会教师，会场经久不息的掌声，令人动容。

金苹果锦城一中的陈子斌教授为大家带来了讲座《信息技术在教育教学中的有效应用》。陈教授用精美的 PPT，从信息技术的基本内涵谈到了未来学校发展趋势，深度剖析了信息技术与教育教学的融合与有效应用。会场上，陈教授结合老师们在一线工作中的各类困惑，进行了耐心细致的分类讲解，同时还分享了音频、视频、课件制作等实用可操作的技巧和方法，参训教师边听边动手操作，习得一个又一个信息技术小技能，大家纷纷表示：这样的实用培训太有意义啦！

二、立德树人，增强自身师德修养

卢教授由底板原理深入浅出让我们明白了教师的职业底线。党的十八大要求：坚持教育为社会主义现代化建设服务、为人民服务，把立德树人作为教育的根本任务，培养德智体美全面发展的社会主义建设者和接班人。

教育家苏霍姆林斯基说过：教师的人格是进行教育的基石。教师是塑造人类灵魂的工程师。教师的职业道德关系到青少年一代的健康成长，关系到祖国的未来。习近平总书记强调：要加强教师的职业道德建设，教师的工作是塑造灵魂、塑造生命、塑造人的工作。教师必须把立德树人作为自己的根本任务，要做"四有"老师，做"四个"引路人。

三、打造高效课堂，提升教学质量

近年来，随着新课程的实施，以素质教育理念为指导，积极构建"高效课堂"，让课堂达到"教师教得轻松、学生学得愉快"的高效状态。

课堂教学是实施教育的主阵地，教师只有深入钻研教材，从备教材、备学生、备教学方法方面精心设计课堂教学。认真上课，努力营造课堂氛围，努力使课堂充满活力，充分调动学生的积极性、创造性，发展他们的思维，出色完成教学任务，提升学生能力。高效课堂的实现，还必须认真辅导学生才能取得良好的教学效果。

提高课堂教学质量，远程教育资源功不可没。陈子斌教授以理论与实践结合，让我们进一步明白信息化技术在现代教育教学中的重要性。目前，我县学校多媒体的利用也非常普遍，广大教师充分利用远程教育资源，既可拿来为我所用，又可整合后形成新的教学课件，使自己的授课方式实现了多样性、科学性和趣味性的结合。

四、学无止境，逐浪前行

此次教育局给我们提供了这个再学习、再提高的平台，让我们不仅学到了知识，更提高了教育理念。在今后的教学中，我要扬长避短，将汲取的新理念、新方法落实到课堂教学中，在实践中打造高效课堂，获得自我成长："落实有效教学框架；发掘知识内在魅力；知识、生活与生命共鸣。"

盛夏的果实：管理出成效
——"打造高效课堂"教师全员培训有感

井研县王村镇初级中学校　宋佳昱

五月的月末，时节已进入盛夏。炎炎夏日，挡不住追逐梦想的步伐。在井研县教育局的统一组织领导下，全县2400余名教师在井研中学进行了为期两天的全员培训。培训大会上四位专家的讲座扣人心弦，精彩纷呈，为我们拨开了一层一层教学的迷雾，照亮了前行的步伐，使所有参与的老师都感触颇深，获益良多。其中，最冲击我灵魂的当属刘大春教授关于学生管理的见解。

踏上三尺讲台不知不觉已近三十年，回顾读书时代所学的知识，《教育机制》这门学科给我留下了极深的印象。但随着社会的进步，时代的变迁，学生身心特点的改变，《教育机制》上的多数理论早已不再适应当代的教学。所以我一直向往着、盼望着，希望有专家能指引我们如何管理学生，提高教育实效和教学绩效。四川省特级教师、学术和技术带头人刘大春教授的讲解有如醍醐灌顶，一语惊醒梦中人。听完刘教授的讲座，我对管理学生有了更深入的理解，下面就我浅显的看法谈谈自己收获的盛夏的果实：

英国麦克·马兰说：教师授课最高理想的实现是依赖于好的课堂管理的，课堂管理不仅独立于科目存在，也独立于教学方式存在。美国校长在聘用教师时，最看重的品质也是管理能力。由此可见：加强对学生的管理极其重要。现实的课堂教学中，有不少老师对教学兢兢业业，但教学绩效一直不理想；有不少班主任对工作也是认真负责，但班风就是差，究其原因，一是教师课堂管理能力不强，导致学生听课效率低，课堂接受率不高；二是班主任对学生的纪律缺乏有效的管理，导致学生纪律观念淡薄，班风不正。所以如果不坚决而温和地抓住管理的缰绳，任何教育教学都是不可能获得成功的。

在我看来，加强对学生的管理，集中到一点，就是加强对学生纪律的管理。通过纪律管理，让学生在思想上树立正确的是非观念，增强纪律意识；在行动上能自觉遵守《中学生守则》和《日常行为规范》，规范自身行为；在价值上构建起正确的人生观和价值观，真正实现立德树人的教育目标。

那么怎样对学生进行纪律的管理呢？在刘教授的理念中，认为管理的秘诀，其实就是沟通沟通，再沟通。结合自己多年的教学实践以及刘教授的讲解，我认为沟通的方式可以归纳为以下几种：

代入式：意思是回归事情的真实本性，在情感与人性带入中引起共鸣。首先进行观察：留意发生的事情，清楚地表达观察结果，不要做任何的判断和评估。其次表达自己的感受：立足不开心、气愤、喜悦、害怕等情绪；接着说出自己的哪些需要导致产生了那样的感受。最后根据自己的需要用合理方式提出具体的请求和希望。例如：有一次我上课时，一名学生一直低着头在下边没听讲，凭经验我知道他在看课外书。于是，我轻轻走到他身边，发现他正沉浸在课外读物的精彩情节中。我指着他看的书对他说：我很生气，但同时也很开心，因为我那么辛苦地讲课，你却没听，没尊重我的劳动成果，所以我生气；但俗话说：书籍是了解世界的窗户，你喜欢看书，也是好事，我也喜欢看书，但我都是在工作之余才看，所以我希望你也能选择适当的时间来看课外书，不影响自己的学业。我把对看课外书的看法与他交流之后，他很乐意地接受了我的意见，因为引起了他的共鸣。

换位式：意思是换位思考，设身处地地站在对方的立场上来看问题，解决问题。一是老师要站在学生的角度来理解学生的行为；二是学生要站在老师的角度来接受老师的教育。比如有一天上课铃响后，一个学生急匆匆地跑到办公室找我这个班主任，说他和另外十名男生被科任老师关在门外了，不让他们进去上课。我感觉奇怪，于是问他原因。他说是因为迟到了。我想：刚打铃，迟了一两分钟，老师不可能不让他们进去上课。于是，我把站在教室外的十来名同学全部找到了办公室，经了解，事情的原委是：上节课就有同学故意学老师咳嗽，这节课迟到了还在教室外嬉笑喧哗，这才导致了被关在门外的结局。了解了事情的原委，我首先站在学生的角度对他们说："如果我是学生，我也会感觉到委屈，只不过就迟到了一会儿，就被关在门外。但请你们站在老师的角度体会一下老师的心情，仅仅只是因为迟到就受罚吗？"大家默默地低下了头，认识到了自己的错误。我接着问他们如何解决此事，他们表示首先去跟老师解释迟到的原因，说明自己的错误，然后再向老师道歉，并保证今后不再违犯纪律。

规则式：所谓无规矩不成方圆。加强对学生的管理，就要让学生形成规则意识。首先要让学生明白他们应该遵守的规则有哪些，比如说《中学生守则》《中学生日常行为规范》以及课堂纪律等等。明白了规则的内容之后，还要引导学生严格遵守，不要让规则成为"墙上的风景"。一旦有学生不遵守规则的时候，老师便应当及时与学生进行交流沟通。这样对学生的管理才会有成效。

询问式：这是当班主任使用频率最高的一种沟通方式。在询问的时候，首先要设置好问题，然后再注意询问的方式，如语气、表情、动作等，最后是选择适当的时间和场合进行询问。只有询问运用得当，学生才会打开心扉，才有助于老师了解学生的想法，从而实现教育教学的目的。

倾听式：与学生进行有效沟通，学会倾听非常关键。一方面，老师要积极听取学生的诉求及建议，另一方面，学生也要认真听老师的分析评判和教育引导。在倾听时一定要专注，切不可边听边做其他事。这样让沟通更为有效。

路漫漫其修远兮，吾将上下而求索。教无定法，我将不断学习，不断努力，让自己的教育教学技能不断提升。

播种希望，静待花开

井研县教育科学研究室　宋文忠

田家少闲月，五月人倍忙。艳阳似火的五月，是农忙的季节，也是全体教育人奋斗进取、播撒希望的时节。5月30日—31日，县教育局组织开展了井研县2020年"打造高效课堂"教师全员培训。

培训开始，县教育局长毛洪川作动员讲话，对参训教师提出四点要求：一要有精神追求，重师德、守规矩、存良善、强素养，争做名师、名家；二要有敬畏之心，敬畏事业、敬畏岗位、敬畏纪律、立德树人、永葆初心；三要有教育自信，我县教育从学前、小学、初中、高中各学段呈现良好发展态势，要乘势而上，顺势而为，推动井研教育创特色、树品牌；四要有仁爱之心，爱是教育的灵魂，没有爱就没有教育，要用心温暖心，用爱传递爱。希望全县教育工作者心中有信仰，脚下有力量，不忘初心，砥砺前行，努力成为更好的自己，共创井研教育更加美好的明天。

成都师范学院卢雄教授《立德树人与教师职业心理调适》，从立德树人、教师要有三个底板即思想航线、师德底线、法律红线谈起，强调学校要开展三生教育，即生命教育、生活教育、生涯教育。教师要系统学习"学"与"教"的知识，要树立专业自信，讲解了教师职业心理调适的方法，加强自我修炼"六个不"，希望我们做专业教师，不做教书匠。

成都市武侯区幸世强教授的讲座《核心素养背景下的高品质课堂教学》，从核心素养提出的背景、核心素养的含义、意义及发展路径，明确指出做好学生核心素养培养，才能实现学生的可持续发展。在核心素养背景下，指出如何在核心素养背景下打造高品质课堂，要明确三个问题：学什么？怎么教？怎么学？幸教授从教学目标设计、课堂教学环节的设计、教学方法、教学评价等方面一一进行了诠释，要教师认真思考教学逻辑，采用探究法教学，强调课堂教学要能体现核心素养下高品质课堂应有的六个特征。

四川省学术和技术带头人刘大春教授的讲座《教研创新与课堂教学改进》，介绍了其工作室开展教学研究的成功做法：聚焦主题、基本策略、主要措施、互惠多赢。指出了个人和团队的发展要聚焦主题，找准突破点，发挥优势，持续发力，精诚合作才能不断前行。强调学生的管理就是沟通，刘教授结合丰富生动的案例，风趣幽默，深入浅出地给教学、教研很好的启示。

四川师范大学特聘教授陈子斌作《教育改革与互联网》专题讲座。陈教授从信息技术的基本内涵和发展趋势谈起，阐述了信息技术给教育带来的变革，指出对信息技术与教育教学的融合的思考，深度分析了信息技术在教育教学的有效应用。陈教授认为：移动APP将会成为改变教育现状的一把利器。展望信息技术、人工智能给教育带来的变革和发展机遇，指出信息技术与教育教学要深度融合，并以大量的实践案例指明了信息技术在教育教学中的有效应用策略和方法。陈老师特别关注听众的感受，充分利用信息技术手段，增强培训效果。陈老师给老师们指点迷津，介绍各种实际操作方法，参会老师收获丰富，陈老师的讲座让人觉得余味无穷，其极强的应用性必将对教师的教育教学带来深远的影响。

专家的精彩讲座，妙语连珠，睿智理性，引领潮流，启发实践。一场一专题，一题一收获。为期两天的培训，令人意犹未尽，感慨万千。

一、学习先贤，成就自我

古人云"君子怀德，见贤思齐"，听专家讲座，对专家的成长经历、取得的成就，油然而生敬佩之情，在内心深处，无比羡慕。正如："高山仰止，景行行止。虽不能至，心向往之。"

回顾自己三十多年教学教研生涯，虽初心不改，孜孜不倦，探索前行，然而总觉得步履维艰、事倍功半、进步甚微、成效不显。通过培训学习，聆听专家讲座，似有所悟：作为一名潜心研学的教育工作者，最忌孤陋寡闻、眼界狭隘、知识结构单一，只有不断学习才是实现教师专业成长，实现卓越发展的源头活水。未来的结果取决于今天的行为；今天的行为取决于我们的思想；我们的思想取决于我们的信念；我们的信念取决于我们的态度。

二、立足核心，教研教改

学科核心素养是学科育人价值的集中体现，是学生通过学科学习而逐步形成的正确的价值观念、必备品格和关键能力。近年来"核心素养"是一个很时髦的词语，感觉有几分高大上，似乎离我们实际的教学还很遥远。因而对培养学科核心素养的做法还认识得不够。经过了近二十年的新课程改革，我们现今的教学，已经有了相对于传统教学模式的较大的变革，长期以来我在自己从事初中化学教学的过程中，关注学生能力的培养，重视良好习惯和科学方法的养成，强化科学观念和意识的建立，立足学习兴趣的培养和主动积极性的创建，培养出了一批批优秀的学生，这个过程中又何尝没有过培养学生核心素养的成功做法呢？或许，我们仅仅停留在有意无意间去做了，缺少正确的教育理论支撑，我们所缺少的是进行有效的提炼和总结。因此，在当今培养学生核心素养的时代大潮流、大趋势下，我们只有加强学习，勇于探索，方能与时俱进，实现自身的专业成长。

课改是只有起点没有终点的旅程。只有一步一个脚印地走在路上，才能丈量理想与现实的距离。

三、爱岗敬业，立德树人

作为教育者，应该爱岗敬业，立德树人，这是伟大而神圣的使命。

乐山籍教育专家李镇西说：我最幸福的就是我的职业和我的爱好完全融为一体。如果一个人的爱好和职业是一致的，他就是幸福的。

对于社会的进步来说，教育当然有着重大的意义，但对教师和学生这一个个生命体来说，教育就是浪漫，就是温馨，就是情趣，就是诗情画意，每一个教师都应该是教育童话的创作者。

唯有发自内心的热爱，才能使一个人不离不弃、痴迷执着地去做一件事，才能够做得好并由此感受这份工作带来的无尽快乐。而且，我觉得我们有责任让学生和我们一样觉得化学很好玩，让他们和我一样热爱化学。师生都能从中感受到幸福和快乐。

充满快乐的课堂就是有趣的课堂，教师应根据自己的个性、气质、专业，精心设计自己的教学。可以是感情充沛、气势磅礴，也可以风趣好笑又不落俗套，能寓化学原理于诙谐之中，让学生一笑之余有所收获。在具体的教学过程中，激发学生学习化学兴趣的最有效、最持久的方法，是充分地利用化学的学科魅力和化学教学过程的魅力。

四、建设团队，打造品牌

作为名师培养对象和井研县名师工作室主持人，我深刻地认识到，个人的力量是有限的，要充分发挥示范引领作用，着力培养和带动全县初中化学教师专业成长，发挥工作成员的骨干带头作用，开展送教帮扶工作，促进青年教师迅速成长。组织团队学习先进的教学方法和教学理念，提高教育教学理论水平；走出去观摩学习，拓宽视野，增长见识，促进教学观念的转变和教学技能的提升。着力打造优质的工作室团队，在省市更广阔的范围塑造品牌，进一步提高影响力。

两天的培训虽然结束，但是我们对专家讲座的内容，要广泛地结合我们的工作实际，自觉地开展教育教学实践，努力打造高效课堂，加强教学研究，促进自我专业化成长。

溯源幸福教师的真谛

井研县三江镇初级中学校　宋晓芳

古言有云"忠厚传家远，诗书济世长"。五月底，井研县教育局和井研县教师进修校精心组织了全县教师参加井研县2020年打造高效课堂全员培训，我有幸参加了这次培训活动。在培训中，我认真聆听了成都师范学院卢熊教授的《立德树人与教师职业心理调适》、成都市武侯区教科院幸世强老师的《核心素养背景下的高品质课堂教学》、成都市青羊区教科院刘大春老师的《教研创新与课堂教学改进》和金苹果锦城一中陈子斌老师的《信息技术在教育教学中的有效运用》。所有老师的讲座让我获益匪浅，但让我印象最深的，便是关于学生的素质教育问题。我们作为老师，不仅要教书，更要育人。如何在教育知识和人生指导上做出一个更好的平衡，是我们老师需要思考的一个问题。这次培训的老师告诉我们，幸福的教师需要三懂，即懂自己与职业、懂学生与学习、懂教育与教学。

一、懂自己与职业

老师之所以为老师，我们的初心是希望学生更好。诚然，老师的工作是琐碎而劳累的，我们需要备课、上课、总结等等，并且要时时刻刻关注学生的动态。我们从清晨的早读，一直工作到夜里晚自习，路灯照亮我们回家的路。甚至有时候还要在学生宿舍守夜。我们将自己的人生投入到这个职业当中，究竟是为了什么？究竟有什么样的意义？显而易见和物质并没有多大的关系，因为教师一直以来就是清贫的职业。但我相信，当看到学生们的一张张笑脸，一步步成长的脚印，所有的疲惫都将烟消云散。是的，我们的初心就是为了学生。这并不是什么口号或者冠冕堂皇的标语。当我切切实实地看到一个又一个孩子长大，看到他们的未来因为我而变得更好，看到他们拥有更加璀璨的人生，我由衷地感到欣慰和快乐。我们常常说，老师把学生当作自己的孩子。的确如此，老师在教育的过程中从来都是希望学生更加优秀，因此有时不免会严厉了些，孩子们可能当时很不理解，但是当他们长大了，当他们再回母校看看的时候，都会告诉我，感谢我当年的严格要求。老师和冷冰冰的机器不同，我们能一直关注学生，关注他们的成长，并且给予人生的意见。从这个方面来说，老师是与人打交道的一项职业。因此，老师从学生中获得的快乐，也是无法用物质去衡量的。当我们理解了这一点，也就理解了我们为什么要当老师，为什么要付出这么辛苦的劳动，为什么要花如此多的时间去陪伴。这就是懂自己与职业。

二、懂学生与学习

我们经常说教书育人。可是我们真的懂如何去做吗？有时候学生对我们的反馈，可以指导我们如何去做。面对班上的每一个学生，我们都应该因材施教，有针对性地指导他们。每一个学生的性格、家庭、学习能力都是完全不同的。面对优生，我们应该进行更多的思维扩展方面的提高训练，而面对成绩较差的学生，我们应该重视基础，重视日常训练。我们决不能拿着一本书来讲完课就回办公室，而是应该多听听学生的反馈，多关注学生。同时在教学方面，我们应该做到用心研究考试内容，让用学生感兴趣的方式学到更多知识，为他们以后的人生铺好基础。只有用心去接近了解每一个学生，我们才能真正地说懂学生与学习。

三、懂教育与教学

教育和教学是不同的。教书和育人也有所差异。诚然，我们需要在教学方面下苦功夫，钻研考纲的同时，让学生以一种能接受的快乐的方式学习。我们应该有所创新，而不是一味地让学生去死记硬背。我一直觉得，语文并不是死记硬背的学科，它需要的是融会贯通而不是依样画葫芦。语文成绩的提高绝不是一日之功，是无数个清晨你读的文章，是无数个傍晚你写的日记作文。那么，如何让学生爱上语文，爱上汉语这个博大精深而又优美雅致的学科呢？我们需要努力去找到一种让学生感兴趣，而不是强迫他们去学习的教学方式。这是我一直在做的工作之一。同时，我们也应该在学生的人生指导上，做出我们应该有的贡献。我们应该真真切切地了解每一个学生的未来愿景，并对他们做出指导。有的学生并不是不思进取，而是对未来感到迷惘和惆怅，这时候我们就应该好好指引，让他们尽早树立人生目标，早日成为栋梁之材，这样才能称得上懂教育与教学。

通过这次培训，我收益颇丰，并且对未来的教育教学有了一些新的思路和想法。不忘初心，砥砺前行，我会在未来的实践中，做学生的良师益友，真正地走进他们的心灵深处，为他们的未来尽自己应该尽到的责任。

花开各异，取决爱的浇灌

四川省井研县研城中学　孙焕军

5月30日到31日，我县老师在井研中学聆听了几位专家对"教育""教与学"精辟独到的见解。时间虽短暂，但传递的教育新观念，却唤醒了我进入教育行业的初衷。细想这两天的学习和三年的工作实践，有一些感触。

一、"课堂最魔幻，可以是天堂，也可以是地狱"

这句话真有趣！我不禁想到了"天堂与地狱"这则故事。"天堂"中的人没有私心，"地狱"中的人只有自己。回顾三年教学，我竟发现自己也曾在"地狱"中修炼过。

初二某班，有名男生上课总是讲话，扰乱课堂秩序，跑步时嬉戏打闹等等。我多次劝解、警告、惩罚，他都不屑一顾。由于他多次出言挑衅，每次上此班课，我的心情颇为糟糕。有一次，当他再次出言挑衅时，我忍无可忍，用手中的考勤本狠狠地打在了他的身上，对他厉声说："你的礼貌上哪里去了？这就是你对老师说话的态度，不想上课就滚，我没你这样的学生。"他却未动。无奈之下，请求班主任协调，但效果不佳。我虽明白我应与他沟通解决我们之间的矛盾，但心中实在对他不喜。

"矛盾"，一直束之高阁。

直到初二下期，我才调整心态，去思考与探究他在课堂上出现这样行为的原因：哪些与我有关？哪些是他的问题？并尝试与他沟通，相互致歉后，使矛盾化解。同时，我也迅速调整我的教学观念、内容等，并做到课后与学生及时沟通，因此课堂逐渐恢复了平静与活力，我渐感从"地狱"中解脱出来。

现在回想起这件事情的经过，正如毛洪川老师所分享的"要解决事情，先解决心情"。天堂与地狱，关乎情绪，却在一念之间。

二、读懂学生的心，给予学生"亲子"般的爱

在刚进入教育行业时，我还大言不惭写道："愿不忘初心，感同身受，以爱为灵魂，伴学生成长。"

直到有一天，我的儿子回家说："妈妈，今天我被老师打了，好疼。"我感同身受，忙说道："是吗，我给你吹吹。"接着我拥抱着他，问他今天学校发生的事情。儿子说："我上课讲话，还玩笔，呜呜——老师打得好疼，妈妈，某老师一点都不喜欢我。"我拍着他的背，直到他的心情平复。然后对他说；"儿子，你喜欢《西游记》的故事，孙悟空很厉害，不仅会腾云驾雾，还会七十二变，他为什么这么厉害呢？他的师父在他犯了错误后，还敲了他的头，孙悟空没有生气，还学会了七十二变。我想你的老师也认为你以后会像孙悟空一样的厉害，所以才对你严格要求的，其实，她的心里是非常喜欢你的。"

儿子听了，心情好了，也释然了。结果是数学成绩进步很大。对于我的儿子，我自然能做到感同身受，并能放松地去解决问题，抓住问题的关键，这源于我对他的爱。而对于学生，我却需要一段修行的路程。如若把学生视为子女般教育，给予亲子般"感同身受"的爱，也无师生间矛盾了吧！

三、难得糊涂

毛洪川局长分享"我喜欢的老师，不要太高，不要太矮，不要长得太漂亮，也不要太丑，不要视力太好，也不要深度近视——学生的心声"，让我不禁想到郑板桥先生的一句话"难得糊涂"。

初中某班，一位男生每次慢跑总是落后班级其他同学，各种运动动作也做不好，关键他还调皮，教育他吧，还总是嬉皮笑脸的。有一次，班级足球联赛，我发现他特别喜欢足球，但是踢球技术一般，守门却很好。我决定让他参与到班级联赛中做守门员，他很开心。比赛时他的表现令我刮目相看，扑接球、头顶球，成功地阻拦对方一个又一个的进攻。我当众表扬了他对球的预判能力，他洋洋得意。虽然他的其他方面仍做得不大好，但我却喜欢起这名学生了。

每位学生都各有所长，独一无二。虽然教育心理学看了一遍又一遍，但纸上得来终觉浅，实践中才体会到对学生要"一分为二"地看待的重要性。我想毛洪川老师所分享的学生心声，正如郑板桥先生对人生的理解"难得糊涂"。

四、你值得——源于爱

2019年6月，儿子幼儿园毕业，抽动症越加严重，辗转多家医院，治疗效果不佳。我决定带他去旅行，来到了青岛。一个多月的陪伴，看海玩沙、抓螃蟹、游览博物馆，非常开心。8月份回到家中，儿子的抽动症无药而愈。

某班女生的800米成绩总体较差，我十分着急。发现大多数女学生在500~700米这段距离总是停下来走跑，多次练习加上鼓励效果仍不理想。于是，每一次练习800米时，我陪着她们一起跑500~700米这一段距离，并不断鼓励她们"加油""别停下""坚持一下"，一段时间过去了，该班女生的800米成绩进步很大。

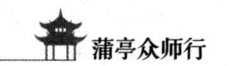

以上这两件事情，出乎意料取得了良好的结果。回想其中的心路历程，我发现最好的爱就是陪伴。原来教育无捷径，静待花开，花开时间各异，取决爱的灌溉。

愿所有孩子都能被适当珍爱。

"苔花如米小，也学牡丹开。"教师，择天下英才而教之未尝不是人生一大幸事，可"苔花"虽小，靠近却也芬芳扑鼻，更有自己的风采。

你值得被仰望
——井研县2020年"打造高效课堂"教师全员培训心得体会

井研县师范学校附属小学校　谭徐

树影婆娑，光影斑驳，满眼碧波，满眼星河，榕下驻足，世界是绿的，心是静的。就这样，于尘世的喧嚣中，为心灵寻到一处归所。榕，你值得被欣赏，你值得被仰望。

仰望榕，仰望你

在井中的讲台上，你开坛论道，让我们把眼光放远，把格局做大，把细节做到极致，高山景行，博闻强识，你让我们顿悟——所有的信手拈来，都是厚积薄发的沉淀。你让我们谨记——与其坐而论道，不如起而行之。刘大春教授，你如榕，值得被仰望！

仰望榕，洞悉"容量"

作为老师，在孩子们心目中，我们学富五车，无所不能，我们也自以为然。因而课堂上，经常会以命令的口吻说这样一句话——抬头，挺胸，看老师（黑板）。可今天，当孩子们再次抬头，睁着清澈的大眼望着我时，我幡然醒悟——除了浅薄的知识，还有什么值得你们"仰望"。"一桶水"的确太少，虽不能成汪洋大海，但也要努力让自己成为一条永不干涸的涓涓细流。深厚的知识储备是我们的底气，增大知识储备量势在必行。应该说，多读书，多学习，这是最简单也是最行之有效的方法，我们可以选择专业书籍进行阅读，如读名家名著、教育理论、教改实践等方面的书。不光读书，还要读"课堂"，课堂本身就是一部巨著，我们可以从实践中获取许多东西。当然，光读还不行，刘大春教授告诉我们"以读促写""以写带读"，读写结合，才能走得更好。长期主义是微弱信号的放大器，只要我们静下心来，坚持专业化阅读、专业化实践，让自己始终保有与公众的专业距离，那时，我们才值得被仰望。

仰望榕，品味"荣光"

一支粉笔，一本书，守方寸之地，点荧荧之火，诠释"风景在课堂，脚下即远方"，让课堂魅力四溢，活力满满，焕发荣光。

课堂之魅力，在于我们；课堂之活力，在于学生。我们要在课堂上"唱大戏""做文章"。这戏可以是"饕餮盛宴，秀色可餐"，也可以是"清粥小菜，至味清欢"。只要投其所好，让他们自然成"角"，主动入戏，投入演出，那高效课堂便成功了一大半。

打造高效课堂，首先教师要幽默。"好看的皮囊千篇一律，有趣的灵魂万里挑一。"保有有趣的灵魂，适时让我们的语言妙趣横生，让学生脸上有笑，眼中有光，便会使我们的教学更具情趣性、启发性，让学生如沐春风，如浴暖阳。

打造高效课堂，其次是有研有创。作为教师，我们要以培养学生的核心素养为基点，认真钻研，精心设计，创新教学。课堂上以学生为主体，以问题为载体，以思维为核心，让学生在探究中激发生命的活力，有研有创，情、智、能得到全面启发。

打造高效课堂，还要注重细节。作为老师，除了一言一行、一举一动这些自身的细节，我们还要关注教材细节以及学生细节，于细微处见不凡。

打造高效课堂，最后还要注意留白。"填鸭式""满堂灌"的教学本就不可取，"此时无声胜有声"的适度留白，更见风致。所授知识，不直接用讲述的方式告之学生，而是留空间，留时间，留问题，让学生主动去探究、生成，去弥补"空白"，效果会更好。

仰望榕，演绎"融洽"

教育的本质是构建师生关系。"谁爱孩子，孩子就爱谁，只有爱孩子的人，才会教育孩子。"是的，爱是优秀教师的基础，有爱才会教育。所以，作为教师，我们放下架子，真诚、平等地对待孩子，拒绝简单粗暴，围绕"耐心、理解、宽容、热爱、尊重……"与学生进行心灵对话，福至心灵，润物无声，那"融洽"就绝不是纸上谈兵。

仰望榕，仰望那片"绿色晴空"，然后，脚踏实地，只问初心，只问坚守，只问担当。相信，总有一天，我们也值得被仰望！

行教育路，做高效事

井研县师范学校附属小学校 谭英

向书本学习，使人睿智；向专家学习，使人成长。为加强师德建设，提升教师教育教学能力，引导全县教师探索新型课堂教学方法，打造高效课堂，2020年5月30日—31日，井研县教育局在井研中学组织开展了井研县2020年"打造高效课堂"教师全员培训。在为期两天的紧张而充实的培训中，四位知名专家的精彩讲座对我今后的教育教学和成长产生了极大影响。专家们对教育教学理论的深刻剖析，让我感受到教学工作的艰巨和神圣；同时，让我对进一步增强战胜困难、抓好教育教学和提高自身的业务水平也更加充满了信心，坚定了决心。

通过专家老师深入浅出的讲解以及实用内容的分享，我在这短短的两天培训中收获颇丰。高效课堂，顾名思义就是以尽可能少的时间、精力和物力的投入取得尽可能好的教学效果的课堂。为了达到教学质量的高效，我们老师需要做的就是尽可能把控好整个课堂，让课堂更具有灵活性，满足所有学生的学习需求。由此，给我们教师提出了一个富有挑战性的要求：让学生真正做学习的主人。人的潜力是无穷的，特别是现在的学生，他们见多识广，接受能力强，看问题有自己的独到的见解，面对这样一群个性特点鲜明的学生，教师应该做的是充分相信学生，放手让学生主动学习，充分体现自主、合作性的学习。但是在学生自学课程之前，教师应当提出明确的学习目标，然后围绕一个中心问题放手让学生自学，给予学生充足的学习时间，这样学生才能充分地发表自己的见解，并将个性的主体力量充分地释放。教师的妈妈情怀，反而让学生缺乏了做事情的主动性。此次培训让我在如何发挥学生的主动性，发展学生的思维能力，整合学生的知识体系方面有了进一步的思考，并积极撰写相关的文章在教研会上交流。在与同行交流的同时，大家思维碰撞，产生了更优的教学模式，更完善了自己的教学模式，逐渐形成自己的教学特色，推进高效课堂的形成。

高效课堂不但要提高教学质量，更要培养学生的核心素养。教育的目的是培养学生形成适应个人终身发展和社会发展需要的必备品格与关键能力。通过课堂的组织和授课的方式等教学手段引导学生积极参与到课堂当中，需要教师具备相应的技能和教学方式来指导学生。学生对新鲜的事物好奇心强，没有坚定的意志力，活泼好动，教师应该抓住学生的这一特征，在教学过程中，通过穿插一些游戏、表演、讲故事等环节，给学生设置教学情景，在教授知识的同时，提高学生的品德修养，让学生在愉快的氛围中，体会到学习的乐趣，从而形成个人自主自律的意识。最终，让学生在各学科的课程要求下完成身心的素养成长，在学科的延伸中提高核心素养。在关于六年级的后期复习中，大家更深切感受到，现在不再是只重知识的时代，要让自己的学生适应现在的考试，不可或缺的是能力，是学生的综合素养。

理念在更新，时代在进步，只有在平时的教学中不断地探索和反思，大力弘扬教书育人、为人师表、爱岗敬业、乐于奉献的园丁精神，坚持不懈地参与教师培训，自主学习，以积极的态度从事教育教学工作，这才是新时代的教师的正确人生观、价值观和学习观。

两天的周末培训虽然是辛苦的，但也是值得的。通过这次培训，我反思和改进了自己的教学，同时适时地让自己的教学高原期打破，再次迈出了前进的步伐。路漫漫其修远兮，我将在专家的引领下继续行教育之路，做打造自己高效课堂之事！

路，行则将至；事，做则必成。

精耕细作，专业发展

四川省井研县研城中学　王守东

新时代教师要走专业化道路，做专业型的教师，认真培养"四有"新人。以学科核心素养为背景，打造高品质的课堂教学，促进学生深度学习，不断取得成功。这两天我认真参加了教育局组织的井研县2020年"打造高效课堂"教师全员培训，收获满满！

一、懂自己与职业，懂学生与学习，懂教育与教学

1. 课堂最魔幻：可以是天堂，也可以是地狱

我们教师要有很强的立德树人的标准，从愿教、能教向会教转变。坚持以学生为本，不断提高业务素质，发挥教师的主导地位和学生的主体作用。当学生有进步，变得懂事了，我们能从中体会成功，体会快乐。我们要发展好每一位学生，尽其所能，挖掘学生的潜在才能。

2. 教师要实现专业发展，亲其师而信其道

首先要加强自我修炼，不断进行培训，不断从平时教学的一点一滴积累经验，写好反思，

进行经验写作；其次要构建良好、和谐的师生关系。我们要简单的事重复做，那就会成为专家；重复的事用心做，那就会成为赢家。

二、努力打造高品质的课堂教学

成都市武侯教科院幸世强教授的讲座《核心素养背景下的高品质课堂教学》让我体会深刻，明白了平时教育教学的努力方向。

1. 理解了核心素养的背景及核心素养的含义

学科核心素养是指学生应具备的适应终身发展和社会发展需要的必备品格和关键能力。数学核心素养有数学抽象、逻辑推理、数学建模、直观想象、数学运算、数据分析。作为数学教师，要努力把握好数学思维的培养，数学方法和数学思想是我们教与学的灵魂。学会这些思想方法，就学会了如何学习，如何提高。在我平时的数学教学中，我经常给学生提炼数学方法和思想，起到了事半功倍的效果，学生的解题能力增强了，对综合性的难题有了解决方案，数学成绩也好起来了。

2. 高品质课堂教学是落实核心素养的主战场

我平时在数学课堂上，首先从学习兴趣入手，多策略促课堂高效。抓住知识间的结合点，设置情景教学吸引学生；老师要以人格魅力争取学生喜爱该科，用好信息技术服务于教育教学，将抽象的数学知识变得生动具体；要采取灵活多样的学习方式：提出研究型问题——挑战性学习，提供竞争场地——竞争性学习，鼓励参与过程——体验式学习，搭建展示平台——激励性学习。我努力探索和总结，精心把自己的课堂设计得丰富多彩，不断吸引学生，采取灵活多样的教学形式，开拓学生思维，培养创新能力，运用激励机制提高孩子的学习动力，促使孩子自觉学习，让每个孩子既学得轻松愉快又能取得优异成绩。

3. 深度学习是高品质课堂教学的核心

课程整合是目前培养核心素养最重要的途径。创和谐，搭对话，建合作，设探索。教学生"学什么"，教学生怎么学。解题教学要教会学生"你是怎么想到的"，要教通性通法，少教技巧，要教会思考。比如在教学生解决中考的数学压轴题时，我强调首先心态要放好，思维要冷静，要审准题目；其次用好平时的经验和思想方法，回想该问题是哪一类型的题目，平时常有哪些解决方法，注意抓住其中的突破口，体会出题人的考查方向；最后计算时，要讲究简单方法，打好草稿，尽可能多得分。

三、加强教师管理能力培养

成都市青羊区教育科学研究院刘大春教授的讲座《教研创新与课堂教学改进》，使全体学员在轻松、快乐中享受到了刘老师的经验分享，不时赢得雷鸣般的掌声。

1. 聚焦主题，聚合智慧，攻坚克难

我们在教研创新中一定要关注当今的热点问题，比如疫情当下，学生的思想如何转变，如何让他们收心、静心，努力完成学习任务。我们的教研组就要把所有的老师集中起来群策群力，同时以案例来说明我们的方法和路子，好的我们要继续坚持，不好的要想办法改进。在面对初三升学压力比较大的情况下，我们要冷静分析当前孩子们的基础状况，复习应该有策略，应该有重点，应该放手发动学生的主动性，培养他们的自学能力和主动学习的习惯。

2. 基本策略，以写促学精准发力

我们身边有许许多多的教育案例和教学实例，我们要静下心来潜心研究，分析原因，找

准方法，对症解决。特别强调要动笔记录和反思，动笔把自己的体会经验写下来，并进行整理，互相交流。我们平时要进行海量阅读、以写促学、研课磨课、观课议课及课题研究。我校正在进行《初中数学分层作业练习策略研究》的课题研究，我们本着实际，本着全面发展，分层次提高。经过三年的打磨，现阶段已进入到结题阶段，所有数学老师积极参与，认真将分层作业的理念运用到课堂教学之中，并到县内外进行推广，取得了很好的成效。我们数学工作室也积极承担了《中小学数学小专题教学策略研究》。现已经进入到全面实施阶段，我们送课下乡，不断将小专题理论运用到数学教学的各个层面，和全县老师一起沟通交流，起到了引领辐射作用，带动了全县数学成绩提高。

　　3. 主动作为，向着目标努力前行

　　教师的管理能力越强，沟通的技巧越好，越能体现教育教学的成效。前不久我班有一位男生在英语课上和老师顶撞，他主要是不服老师说的某一句话而产生了分歧，我了解后找到该学生，先和他亲切交谈，询问其最近学习压力如何，身体如何。他听到我亲切关心的话语，心情放松了，显然没有了抵触情绪。然后我就问他有没有学校里面的困难需要我帮助并为他解决，他知道了我问他的意思，立刻将他今天发生的事情告诉了我。我先是站在他的角度回应了他的感受，然后又叫他站在老师的角度想一想老师的目的何在，一下他就明白了自己的错误大得多，是自己不善于沟通交流而造成的，于是下来主动向英语老师道了歉。沟通可以减少摩擦争执与意见分歧，疏导师生情绪，消除心理困扰，增进彼此了解，改善人际关系，增强合作互惠共赢，提高教育教学效率等。

　　做好课堂纪律的管理，我们要读懂孩子的内心，尊重学生，善待学生，理解学生。管理纪律时要明确原因，区别对待，必须遵循最基本的策略——预防为主最小干预。课堂纪律的言语管教可以用动情式和情景设置，营造气场，管理好学生。

　　两天的培训虽然很短，但我感触很深。我将积极争取在以后多参加培训，多和同行进行探讨交流，多写教学反思，多写教研论文。精耕细作，不断提高教育教学能力，努力成为专业型的教师！

在默默中绽放最美的青春光芒

井研县门坎镇中心小学校　　向静燕

　　迎着蒙蒙的初阳，踏着浓浓的春意，伴着薄薄的花香，我迈着轻快的步伐，走进井研中学的大门，参加由井研县教育局主办的2020年"打造高效课堂"教师全员培训。短短的两天，聆听了四位教育专家的精彩讲座，我受益匪浅，颇多感慨。下面就从三个方面，和大家分享一下我的感受和收获。

　　一、全员培训的必要性

　　井研地处偏远山区，从经济到教育都还比较滞后。绝大部分教师缺少时间和机会参加培训，导致教育理论和教育技能都不能与时俱进，教学效果就差了。此时，随着科技的进步，网上培训等先进的培训模式应运而生，解了教师们的燃眉之急。教师全员培训，是教师继续教育的重要组成部分，是提高全体在职教师整体素质和促进教师专业化的有效途径，也是全面实施素质教育的关键。通过全员培训，可以加深教师对继续教育的认识和理解，对所从事的教师职业产生新的认识，对应该具备的职业道德有更加规范的理解，同时能了解更多的现代教育思想，掌握更为先进的教育技能和教学方法等。因此，我认为这是一个非常必要的举措。

二、培训内容的重要性

这次培训的主题是"打造高效课堂"，邀请到四位专家为全县教师进行了专业培训。卢雄教授讲座的课题是《立德树人与教师职业心理调查》。培养什么人，是教育的首要问题。教育是民族振兴、社会进步的重要基石。培养德智体美劳全面发展的社会主义建设者和接班人，是教育工作的根本任务，也是教育现代化的方向目标。让学生德、智、体、美、劳全面发展，归根到底，就是立德树人，这是教育事业发展必须始终牢牢抓住的灵魂。做一名新时代的幸福教师要三懂：懂自己与职业、懂学生和学习、懂教育与教学。幸世强教授围绕《核心素养背景下的高品质课堂教学》，抽丝剥茧，层层深入，指导我们的具体教学。明确了什么是"核心素养"：指学生应具备的适应终身发展和社会发展需要的必备品格和关键能力，突出强调个人修养、社会关爱、家国情怀，更加注重自主发展、合作参与、创新实践。让教师清楚地知道课堂上应该教什么，怎么教，从而提高课堂教学品质。刘大春教授的讲座是《教研创新与课堂教学改进》，内容侧重于管理。他列举了多个国内外的成功实例，用丰富且风趣的语言娓娓道来。深入学校，深入课堂，精细地指导我们的具体管理工作。陈子斌教授的《信息技术在教育教学中的有效应用》，其注重的是信息技术在教学中的实用性。多媒体教学是现阶段运用广泛，也是非常实用的一种教学手段，深受教师们喜欢。陈教授手把手地指导我们解决遇到的困难，大大提高了我们的信息技术水平。四位专家的讲座，解决了一线教师在工作中面临的种种问题。这都是我们平时很难解决的。聆听了专家的讲座后，犹如拨云见日，豁然开朗。

三、我的收获

培训结束，我收获满满。首先是从专家那里得到了很多涵盖教育教学各个方面的知识和经验，从而全面提高了我的综合能力；其次是更新了我的教育观念，更深刻领悟了党的教育方针、教育的重点，以及未来教育的发展方向；收获了很多一线教师在实战中的技巧和技能，解决了我在教学中的技术难题，起到事半功倍的效果。

这次培训，为我今后的教学工作提供了强有力的理论保障，指明了方向。相信我一定会在教坛上披荆斩棘，创造辉煌，把无悔的青春奉献给钟爱的教育事业，在默默中绽放最美的光芒。

提高自身素质，做幸福好教师
——井研县 2020 年打造高效课堂教师全员培训心得体会

四川省井研县井研中学　熊菊

2020 年 5 月 30 日至 31 日，骄阳似火，酷热难耐，但却阻挡不了井研县所有中小学、幼儿园共两千多位在编教师齐聚井研中学，参加井研县 2020 年"打造高效课堂"教师全员培训的热情。这是井研县教育局领导班子克服了巨大的困难，为全县教师们筹备的又一次盛大而意义非凡的教育学习盛宴。正如在开班仪式上，井研县教育局局长毛洪川给老师们在师德师风、教师素养、教育自信和教学质量等方面提出希望和要求，这次培训旨在加强教师师德师风建设，提升教育教学和专业发展能力，引导全县教师探索新型课堂教学方法，打造高效课堂，从而全面提升井研县的教育教学质量，使之更上新的台阶，再创井研教育的辉煌。

时光悄然而逝，很快我就为我无比热爱的家乡教育，勤勤恳恳、兢兢业业地工作了 23 年了。这一路走来的艰辛、倾洒的汗水以及桃李满园的芬芳，见证了我的蜕变和成长。古语云"活到老，学到老"。唯有不断地学习才能使自己不断地提高和进步，才能不被飞速发展的社会所淘汰。如今作为一名名师培养对象，我带着对教育的满腔热情和喜爱，抱着认真学习的态度，去聆听了四位教育教学专家的精彩讲座，我获益匪浅，瞬间感觉到正能量满满，教育的幸福感萦绕于心。

一、调适心理，做幸福好老师

成都师范学院教授卢雄做了《立德树人与教师职业心理调适》的专题讲座，拉开了我们此次培训的序幕。卢教授从立德树人要有三个底板即"思想航线、师德底线、法律红线"谈起，直面了教师面临的三大职业问题就是愿教、能教、会教；再到幸福教师要三懂：懂自己与职业，懂学生和学习，懂教育与教学。当前教育的首要问题就是要培养社会主义建设者和接班人，培养一代又一代拥护中国共产党的领导和我国社会主义制度，立志为中国特色社会主义奋斗终生的有用人才。作为学校，我们要进行生命、生活、生涯的"三生"教育；作为教师，我们要做出改变，从单纯的教书到教书育人再到现在的立德树人，我们再也不要做教书匠了，要做专业的教师，系统地学习"学"与"教"的知识，正确构建和谐的师生关系，处理好"授"与"受"的关系，采用新技术、新理念、新方法、新手段，提升教育教学水平，树立专业自信，促进专业化发展，注重教师自身的身心健康，不做负能量的人。

卢教授用朴实的语言，丰富的案例，博学的知识，平易近人的语气，与我们侃侃而谈，让我们获益良多。我相信在今后的教学中，我必须有所为，有所不为，努力学习改变，提升自己的教育素养，改变只教书不育人的局面，真正做到为人师表，教书育人，用爱和激情来实现我的教育梦想，做一个真正幸福的教育者。

二、核心素养，保高品质课堂教学

成都市武侯教科所的幸世强教授为我们做了《核心素养背景下的高品质课堂教学》专题

讲座。幸世强教授从以下三方面进行详细解读：核心素养背景及核心素养；高品质课堂教学是落实核心素养的主战场；深度学习是高品质课堂教学的核心，是落实核心素养的必由之路。他从核心素养背景讲起，内容包括为什么要提出核心素养，核心素养的含义、意义及发展路径，明确指出做好学生核心素养培养，才能增强学生的可持续发展，全面发展。针对在核心素养背景下，究竟要学什么，要怎么教，要怎么学，他还从教学设计、课堂提问、教学方法、学生评价等方面一一进行了诠释，要求老师们认真思考教学逻辑，采用探究法教学，强调课堂教学要能体现核心素养下高品质课堂六个特征。

核心素养是素质教育再出发的起点，高品质课堂教学必须关注学生核心素养的培养，课堂是培养学生核心素养的主战场。因此，作为英语教师的我，一定要注重发展学生的语言能力、文化意识、思维品质和学习能力等英语学科核心素养，落实立德树人这一根本任务。

在我的英语课上，我一直坚持用全英语教学，每一节课都设置一定的教学情景，给学生营造一定的英语氛围，同时我和学生建立融洽的师生关系，让学生很期待和喜欢我的英语课。课后我还设置小小的英语角，鼓励学生参与，多说多交流。平时我还通过教学生唱英语歌曲、举行英语演讲比赛等活动来激发他们学习英语的兴趣。学生轻松愉快，积极主动地开始学英语。在平时的教学中，我利用必修和选修课文的 reading 和 cultural corner 部分，挖掘课文中的文化底蕴，让学生了解更多的文化知识。在平时的英语学习中，我鼓励学生敢于质疑，敢于提出问题，善于思考、分析，从而培养学生逻辑思维和创新思维能力，进一步提高他们解决问题的能力。我改变传统的教学模式，发挥学生的主体作用，通过启发，引导学生积极思考、探索。比如在平时的阅读教学中，教师可以进行整个语篇分析，让学生深层次理解文章，掌握课文内容，并且总结阅读技巧，提高学生阅读能力。我所做的这些恰恰印证了幸世强教授的教诲。

三、教研教改，促教学质量发展

成都市青羊区教育科学研究院、教育部"国培计划"培训专家、特级教师刘大春带来了《教研创新与课堂教学改进》的讲座。刘教授用风趣的语言，结合他所遇见的各种各样的生活案例和课堂教学管理的实际案例，进行了深入浅出的剖析，赢得了老师们的阵阵掌声，使整个上午时光在快乐的氛围中变得短暂而有意义。会后大家都觉得意犹未尽，收获多多。

讲座包括四个方面的内容：聚焦主题，聚合智慧攻坚克难；基本策略，以写促学精准发力；主要做法，向着目标努力前行；互惠多赢，多方受益共同成长。刘教授强调聚焦主题就是聚焦管理能力，学生的管理秘诀就是沟通、沟通、再沟通。沟通是解决问题的前提。在教师成长的过程中常用策略有专业引领、同伴互助、实践反思等，但以写促学"内生性"成长是重要的。为了目标，我们要从生活中对接、互动式交流、指导型分享、任务式驱动、合作式探究及应用型验证中找准突破点，发挥优势，持续发力，共同成长。

刘教授的讲座，触动了我的心弦。如何做到教研创新与课堂教学改进，提高自己的教育教学的能力是当务之急。作为省、县名师工作室的成员之一，向教育专家虚心学习，大力抓好以写促学"内生性"的成长，把自己在教育教学中的所思所想所感用文字记录在案，从而促进自我的专业化成长，提高英语教学质量。

四、信息技术，使教育教学更有效

成都市金苹果锦城一中优秀教师、四川师范大学特聘教授陈子斌，为大家带来了《信息技术在教育教学中的有效应用》。陈教授从三方面，即信息技术的基本内涵与发展趋势，信息技术与教育教学的融合思考，信息技术在教育教学的有效应用，详细解读了信息化时代我们该怎样使我们的教育教学更轻松和更有效。陈教授认为移动APP将会成为改变教学的一把利器，给我们的教学带来很大冲击和改变。但是在我们的教学中，我们一定要把信息技术与教育教学深度融合，找到融合方式、着力点、契合度。

最吸引老师们的是陈教授分享的教育教学中的实用技术工具与方法。他给大家详细讲解了如何进行信息检索、资源获取及加工、PPT的制作与美化、素材的搜集以及文件存储、查找、转化等相关问题解决的方法和技巧。

听了陈教授的讲座，我们感慨不已。信息技术让我们的生活变得更快捷方便了，也让我们的教育教学更有效了。所以在今后的教学中，我还要多学习，学会使用更多更好更实用的技术工具，让我们在轻松的教学中收获硕果和幸福。

这两天来之不易的学习机会，我是非常珍惜的。我一直专心倾听教师们的讲座，认真做好笔记，不断地进行反思总结，与他们交流教学困惑。

我相信，在今后的教学中，我一定会领悟专家们的讲座精髓，利用信息技术与教学深度融合，坚持教研课改，构建全新的课堂教学模式，注重学生核心素养的培养，构建和谐师生关系，全面加强自身专业化建设，切实提高政治站位，理清思想航线，坚守师德底线，把握法律红线，用一颗温柔的充满爱的心去做好教育。在教育中守望快乐，享受幸福，做一个真正幸福快乐的教育工作者，为教育事业的发展贡献自己的全部力量。

素养立意　语言激励

四川省井研县井研中学　杨元超

2020年5月30日到31日，在井研县2020年"打造高效课堂"教师全员培训中，我有幸聆听了四位专家教授的讲座，特别是幸世强教授《核心素养背景下的高品质课堂教学》讲座，使我受益匪浅，感悟颇多。

感悟一、素养立意

语文教学必须"素养立意"，牢牢把握"根本"——语文学科核心素养，做到工具性和人文性的统一，让学生有深度地学习。

感悟二、课堂建构

建构高效学本课堂，以学定教，导学支撑，先学后教，以预学为基础，以问学为驱动，以展学为突破，以拓学为提升，体现"六维度""三境界"（朱永新语），有文化，有品位，有生命力。

感悟三、语言激励

教师需做到语言生动优美，有张力，有激励性，春风化雨，点石成金，以语言魅力盘活学生的潜能。

1. 导语激励。古希腊哲学家柏拉图说："良好的开端是成功的一半。"导语是课堂教学"开场锣鼓"。导语要准确、新颖、灵活，分为直观式、联想式、悬念式、设问式等，可以提问、听录音、看录像、讲故事等。我教学《锦瑟》的课堂导语是：在大唐末世的余音里，李商隐走来了，这位晚唐的才子，以旷世的情怀，为大唐的黄昏添上了一道绚丽的余霞。《锦瑟》是他的压卷之作，千百年来，聚讼纷纭，莫衷一是，《锦瑟》的立意究竟缘何？体现出怎样的风格？

2. 提问激励。提问应减少信息损耗，富于启发性。问题引领，激励探究。在教学《林黛玉进贾府》时，我的"提问"是：你眼中的林黛玉美不美？王熙凤的形象特点及现实意义是什么？

3. 结语激励。结语是对教学活动的总结、评述，应该准确生动，文采飞扬，余音绕梁，韵味无穷，成为课堂教学的拓展、延伸。结语应当师生一起写，然后共同交流。在教学哲学论文和随笔后，我的课堂结语是：我们聆听了现代哲学泰斗冯友兰的谆谆教诲，心灵震撼，醍醐灌顶；我们应该努力成为既"入世"又"出世"的有天地境界的人。我们幸会了中外先贤爱因斯坦、雨果、歌德、鲁迅，深深叹服于他们不断工作、回报社会的高尚追求。我们拜读了庄子，他是历史的天空中一轮孤月下一棵孤独的大树，是一种不可企及的妩媚，是一道以超凡绝俗的大智慧建构的不朽风景！

4. 煽情激励。从学生生理、心理状况看，学生不可能整堂课都保持高昂的情绪，因此，教师要注意教学语言的心理控制，一会儿"快三步"，一会儿"慢四步"，有时高亢激昂，有时低回婉转，高低错落，快慢结合。以一句笑话、一个小故事，或以声情并茂的诵读、精当深刻的点拨去振奋学生，使学生感受生命的激情和理性的飞翔，使教与学、主体与客体之间形成一种强烈的激励机制，形成一种审美的情感交流，带领学生进入一个辽阔、纯净、芬芳的知识王国。

5. 交心激励。教学与"交心"结合，理解学生、尊重学生、关爱学生，用心灵的沟通感召学生，把教师酷爱语文的"火花"移植到学生心里，把教师酷爱思考的习惯传授到学生身上。教学语言文明高雅，有亲和力，在友好、平等、愉悦的氛围中，使学生心情愉悦，情绪饱满，"有话敢说，有话能说"，变"苦学"为"乐学"，变"讲堂"为"学堂"。

6. 表扬激励。在教学中，一个宽容的微笑、一道赞许的目光，一次有力的表扬，也许就会让学生刻骨铭心、永生难忘，爆发出惊人的力量。因此，教师要积极发现学生的优点、进步，多表扬，多鼓励。课堂上，学生回答问题无论正确与否，都应及时鼓励、表扬，切忌简单否定，甚至粗暴批评。我在写作指导时讲：不想当将军的士兵不是好士兵。有一个男生举手说：不想当将军的士兵也是好士兵。他引经据典，滔滔不绝，言之有理，讲了好几分钟。尽管他打断了我的讲述，但我还是表扬了他。

总之，教师的语言是一种技术，更是一种艺术，陶冶学生的情操；教师的语言是一种知识，更是一种思想，震撼学生的心灵；教师的语言是一种气质，更是一种品味，启迪学生的心智；教师的语言是一种信息，更是一种精神，诱导学生的思维。在课堂教学中，教师要运用灵活多变的方法，充分发挥语言的激励作用，不断提高学生学习的积极性，实现教学效果的最优化。

苔花如米小　也学牡丹开

四川省井研县研城中学　尹建东

繁忙又繁忙，匆匆又匆匆。时值周末，我又端坐在井研中学录播教室一隅，参加井研县2020年打造高效课堂教师全员培训，两天时间里聆听了四位教育专家的讲座，炎炎夏日却如沐春风，收获满满。整理收益，贮存心中，再次整装出发。

一、线上线下教学融合是未来教育发展的大势所趋

在开校前，我担任了八年级物理的全年级线上教学任务，第一次当起了主播，回顾得失，喜忧参半。听了陈子斌老师的讲课，觉得自己在教育技术上就是一个"江小白"。未来已来，时不我待，万物互联，人工智能高速发展，持续强有力地冲击着现在的教学。唯有不断学习，不断实践，才不至于在未来的教育模式中落后甚远。

二、增强师德修养和职业认知，为井研教育添光彩

卢雄教授在《立德树人与教师职业心理调试》中谈到两个"三"：教师面临的三大问题：愿教，能教，会教；幸福的教师要三懂：懂自己的职业，懂学生和学习，懂教育与教学。警示大家：课堂最魔幻，既是天堂也是地狱；不要让学生对知识的渴望变成对知识的仇恨。教育的本质就是构建和谐师生关系，教师要有教育情怀，要争做一个幸福的教师。

幸世强教授告诉我们：核心素养主要指适应学生终身发展和社会发展所需要具备的品格和能力，高品质的课堂是落实核心素养的主战场。要敢于打破"一把抓""知识点""短平快""顾眼前"情结，破旧立新，立足学生长远发展。从"教书"到"教书育人"再到"立德树人"，从"素质教育"到"核心素养"，体现了中国教育观念的发展。

培训休息中和刘教授交流　　　　三位物理粉丝和专家合影

三、课堂教学首先要探讨的问题是管理，而管理之道在"沟通"

刘大春教授的《教研创新与课堂改革》是最受欢迎感受也最深的讲座。既有理论的引导，又有案例的分析，很接地气。1."沟通、沟通、再沟通"是管理之道，有效沟通是有效管理的

前提。2. 预防为主，最小干预。3. 言语管教是有方法可循的。4. 人的内心世界，天生就存在一种叛逆心理。刘老师声音具有磁性，语言具有磁场，声声入耳，字字入心。

刘教授博览群书，厚积薄发，课堂上收放自如，引用"乾隆与和珅的故事"谈管理之道，"不聋不瞎，不配当家"醍醐灌顶，只恨自己为何不早听到刘教授的点化，可以少走弯路。

忙忙碌碌中，从教已近30年，鬓染华发，年近半百，学习之路，从未停歇；教书育人，任重道远。"苔花如米小，也学牡丹开"。桃李不言，下自成蹊，唯有苦练内功，团结协作，继续前行。

破茧成蝶，逐梦而飞

井研县师范学校附属小学校　张杰

2020年5月的尾声，我参加了井研县"打造高效课堂"全员教师培训，收获颇丰，感受良多。

印象最深的是成都市青羊区教育研究培训中心主任刘大春主任真切地与我们分享了他自己的成长经历，我感慨：人的一生该如何度过？教师的职业生涯该如何规划？

初心

我，现在是井师附小六一班的班主任、语文老师。2012年绵阳师范学院汉语言本科毕业，想当初，我是被我的第一志愿、第一专业录取。我的专业就是我的理想，我从小就立志成为一名语文教师。毕业当年，考进了绵阳的一所小学，在那里艰苦奋斗了一年。说实话，那一年，我真的受益匪浅。因为，秉着小学老师是块砖，哪里需要哪里搬的原则，我被分派担任一年级数学教学和班主任。我初出茅庐，在大学完全不与小学生打交道，满脑子都是张爱玲、古代文学、现代文学、外国文学，哪里接触过这些"小恶魔"？我每天都在手忙脚乱中度过，我记得其中最好笑的事情是，一年级开学第一天，家长把孩子送进了我的班级。下课了，孩子们飞一般出去上厕所，等到上课的时间，班级上就多出一个空位，一个孩子不见了！结果是上了厕所找不回来，幸好隔壁老师给送回来了。其中啼笑皆非的事情数不胜数，几乎没有风平浪静的一天。但是对于教师这个职业，我从来不曾退却。

转折

时间就在波澜不惊中转折来到2017年9月，这是普通又平凡的日子，那天也是9月1日的开学典礼，我记得那时候包括我，井师附小新进了20多位老师，我作为新教师在开学典礼上发言，谁知道当时我的内心是多么担忧——一个教数学和英语的语文专业的新手，会不会……我在不断的自我否定又不断自我重建信心中着手新的工作。

破茧

我开始着手我的成长计划。

首先第一步：脸皮够厚。刚开始的时候，除了上自己的课，不管别人怎么看，怎么想，我都会厚着脸皮提着板凳去我们同年级的老师教室里听课，之后再自己总结。我听的老师年龄跨度大，方法或新颖，或有创意，或踏实稳重，慢慢听得多了，自己上课总会寻找到新的、容易被学生接受的讲课模式。不懂就问，真是一个好品质。我参加的教师培训很多，几乎大大小小的培训只要喊到我，我都会答应，不管是回来有没有任务，我都非常珍惜走出去的机会。我深知：闭门造车只有死路一条，只有不断更新教育教学手段，才能适应不断变化的教育形势和新时代的学生需求。

第二步：欣然接受任务。在这三年中，我参加的大大小小比赛，上的公开课真的说不完，几乎每学期都是好几次。学校、全县、全市，一层又一层，无论是上公开课还是写论文，只要接受了任务，我就想我肯定得把它做好。一次又一次的锻炼，让我适应了对于教研工作绝不推诿。

第三步：无缝配合，协调班科。从开始当老师，我几乎都当班主任，实践告诉我，在很多班务工作上，搭科老师起到至关重要的作用。数学老师是一位经验丰富的老教师，不怒而威，对学生的管理非常有艺术。英语老师以校为家，踏实肯干，对学生像春天般温暖，我们三人紧紧扣在一起，不分彼此，在学校，我们就是一家三口，只有我们三个团结了，齐心协力了，班级才能有凝聚力。这几年，我们班学生团结友爱，积极阳光，成绩优异，老师之间也互相关心，工作愉快。

第四步：善于调整心态。古人云：天将降大任于斯人也，必先苦其心志，劳其筋骨，饿其体肤，空乏其身，行拂乱其所为，所以动心忍性，曾益其所不能。通俗点说，要做成事情，就要劳心、劳力，有时候还要饿肚子。我担任了六年级的语文教学、班主任、六年级年级组长、学校微信平台撰稿通讯员、小学语文名师工作室成员，这学期再加了一个党建小组成员。说实话，加班是常事，别说之前磨课、赛课了，光是我刚说的这些头衔，每一个的工作量和琐碎程度，超乎我们的想象，但是人的潜力是无限的，我总是这样告诉自己：没有关系，走上坡路总是累的，当我要是觉得整天无所事事的时候，说明我在这个世界上已经可有可无了。遇到困难，态度消极时，必须时刻调整自己，及时倾诉。我办公室的两位校长，同年级的姐姐们，都是我情绪的垃圾桶，我不管在生活上还是在工作上遇到问题，他们都会像人生导师一样为我疏通减压，让我再重整旗鼓。

最后，常怀感恩之心。记得在一本书上看过这句话："你好不容易读完书，最后只能去乡镇教书，一月工资不过万，世人皆笑言不值。"就这样轻描淡写了我们的前半生，殊不知我家三代为农，望我辈仰望星空。今天在这里的我们，更不能自轻自贱，我们应该感到骄傲，为我们的这份职业感到光荣，以教师的名片而觉得面儿上有光，不管是不是待遇与公务员相等，不管双减未来会怎么样，我都心怀感恩，感谢国家，让我安心工作，让我衣食无忧。只要心怀感恩，很多不开心都会烟消云散。

"身正为范，学高为师"，每个人对梦想的定义都不一样，也许有的遥不可及，也许只是需要你的努力。

花香载途，幸福未央

井研县三江镇初级中学校　周星梅

2020年5月30日—31日，我有幸参加了为期两天的井研县2020年"打造高效课堂"教师全员培训。此次培训让我们能与专家零距离接触，这是一个学习平台，也是一次精彩纷呈的视听盛宴。通过这次培训，我的思想受到了强烈冲击，久久无法平静，陷入深思中。

一、做一个有健康心理的老师

第一讲是由卢雄教授为大家做的《立德树人与教师心理调适》，卢教授为大家剖析了以前教师和如今教师社会地位的转变，这解开了困惑老师们很久的"为什么以前教师受尊重，现在教师就是多重标准"，甚至"大家能允许医生年薪过10万，但教师就不能"，其关键在于教师的专业评价标准。标准在变，我们的心态也应当跟着时代而发展，适时的调节是很重要的，因为一个优秀的教师除了要具备丰富的专业知识和精湛的教学技巧外，更重要的是需要具有健全的人格与健康的心理状态。正如书中所说："你的手中是许许多多正在成长中的生命，每一个都如此不同，每一个都如此重要，全部对未来充满着憧憬和梦想，他们都依赖你的指引、塑造及培养，才能成为最好的个人和有用的公民。"我们想要做好老师，必须先做一个心理健康的老师。

二、做一个有专业知识的老师

知识就是力量，知识就是财富，要给学生一杯水，自己必须有一桶水。作为教师的我们，在对学生授业解惑的同时，也要不断地充实自己。在多元化的社会，科学突飞猛进，信息与知识不断地由单一化走向多元化。作为新时代的老师，我们要用发展的眼光看待学习，迎接知识挑战，不懂就学。学习是当代教师补充更新专业知识的最好途径。而学习学生，懂得学生又是重中之重。这要求我们必须适应新形势下国家对人才对学生的要求，因为学生应具备的是终身发展和社会发展需要的必备品格和关键能力；需要有批判性和解决问题的能力、沟通与协作的能力、创新与革新的能力。深度学习学生核心素养，这是实现高品质课堂的必由之路，所以要想做好老师，先做一名有专业知识的老师。

三、做一个勤于思考的老师

刘大春教授在教师的成长常用策略上谈到实践反思，这是促成教师成长的有效途径。教师这项工作，既在授业，更是在育人，与人打交道的工作就有很强的复杂性，尤其是未成年人。所以我们应在平时忙碌的工作中及时停下脚步，思考，思考，再思考，因为我们的办法总是比困难多。

四、做一个善于使用信息技术的老师

培训的最后一讲是由陈子斌教授做的有关信息技术的有效应用的讲座，陈教授除为大家讲授了有关信息理论知识，更重要的是教会了老师们一些实用的技能技巧和推荐了一些适合老师们运用的软件。这让所有的老师兴奋不已，并且激起了强烈的求知欲，似乎希望一下就能学到所有的技术，这说明教师的信息技术时代已经到来。当前科技发展异常迅猛，我们作为教师更要不断地学习，希望通过不断学习能成为一个善于使用信息技术的老师。

时间总是匆匆，两天充实而快乐的培训转瞬即逝。这次培训让我深知，在教师的成长路上，只有起点，没有终点，花香载途，幸福未央。

心是一棵会开花的树

井研县研城初级中学校　左旭梅

"三生教育""心理调适""专业成长六策略""核心素养培育路径"……太多太多的金玉良言，掷地有声，直扣心扉。2020年的5月底，幸福，不期而至！我参加了为期两天的井研县2020"打造高效课堂"全员培训，在聆听、感悟、震撼中赶赴了一场来自云端的饕餮盛宴。

四位专家携着淡淡的栀子花香，齐聚井研中学，次第登场，同台演绎，为我们打造了一台集智慧、理性、知识、专业、实用于一体的真正的高效培训。四位专家的课虽是风格各异，却聚焦同一主题，各显身手，给我带来了一场全新的知识盛宴，激活了我身上的每一个细胞。培训已经结束一周了，专家们的声音犹在耳畔，心底的涟漪依然在泛滥，我知道这次培训我是用心了，动情了，被种草了！应该要写点什么，一时间竟然发现要写得太多，却千头万绪不知从何写起。于是静坐灯下，泡上一壶香茗，翻阅这两天的笔记，本子上还氤氲着淡淡的墨香，在袅袅的茶香中，卢雄、幸世强、刘大春、陈子斌四位专家的讲座情景在脑海中一一浮现，培训会上的一个个精彩片段、我领悟的点点滴滴涌上我的心头……

幸福的教师要学会三懂：你是谁？从哪里来？到哪里去？不做教书匠，学会心理调适，自我修炼，去做专业型教师。卢雄教授妙语连珠，口吐芬芳，这些高深的理念在他的解读下听起来是那么的浅显易懂，令人耳目一新。爱了爱了，赶快记下来！

培养高品质课堂的内涵和意义，聚焦核心素养，克服教学中的四个不足：突出重点，打破"一把抓"情结；整体生成，打破"知识点"情结；深度建构，打破"短平快"情结；广度适应，打破"顾眼前"情结。听着幸世强教授这些深入浅出的解读，我豁然开朗。心里想着，幸教授把这些"独门秘籍"都给我们带来了，果断收藏，以后打造高效课堂就靠它了！

专业成长六策略，沟通交流十招式，以写促学精准发力，名师修炼六个"ABB"，刘大春教授携带着一大堆课堂改进的策略和方法，干货满满，霸气侧漏地登场了。快写快写，刘教授放大招，怎能错过，一边紧张地记着笔记，一边催促着自己，生怕记漏了哪一个小妙招。

"陈老师，有没有免费下载音乐和视频的网站？""有没有免费论文下载？""PPT如何实现一键生成？""文件存储有妙招吗？"……"都有都有，你们想要的我都有！"一大堆神器在陈子斌教授诙谐幽默的语言下席卷而来，让我应接不暇。天生在信息技术方面智残的我，恨不得记下老师说的每一个网站，每一个链接，每一种方法，甚至是每一句话。糟了糟了，刚才的话没有记完整。我心里直犯嘀咕：老师，可不可以讲慢一点！天，怎么忘了，手机录音。

赶快录下来,好好学习!

"苔花如米小,也学牡丹开。"两天时间就这么不知不觉地过去了,结束时,真觉意犹未尽,第一次对培训有种相识恨晚之感。培训是短暂的,留下的思索却是永久的。身无一技之长的我,总觉得自己太普通,太渺小,太卑微,有时候甚至觉得自己卑微到尘埃里。四位专家或深刻,或睿智,或幽默,儒雅、沉稳,或思辨,他们闪耀着智慧和理性光芒的讲座,让我真正体会到了什么叫"山重水复疑无路,柳暗花明又一村"。他们的话语,如涓涓细流,滋润了我的心田。有一颗种子在悄悄播下,何不学苔花,如牡丹般开放?我想,不久的将来,这颗种子会慢慢发芽、抽枝、开花。为了心里的这颗种子开花,我咀嚼着专家的话语,思索着未来的道路,为自己精心制定了以下这套方案。

一、在学习中浇灌,让心灵之树发芽

"问渠那得清如许,为有源头活水来"。教师要真正做到"传道授业解惑",教师自身的知识储备必须丰富,既要懂教育还要懂教学。专业的教师不仅要做一桶水,还要做泉水。教师的源头活水来自于不断的学习,教师要树立终身学习的观念,通过学习,让自己成为专业发展的实践者和受益者。我要苦练内功,提升自我。我准备做好以下两点:一要多读,坚持多阅读先进的教育理论来提升自我。多读有关教育学、心理学的书籍,学习核心素养下的先进的教育教学理论,转变自己的教育教学观,用这些先进的理论来指导和改进自己的教学。多研读有关学生身心发展规律的书籍,遵循学生身心发展规律,真正懂教育和教学,知其然并知其所以然。二要多学,采用多种渠道的学习方式来提升自我。首先向有经验的同行学习,多听课,积极参加各种教研,学习优秀的教学方法,扬长避短;其次向社会学习,关注社会热点,关心国家方针政策,紧紧跟上时代的步伐,把握时代的脉搏;还要向网络信息学习,掌握信息技术的实用方法,利用信息技术辅助教学,使教学效率得到提高。多读,多学,学教育理论,学教育方法,将学习进行到底,提升自我,用丰厚的学养去滋润我的心灵之树的种子,让它发芽!

二、在反思中耕耘,让心灵之树抽枝

苏霍姆林斯基说:"每一位教师都来写教育日记,写随笔和记录,这些记录是思考及创造的源泉,是无价之宝,是你搞教育科研的丰富材料及实践基础。"叶澜教授说:"一个教师写一辈子教案不一定成为名师,如果一个教师写三年反思有可能成为名师。"接下来的日子里,我要坚持做好三种反思:一要坚持从写作上反思自己。坚持写教学日记、读书笔记和教学案例,随时记录学生的学习表现、兴趣和学习的效果,总结成功的经验,反思失败的原因,做到时时事事反思,以此促进自己的教学。二要坚持从方法上反思自己。要学会将课程进行横向和纵向的整合,打造出高品质的课堂。每堂课下来都要反思自己在课堂上与学生的活动情况,反思沟通交流的方法,反思教学管理的技巧。三要坚持从借鉴中反思自己,超越自己。"他山之石,可以攻玉。"要积极参加各种听课、备课、磨课活动,多与他人研讨,探究同行、名师、专家的课堂艺术,博采众长,借鉴别人好的经验,反思自己的不足,取长补短。在学习中反思,在反思中学习,勤耕细耘,让我的心灵之树抽枝!

三、在创新中突破,让心灵之树开花

"会当凌绝顶,一览众山小。"当今世界形势竞争激烈,每一个国家和民族都越来越需要更多的创新型人才。而培养创新型人才首先就是要从我国的教育入手，只有教育教学的创新，才能培养出真正具有创新精神的人才。课堂是教学的主阵地，教学中要打破常规，深度研究课堂，精心打磨课堂，开拓进取、勇于创新，培养创新人才。以后我要努力从三个方面做到创新：一是课前精心设计导入。"好的开始是成功的一半"，创新的导入可以快速点燃学生学习的激情，激发课堂的兴趣，将学生快速"请进"课堂。二是课上精妙设置问题。著名教育家陶行知说："发明千千万，起点在一问"。我要在吃透教材和学生的基础上，精心设计问题，不做无效提问，要在无疑处提出能引燃学生思维火花的新问题，充分挖掘学生的潜力，培养学生的创造力。三是课后精准设计作业。苏霍姆林斯基认为："课外作业不应该是课内作业简单的量的追加，而应该是知识的发展和深化，是学习能力的改善，是掌握课堂知识的必备。"在布置作业时，力求做到形式多样，提高作业的质量和效率。同时还要分层次设计不同的作业，让不同的学生都能做真正"有质"的作业。深度研究打磨高品质课堂，勇于创新，在不断的创新中突破自己，让我的心灵之树开花。

"长风破浪会有时，直挂云帆济沧海。"学习虽然短暂，但带给我思想上的洗礼、心灵上的震撼、理念上的革新却是前所未有的！感谢培训，我会铭记这两天，它让普通渺小的我在心底悄悄播下一颗种子，并为它在学习中浇灌，在反思中耕耘，在创新中突破。我想，在我的细心呵护和精心培育下，终有一天，我的心灵之树定会抽枝，开花，结果……

国培计划项目培训篇

"引""做""找""量""留"
助推乡村幼儿教师专业成长
——井研县国培幼师项目送教下乡与工作坊混合研修项目纪实

井研县教师进修学校　李勇成　刘勇　陈国祥　宋慧玲

井研县针对多数区乡民办园教师流动大、学历低、专业能力严重不足、园本教研缺失等问题，在实施幼师国培送教下乡与工作坊混合研修项目中，聚焦培训主题，放低并细化培训目标，将培训项目与园本研修有机整合，以语言教学为切入点，小步递进，探索出"引""做""找""量""留"送教下乡培训模式，推进区乡民办幼儿教师专业能力提升及园所保教质量提高常态化"生态圈"建设。

一、主要做法

（一）顶层设计，让送教培训有"点"可破

整合资源，构建"省级大专家+本土小专家"送教专家团，形成合力，做好训前调研及送教顶层设计。据学员需求，以"提升语言教学活动有效性"为着力点，细化目标，循序落实，让送教有"点"可破。

（二）"引""做""找""量""留"，让教师成长有法可鉴

1. 专题讲座——引路子

管理团队根据教师"希望得到专家引领和现场指导"的需求，以师德、专业技能为主题，聘请"大专家"和一线名师，为学员作专题讲座。通过案例分析、问题研讨等，助推学员提升师德水平和语言领域教学能力。

2. 优课观摩——做示范

采取"优课观摩+说课评课+微讲座+专家点评"的培训模式，从学什么、怎样学两方面入手，为学员找到理念和行为最佳结合点，让学员在观摩中思考，思考中发现，发现中改进。

3. 一课三磨——找法子

将学员按教龄、能力等差异搭配，分5个优化学习小组，指导学员从绘本故事《再见，电视机》入手，开展"三备三上"的集体磨课教研，让成长有样可学。

"一备一上"，重在个人"原生态"课堂呈现，教师按自身理解备课上课，说课评课。"二备二上"，个人课堂基础上，小组集体二备二上，重在建构基于规范化的"备、上、评"，集体优化，助力突破。"三备三上"，则是在二磨基础上，遴选最优三个活动，重在优化课堂结构"起点、难点、磨点"，集团队智慧，准确把握课程核心价值，考究目标预设，细化环节和关键提问，思透回应策略，突显师生互动，并精彩演绎。经过"三备三上"，形成了"反思实践、提出问题、合作研修、相携共生"的教师教学能力提升及园本教研路径。

4. 微课展评——量尺子

在"引""做""找"环节，学员们体验到上好优课策略，对把握课程核心教育价值、

合理预设目标、优化环节设计、围绕目标预设提问等，心中有了一把比较的尺子。管理团队在此基础上，组织微课展评活动。人人现场备"优质课"，分小组上微课，小组推荐一名借班上微课。学员们"量尺子"，学长处，寻差距，发现问题，及时调整，并在实践中检验，再研讨，再实践。如此反复，养成研的习惯，以研促成长。

5. 跟踪指导——留"模子"

对好的经验做法，培训团队发挥"种子"教师作用继续深入区乡园所，跟踪指导学员，以点为引，以法为鉴，针对各园所真问题开展研训，助力教师成长。

通过以上研训，学员亲历优课产生过程，唤醒了区乡民办园及教师通过教研共同体助力成长的愿望。

二、创新举措

（一）一课三磨，获得不同提高

围绕同一个课题，同课异构。通过三备三上，从"一"到"三"，让怎样上好课变得清晰聚焦，凝练成可类推到其他活动的"傻瓜"模式。历此教研，教师更好悟到抱团教研、相携共生的重要价值，以点为引，推进其他领域甚至游戏或一日活动其他环节研讨。

（二）提供范式，助力园本研修

优课观摩、一课多磨、微课展评等领域教学园本教研，怎样聚焦小点、层层递进、逐步优化，怎样通过园本教研提升教师及学校保教质量等问题，在送教中变得直观形象，可借鉴、可操作、接地气、非传说。

（三）混合研修，提高培训实效

采取"送教下乡+工作坊+园本研修"混合研修模式，线上学理论、观好课、搜资源；线下采取现场诊断、课例示范、实践指导、展示提升并与特色园本研修活动有机结合的方式进行送教，形成"网络支持+送教团队指导+全县幼儿教师互助"的园本研修常态化长效机制。

三、实施效果及推广价值

1. 以点为引，从顶层设计开始，围绕怎样上好语言活动为切入点，开展一课三磨、微课展评等活动，并以此类推，扣本而研，探究形成"引""做""找""量""留"培训模式，助力教师成长。

2. 建立了3所教师发展示范园，为区乡民办园教师搭建学研平台。马踏幼儿园荣获"乐山市2019年幼儿园保教质量评估二等奖"。

3. "每次改变一点点，最终实现前进一大步"。培训点亮专业智慧，培养了一大批"种子"教师。入职半年的文秋霞荣获"优秀语言教育活动课例展评活动一等奖"。

4. 各区乡民办园借鉴项目培训模式，因地制宜思考各园所真问题，形成"线上学习+线下实践+送培团队指导+示范园辐射+参训教师引领"的常态园本研修。

5. 生成了一批送培送教资源，包括凝聚学员研修实践理性思考的8本成果集，打造了有本土特色语言活动课程资源，形成可推广的应用成果资源包。

针对我县区乡民办园师资情况，多措并举，助力教师提升语言领域教学理念及实践能力。同时，以点为引，探索教师成长路径，提升区乡幼儿园办园质量，助力教师专业成长。对同类型幼儿园有一定推广价值。

浅谈培智学生语言训练

井研县特殊教育学校　曾永红

一般来说，培智学生语言获得的模式、发展的途径与普通学生没有本质的区别。培智学生在语言获得的时间上较晚，在语言发展的速度上比普通学生较慢，在语言品质上比普通学生差，学生智力水平越低，语言障碍表现就越明显。培智学生内容表达简单，话语之间缺少逻辑性，甚至说一些简单的生活用语也很困难。培智学生应该早抓语言训练，抓住他们语言发展的关键期，通过有效的训练，从一定程度上提高他们语言的表达能力和理解能力。

一、帮助培智学生树立自信心

培智学生普遍比较自卑，所以提高他们的自信心是关键。在学校、家庭和社会生活中，老师和家长要多夸奖孩子，更要多肯定孩子。当他们感受到自己是一个有能力的人，就会充满自信。教师和家长应积极关注学生，主动关心学生，给予他们适当的爱抚，增强他们的安全感。不论什么时候，随时观察，抓住细小的进步，及时表扬，及时肯定。对于性格内向、退缩、害羞的学生，鼓励他与同伴共同参与游戏。这样能降低他们的焦虑，改善他们的语言问题和心理问题。

二、帮助培智学生进行有针对性的言语能力训练

言语能力，是人进行语言交流的一种生理心理条件。人的语言是在这种基础之上，通过与他人交往、学习训练发展起来的。培智学生的言语落后情况非常突出，说话会出现时断时续的状况，音质表现出嘶哑，让人能明显感到他们言语时呼吸不通畅，气流量不够充足，呼气不均匀，发音也可能不协调，有部分学生鼻腔控制出现异常，更严重的是部分重度学生存在发声困难的现象，所以对培智学生进行专门的发音训练非常必要。让学生每天做一做舌操，作专门的张嘴练习，锻炼舌部的运动能力，锻炼唇部肌肉的运动能力。开展丰富的活动，让学生学习吹气球，训练学生对气流的控制能力；带他们去闻各种气体的味道，加强深呼吸，训练学生的换气能力。通过运动康复增强学生的肺活量，促进学生在说话时的流畅性。

三、突出课程主阵地对培智学生进行语言训练

培智学生的语言训练在日常教学中也很重要。在数学教学活动中，让学生学习清楚地说，能反馈学生学习的思维过程，让学生准确地说，才能了解学生对学习内容是否理解。如在数学的算式教学中，就要求学生完整地读出算式，读是语言训练的有效方式。然后请学生比较完整地说出来。出示算式11加4等于多少，学生看到以后都会主动举手回答。但往往只会说一个结果，这时候指导学生要把算式说完整。学生在引导下就能说11加4等于15的完整的话。再如教学生画苹果时，通过电子白板展示出苹果的图片，引导学生进行思考：图上画的是什么水果？你喜欢吃吗？然后让学生说一说苹果的颜色，说一说苹果的形状，再让学生完整地从头说。老师再出示相关的卡片，让学生指卡片认读字词，然后把语言训练成果通过游戏活动强化巩固。老师通过看图学说话、模仿说话、词语联想、词语搭配等形式，把语言训练与

学科教学相结合，把语言训练与各项活动相结合。

四、发挥家庭时间优势对培智学生进行语言训练

培智学生最初的环境就是家庭，在家庭中的时间最长，是培智学生最主要的语言环境，充分调动家长的主观能动性，能有效地对培智学生进行语言训练。老师要走入学生家庭，争取家长与学校配合，与家长进行信息交流，了解培智学生现状，知道学生语言训练的侧重点，并对家长进行训练方法指导。在家庭生活中，家长要让自己处在孩子的视线前面，每一件事情，都尽量用语言说出来，说出自己正在做什么，丰富学生的语言输入。比如，爷爷在客厅里看电视。爸爸在打扫家里的卫生。小宝，你正在沙发上玩玩具。在不断的语言刺激下，让培智学生把动作的形式与动作的词语建立联系，把物品实物与物品名称建立联系，要随时提供机会让学生去说，哪怕多花时间，家长也不能代替学生说出来。根据生活实际，主动给学生讲一讲简单的童话故事，说一说亲人的趣事，为培智学生提供丰富的语言环境。

五、巧用社会资源对培智学生进行语言训练

培智学生受身体缺陷的先天影响，他们语言发展相当迟缓，他们的生活的范围局限性很大，社会经验更是非常缺乏。要让培智学生去了解自己生活的社会，认识多彩的社会，家长就应抛弃他人异样的眼光，把孩子带入社会生活，参与正常的社会活动。在活动中学习礼貌待人，与他人正常交往，习得一些有用的社会技能，同时使学生在与社会的接触中感受快乐，体验成功，提高学生学习语言的兴趣。如郊外有草莓基地，家长或学校可以带领学生去采摘草莓，孩子们到了草莓基地，高兴得不得了，都有发自内心的语言说出来，家长或老师要抓住时机，全面引导，积极与培智学生进行交流，引导学生与他人进行交流。现在手机使用方便，可以全程对学生的活动过程进行录像，回来后也可以作为语言训练的材料，提升训练效果。在活动过程中，培智学生会很自然地用自己的语言地对活动进行表达，因为身临其境地参加了活动，有了实际的感受，在他们的脑海中留下了丰富的事物表象，他们大多能通过回忆叙述整个活动的情节，或者把活动中的重要表现叙述出来，非常有效。还有经常带领学生进入公共场所，适当引导，加强训练，都是语言训练的良好途径。

对培智学生进行语言训练是一个漫长的过程，也是一个艰苦的过程。老师和家长要共同努力，帮助培智学生树立自信心，积极鼓励，正确引导，在学校中训练，在家庭中训练，在社会生活中训练，他们最终是能与普通人进行正常交流的。同时有效的语言训练也能为他们今后的学习生活、家庭生活和社会生活打下良好的基础。

遇见最美的自己
——记一次"磨课"经历

井研县来凤小学校　陈碧英

时值初夏，生机盎然，在历经重重选拔后，我终于在 5 月 12 日站在了井研县 2021 年"先锋工程"小学数学决赛的讲台上，甚感荣幸的同时也倍感压力。在井研研城小学四年级（8）班师生的积极配合下，我成功地呈现出了一节数学课堂。比赛虽然已结束，但回望这段"拼搏"的历程，作为一名普通的人民教师，我的内心有着太多的感触，有磨课的紧张忙碌，有上课的充实快乐，更有课后的反思与释然……

一、精心备课，储备能量

5 月 6 日是抽签的日子，紧张而忧虑！最终我抽到的是四年级下册《营养午餐》这一课题，是一节数学综合实践活动课。然而此刻的我却高兴不起来，为什么呢？这个课题以前从来没有上过，对内容的陌生让我的内心充斥着焦灼与不安。我快速整理好了自己的心情，找来教材和教参，认真阅读教材内容，明确重难点，查阅资料，在网上搜索本节的教学设计及视频，然后根据我们学生的实际情况，开始编写教案，制作课件，形成初稿。

一人教研，犹如闭门造车，但我有幸得到了学校领导及我们数学团队的帮助。首先通过充分考虑每个环节的设计意图，敲定课程的几个大环节。再讨论环节与环节之间的联系，以及学生在每个环节中可能会出现的问题。团队的指点和配合，让我茅塞顿开！

二、实战演练，发现问题

第一次试课，以失败告终。"完美"的设计，实践到课堂上，问题却层出不穷：
1. 学生注意力不集中，极具有食欲的"菜单"吸引了他们的注意力。
2. 揭示"不低于"、"不超过"还应该放手让学生去理解，改写成数学符号。
3. 汇报展示中，如何判断自己点的午餐符合营养标准，没有让学生自主汇报，而是老师在讲。
4. 学生出现了不规范的书写，老师应该及时纠正。
5. 统计全班喜爱的六种搭配方案，没有理解。
6. 教学内容没完成。

课后，卢校长带领我们数学团队再次研读了教材，深挖教材内容，找到创新点，开展讨论、研究，查找原因，寻求方法。大家直言不讳、畅所欲言，给我提出许多有建设性的意见和修改方法。

三、挑灯夜战，精修教案

经历了第一次试讲的失败，心情特别不"美"，但我没有放弃，根据团队老师们的建议，继续耐心打磨教案。首先针对课堂上出现问题的环节进行优化，根据老师们的建议逐一修改，环节与环节之间应该怎样衔接，每个环节中应该设计怎样的问题，学生可能会出现什么状况，老师应该如何应对，包括教学语言手势等等。

很快，我迎来了第二次试讲。都说理想很丰满，现实很骨感，本以为已经修改得万无一失的教学设计，在第二次试课之后还是让我备受打击。于是卢校长带领大家再次讨论，推敲每个环节中的细节问题。做出了如下修改：

1. 教学内容可以进一步删减。
2. 教学环节要"打紧"。
3. 恰当运用课件，注意设备的转换。
4. 课件需要调整。
5. 老师语言要更加简洁。

根据团队老师提出的这些问题，我再次熬夜修改教案，调整课件。当夜深人静的时候，我对着电视机做"无生"上课，反复练习，琢磨教案。此时我更加深刻地明白了，教师上课面对的是"变化"的课堂，是具有许多不可预测因素的课堂，在课堂上的每一分钟，都考验着教师的反应和应对能力。

四、正式上课

因为一次次失败总结起来的经验，同时也做足了充分的课前准备，正式比赛那天，我充满自信，以最好的状态带动整个班级，成功完成了这一堂课。

没有完美的课堂，只有精益求精的态度！通过本次比赛，我也认真学习了其他优秀老师的课堂，每节课各有千秋，有很多值得我借鉴和学习的地方，让我受益匪浅！

与我而言，磨课的过程是煎熬的，一次次推翻自己的教学设计，一回回修改自己的上课环节，那种食之无味、夜不能寐的滋味无法用言语来描述。但是通过磨课，我得到了快速的成长和锻炼。当我整理自己手写的一份份教案时，当我回看电脑上的一个个课件、一个个文件时，当我抬笔构思这份体会时，回顾磨课的每个日子，烦琐给我带来的是充实的生活，忙碌给我留下的是丰厚的积淀，顿悟过后是深层的体会和思考。更让我明白作为一名人民教师，我们能给学生带来的不仅仅是书本上的知识，更多的是以身作则，让他们知道通过不断学习和不断成长，迎接挑战，突破自我。

整个磨课过程犹如涅槃重生，痛并快乐着！每一次推倒重来都是遇见最美的自己。

浅谈如何培养小学生语文兴趣

井研县师范学校附属小学校　范玉梅

摘要：注重学生心理特点，积极运用于语文教学中；重视教师自身素质，重视信息技术与语文教育的整合，注重三大教育合力，激发和培养小学生语文兴趣。

关键词：培养；小学生；语文兴趣

"兴趣是最好的老师。"下面我就如何培养小学生语文兴趣与大家探讨一下我的观点：

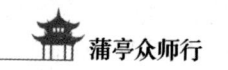

一、把握小学生心理特点，在教学中培养语文兴趣

我国学者进行了调查，发现孩子的学习动机有4种类型。第一，为了取得好成绩，不想掉下去，或者为了得到老师和家长的表扬、称赞和奖励而学习。第二，为了履行集体和组织的交流任务，或者为了集体和组织的荣誉而学习。第三，为了自己的将来和理想，为了升学而学习。第四，为了祖国的将来，为了社会的进步而学习。在小学阶段，主导学习动机的是第一种和第二种，低年级小学生的学习动机多表现为第一种。

学习动机是推动和维持学生学习的心理动机，是与学生满足自己的学习需要紧密相关的。小学低年级学生形象思维占主导地位，在教育上尽量运用直观教育手段。小学生好奇心强，活泼好动，有意注意的时间持续不长，且注意力多与兴趣、情感有关，学习中经常出现精力不集中等现象。所以在小学语文教学中要根据小学生相应的心理特点来培养学生的学习兴趣。

二、注重自身素养的提高，在教学中培养学生语文兴趣

（一）热爱学生诲人不倦

小学生希望得到老师和家长的喜爱。当教师满足了他们的这种需要时，可以有效地调动学生学习的主动性和积极性。在语文课堂中，要让孩子们感受到那份真挚的爱。当然，热爱学生，并不是对学生的溺爱、迁就和放纵，而是要从各方面严格要求学生。特别是对学困生，不能嫌弃和歧视，更应该加倍爱护，对他们应动之以情、晓之以理、导之以行，持之以恒，随时发现和表扬他们的点滴进步。要尊重和热爱班里的每一个孩子，让每个孩子都喜欢你和你的课堂。我国近代教育者夏丏尊说："没有爱就没有教育。"苏联教育学家苏霍姆林斯基说："要成为孩子的真正的教育者，就要把自己的心奉献给他。"

（二）具备相应的实践能力

作为一名小学语文教师，具备相应的实践能力是十分重要的。

教师必须具备三种教育能力。一是控制和改造能力：包括了解学生、人才教育、指导、组织管理学生等各方面的能力。二是对教育影响的调节能力：包括教育内容的分析加工、教育方法和手段的选择运用、教育组织形式的合理利用、语言表达、教育效果的检查等。三是教师的自我控制能力，包括自学能力、自我修养能力、接受信息能力、分析能力等。另外，还应具备良好的表达能力、组织管理能力、思想教育能力、沟通能力、教育研究能力。只有这样，才能在语文课堂中发挥自己的特色。《语文课程标准》指出：语文课程必须根据学生身心发展和语文学习的特点，充分关注和激发学生的主动意识和进取精神，倡导自主合作、探究的学习方式。

（三）具备较好的心理素质

每天我们都会面对不同的情况发生，作为一名小学语文教师必须具有较高的心理成熟度、较强的心理承受能力、相对稳定的心理状态和较强的自我调整能力。教育是师生双边互动的过程，教与学双方关系融洽才能使教育过程取得成功。因此，在语文课堂中建立融洽的师生关系，有利于激发学生对教师的信任，有利于培养学生的兴趣，更有利于树立学生学习的信心。

三、重视信息技术与语文课程的整合，提高学生语文兴趣

我们应该努力探索信息化环境下的新的学习方式。在信息化的学习环境中，整合信息技术和语文课程，提高教学效率以及对培养学生的整体素质和全面能力都有重要意义。特别是小学低段的识字教学，通过图、文、音、像等信息，形象、具体、直观地表现识字内容，更

能激发和培养学生的语文兴趣。

四、注重三大教育合力，共同培养学生语文兴趣

随着新课程的改革、教育的深化以及社会的发展，社会、学校和家庭这三大教育之间的关系更加密不可分。对于学生语文兴趣的培养和提升，更需要充分发挥这三大教育合力。

（一）学校是教师和学生共同成长的一片沃土

斯福尔摩·林斯基认为："学校的领导人"必须每天不断地提高自己的教育和教育技术，把学校工作最本质的教育、教师和孩子放在第一位，才能成为好的领导人，成为有威信的博学"教师"。坚持听课和析课是校长最重要的工作。关心教师，"千方百计地保护教师，不要让教师在他的创造力形成的年份弄得精疲力竭"。"作为校长，也要细心地研究教师，了解每一个人的兴趣、爱好和专长；帮助教师提高教育素养，包括彻底地懂得自己所教的学科，懂得一些心理学和教育学等。"

的确，学校是教师和学生共同成长的一片沃土，只有当各自充分发挥出自身的力量时，才能更好地激发和增强学生的语文兴趣。

（二）家校配合

苏霍姆林斯基强调，"最完善的社会教育是学校——家庭教育"。对于培养小学生的语文兴趣，家庭教育的力量是不容忽视的。他把儿童比作一块大理石，认为这块大理石要成为一件成功的艺术品，主要依靠家庭、教师、学生集体、学生个人、书籍、社会结交这六位"雕塑家"，即6种教育力量"和谐一致"地发挥作用，其中学校和家庭责任最重要，两者务必紧密地配合。学校和家庭，不仅要一致行动，要向儿童提出同样的要求，而且要志同道合，抱着一致的信念，始终从同样的原则出发，无论是在教育目的上、过程上、还是手段上，都不要发生分歧。在教学实践中，的确如此。特别是小学语文教学的顺利进行，家长起着十分重要的作用。如：为建立"班级图书角"。我建议每个孩子自愿拿出自己的图书作为班级图书，与大家共享阅读的快乐。结果出乎意料，有的孩子主动拿来了十几本与大家分享。虽然只是小小的图书，但我却感受到了家长对我教学工作的大力支持和对孩子学习的重视。这小小的举动，纯洁的心灵，让我感受到了阵阵暖流。这些天真可爱的孩子们眼里充满了对知识的渴望。我似乎感受到了语文教学的快乐。面对这群孩子的家长，我感受到了家庭教育的强大力量。我相信有了家庭教育的配合，语文课堂会越来越精彩。

兴趣是横跨于成功和失败的一座桥梁。把握小学生心理特点，积极运用于语文教学中，不断提高教师自身素养，注重信息技术与语文课程的整合，借助三大教育合力，不断激发学生学习语文的兴趣，你一定能看到孩子们在学习语文的过程中绽放出多彩的笑脸！

小学语文统编教材课堂中媒体资源的选择与运用

井研县马踏镇中心小学校　龚静

摘要： 在小学语文课堂教学中，多媒体运用作为一种必不可少的教学手段，有效提高了课堂教学效率。而2017年起全面推行的小学语文统编教材，重在培养学生的语文素养，在封面设计、课文选取、习题设计、教学活动方面，更贴近当代小学生的语文生活，适应社会转型和时代需求，体现出鲜明的时代性。在此背景下，如何有效地选择与运用媒体资源，才能更好地服务于统编教材教学，是值得全体小语人思考的一个问题。本文将从"媒体资源的类型及作用""媒体资源的选择原则""媒体资源的合理运用及注意事项"三个方面，对此问题进行探讨。

关键词： 媒体资源；统编教材；语文课堂教学

义务教育课程标准（2011）提出："语文课程是一门学习语言文字运用的综合性、实践性课。"2017年全面推行的统编教材，提出培养学生的语文素养，而语文素养是学生在积极的语言实践活动中积累和构建起来的。积累与整合是构建学生语文素养的基本途径和基本方式之一。"部编本"在封面设计、课文选取、习题设计、教学活动方面，贴近当代小学生的语文生活，适应社会转型和时代需求，体现出鲜明的时代性。当今的社会是一个科技的社会，多媒体就像雨后春笋走进了千家万户，走进了小学生的生活，也走进了我们的语文课堂。多媒体已深入了我们的学习、工作、生活中。把媒体资源运用到语文教学中，能化难为易，变抽象为具体，使教学生动形象，能够全方位地调动学生思维，充分发挥视觉和感知的作用，让学生轻松、愉快、主动、有效地学习，从而达到优化语文课堂教学、提高学生语文素养的目的。而媒体资源的类型及作用、选择原则、使用注意事项等都成为值得我们思考的一个问题。下面谈一点自己在媒体资源选择与运用上的浅显认识与体会。

一、媒体资源的类型及作用

（一）课件PPT资源

在语文课堂教学中，教学课件PPT应该是使用最多的一种资源了。主要有网络课件和自制课件两类。

（1）网络课件

现在的网络资源特别丰富，各种平台上几乎都能找到相关的教学课件与资源。我们可以直接进行下载与使用。这种现成的网络课件，可以大大节省老师的时间和精力，让我们有更多的时间去钻研教材，分析学情，达到事半功倍的效果。

我们要想获得他人的PPT有很多的途径，如"绿色圃""远程教育资源"等相关的教育网站，百度文库等专业平台。

（2）自制课件

网络现有资源虽然丰富，但由于统编教材全面铺开的时间并不长，很多网络资源与统编教材并不配套，需要修改后才能使用；有些课件虽与统编教材同步，但可能并不适合自己班级的学情，也需要调整后才能使用。因此，有时我们可以根据自己的需要设计一些适合自己教学的 PPT，使教学更高效。

如在教学《开国大典》一课，由于我班学生地处农村，学生中几乎没有到过北京的，更没有见过天安门的升旗仪式；再加上学生对这一段历史并不了解，对开国大典的非凡意义和全中国人民激动兴奋的心情缺乏直观感受，很难理解课文所表达的情感。当我在网上搜索一圈后，并没有找到令我满意的课件。于是我就充分利用媒体资源，从优酷上下载《开国大典》的录像片段，再播放全国各地人民欢庆的图片，渲染一种热闹祥和的气氛。再配以天安门升旗仪式等视频资源，制作了适合我班学生的课件。这样，一开始，就让学生置于欢庆的情境中，感受欢庆的气氛，吸引了学生的注意力，激发起他们的学习兴趣。最后，播放歌曲《我和我的祖国》，学生在歌声中对祖国的热爱得到进一步的升华。整个课堂学生积极讨论，主动发言，气氛活跃，有效地突破了教学难点，取得了良好的教学效果。

（二）图片资源

除课件资源外，网络图片也是课堂教学中必不可少的重要资源。使用图片资源，可以让抽象的文字变成直观的画面，更好地培养学生的想象力和语言表达能力。

如教学《桂林山水》一课，学生对桂林山水的美景缺乏直观的感受，这时我播放了一些相关的美景图，加深学生对课文的理解。同时，我还让学生观察图片，用自己的语言对课文内容进行拓展描述，在感受美景的同时，也培养了学生的语言运用能力。

（三）视频资源

与文字资源和图片资源相比，视频资源在激发学生学习兴趣，调动学生学习主动性，丰富学生感受与体验方面，更具有优势。视频资源能充分调动学生多种感觉器官参与学习，视觉和听觉的双重体验能加深学生对文本内容的理解，轻松突破课文重难点。如在教学古诗《宿新市徐公店》时，对于"篱落疏疏一径深"的内容，大部分学生缺乏想象，我从优酷视频中下载了相关的古诗动画，播放给学生观看，学生很轻松地便理解了这句诗的意思。我还常常播放央视《经典咏流传》节目选段，通过歌曲吟唱的方式激发学生学习兴趣。

（四）文字资源

在教学中我们可以搜集一些文字资源，作为教学素材，对教材进行有效的补充。如作家简介、写作背景、拓展阅读、同类文本阅读、习作范文赏析等。这些文字素材可以帮助学生加深对文本的理解，提高课堂教学效率。

比如我在上《七律·长征》一课时，学生对当时的社会背景不太了解，于是，我在上课之前搜集了一些介绍长征的素材，以便学生能更好地理解课文，感受红军不畏艰难，英勇顽强的革命英雄主义和乐观主义精神。

二、选择原则

媒体资源虽多，但在教学中使用也不能流于形式，为资源而资源。在媒体资源的选择上，我认为就大体遵循以下几个原则：

（一）凸显语文要素

语文统编教材与旧教材相比，最大特点便是语文要素的培养。因此，我们选择的媒体资源一定要能凸显单元语文要素。语文要素指的是"语文学习要素"，"语文要素"包含了"学什么"

和"怎么学"的内容，也就是语文知识、语文能力、语文学习的方法和习惯。比如在教学《小儿垂钓》"蓬头稚子学垂纶，侧坐莓苔草映身"时，我利用多媒体出示画面，在一段曲调明朗、节奏轻快的音乐声中，颇有韵味地诵读，学生倾听并展开丰富合理的想象，进行口头描述。通过学生的创造性充分显示来达到培养学生语文能力的同时培养学生创新能力。

（二）突出教学重、难点

对于一些浅显易懂的内容，可不必浪费时间找资源，但为了突出和突破课文重点和难点，可积极查找相关资源，帮助学生理解和掌握。综合运用多种媒体资源，可化抽象为具体，辅以老师的点拨讲解，学生更易理解把握，从而突破重、难点，达到事半功倍的效果。比如在《落花生》一课中，理解父亲谈花生的两段话是重点，借花生说道理是难点。这时播放挖花生的视频，这就形象地演示了花生矮矮地长在地里，果实埋在泥土里，一定要挖出来才知道的特点。通过观察苹果、石榴的图片，边读边观察比较，形象地观察感知到不同之处，从语言文字中品味出父亲将花生和苹果、石榴作比较是为了突出花生藏而不露的特点，从而反映出花生谦逊朴实，不哗众取宠的品质。再读再议，悟出人要做有用的人，不做只讲体面，而对别人没有好处的人这一哲理，从而文章借物喻理的难点就迎刃而解了。

（三）对文本内容作拓展延伸

我们的教材只有课文及课后题，学生对文章的理解和知识的运用是不够的。适当利用资源，能补充教材内容，形成有效拓展。在教学中，学生想更好地理解一篇文章，要了解作者、时代背景、写作目的等，我们就可以通过查找、搜集相关资料。学生在学完课文，学会某个知识点时，要及时运用巩固。如教学古诗时，我常常会下载相关的古诗朗读视频或吟唱视频，在学完全诗后，让学生跟唱，达到巩固记忆的目的。如学完丰子恺的《白鹅》，学生都感觉生动有趣，这时我便推荐学生继续阅读丰子恺的其他作品，感受丰子恺的语言魅力。这样以一带多，可以拓展学生的阅读面，增加阅读量。

三、合理运用及注意事项

（一）把握运用时机

媒体资源在哪里运用、什么时候运用，都要把握好时机。有的资源适合在导入环节使用，有的适合在课中使用，有的适合学会文本后使用。如作家简介、写作背景等资源，就适合在理解课文前使用；而拓展类资源则适合课后使用。

在教学《桂林山水》一课时，我考虑到很多学生都没去过广西桂林，没体验真正的桂林山水，于是我就充分利用媒体资源，边讲边播放桂林山水的图像。在讲到漓江的水时，出现波澜壮阔的大海、水平如镜的西湖画面，通过对比感受漓江水的静、清、绿的特点。讲到桂林的山时，出现峰峦雄伟的泰山、红叶似火的香山的图片，去感受桂林山的奇、秀、险的特点。在讲解最后一句"舟行碧波上，人在画中游"时，播放视频学生就能感受到山围绕着水，水倒映着山，再加上"空中云雾迷蒙，山间绿树红花，江上竹筏小舟"，形成了一幅连绵不断的画卷，令人流连忘返。这样不但充分调动了学生的学习积极性，更加深了学生对课文内容的理解，提高了学习效率。

有时，同一个资源还可多次使用，以达到不同效果。如古诗吟唱视频，在导入环节使用，可以激发学生学习兴趣；学会全诗后再次使用，让学生跟唱，可以帮助学生记忆背诵。

（二）不能喧宾夺主

语文教学资源无处不在。我们如果把握不好，选用不当，就有可能本末倒置，得不偿失。

现在我们选择的资源很多，尤其是网络的普及，多媒体的使用，给语文教学带来了生机与活力。但在各种教学资源中，我们不能忽略了教科书的首要资源作用。如果脱离了教科书，滥用教学资源，就可能喧宾夺主。所以我们要依据教学目标，精选资源，恰当合理运用。

总之，把媒体资源正确运用到语文教学中，能化难为易，变抽象为具体，使教学生动形象，能够全方位地调动学生思维，充分发挥各种感知器官的作用，让学生主动参与，在轻松、愉快的氛围中有效地学习，从而达到优化语文课堂教学，提高学生语文素养的目的。同时，我们要遵循以学生为主体性的原则，适当、合理地运用好媒体资源来辅助教学。

参考文献：

[1] 百度文库《统编教材小学语文编写背景、理念及主要特点》.

[2] 百度文库《浅谈多媒体在小学语文课堂中的应用》.

行走国培路静待百花开

——井研县"国培计划（2019）"青年教师助力培训工作汇报

井研县教师进修学校（乐山开放大学井研分校）　但木根　邝德友　王维华　叶晓威

2019年，井研县幸运地成了"国培计划（2019）"中西部项目县，承担了乡村中小学教师专业能力建设项目——青年教师助力培训，其中小学语文、数学参训学员各50名，项目以学员为本，采取网络研修和线下集中培训相结合的方式，圆满完成项目规定的各项任务。现将相关工作汇报如下：

一、精心准备，科学规划，制定项目实施方案

（一）建好组织，强化领导

1. **成立领导机构。** 县教育局高度重视国培项目工作，成立了以教育局局长为组长的领导小组，组建了以人事档案股股长为主任的国培项目办，并多次召开会议研究部署项目实施工作。

2. **建立管理机构。** 建立以进修校为牵头单位的青年教师助力培训项目组织管理机构，具体负责项目的联络协调、牵头实施、组织管理和督查考核。

3. **组建学习团队。** 为每个培训班配备2名管理人员和1名班主任，分学科建立班委和学习小组，分学科建立班级QQ群和小组微信群，构建研修共同体。

（二）选好人员，精心准备

1. **选好学员。** 采取学校申报、县国培项目办考核等方式，遴选优秀青年教师参加学习。

2. **选好坊主和班主任。** 聘请四川省特级教师、县教研室学科教研员担任工作坊坊主和线下班主任、辅导教师，强化专业引领。

（三）完善制度，规范管理

为了规范培训管理，确保学员有效参与，制定了井研县青年教师助力培训团队管理制度、

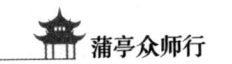

参训学校考评办法、学员管理制度和考评办法。

（四）制定方案，引领方向

制定步骤：需求调研—网地对接—完善方案

研修主题：基于统编教材，培养核心素养

研修方式：网络研修（20学时）+线下集中（12天，72学时）

研修阶段：集中培训—理论引领、研课磨课—跨县交流、跟岗研修—返岗实践、课例展示—总结表彰。

课程设置：网络研修——师德教育、依法执教、课标解读、教材解读、核心素养教学案例分析、统编教材课例分析、信息技术等；线下集中——集中培训，理论引领（师德讲座+理念重构+教材解析+教法培训）、研课磨课、多向交流（县内交流+跨县交流），跟岗研修，返岗实践，课例展示，总结表彰。

（五）启动项目，激发热情

2019年10月16日和10月18日，项目启动、开班仪式分别在县师训中心、研城小学、井师附小举行。

教育局分管领导到场讲话，宣读了研修目标、研修内容、研修方式、考核办法和组织管理，明确了参训学员职责任务、研修小组职责任务和管理员职责任务。

二、健全机制，加强监督，强化项目组织管理

（一）构建研训体系，明确工作职责

建立"县级培训机构——工作坊——学习小组——教师个人"四级研训实施体系，明确各级组织或个人的工作职责，确保项目有序开展。

（二）健全监督机制，加强监督检查

1. **明确主体责任**。推行教师培训工作主体责任清单制，明确相关单位和个人师训工作任务。紧紧围绕"责任"这个重点，强化教师培训责任。并以文件形式制发教师培训考核方案，促进教师培训工作制度化、规范化。

2. **健全督查机制**。进修校、教研室选派人员全程参与线下集中培训活动，对培训内容实施、学员参与学习情况进行全面监督。教育局督查股对学校常规工作包括师训工作进行全方位巡查，对发现的突出问题制发专刊通报，发点球到人到岗，明确整改要求，落实整改时限，并通过"回头看"检查整改到位情况。

3. **建立惩戒机制**。制发《井研县教育系统对干部教师进行提醒、函询和诫勉的实施办法》，对培训质量综合考核排名靠后的学校或教师，由教育局进行集体约谈。

（三）加强经费管理，强化保障措施

严格按照开支申请、经办人签字、县国培项目办审核、中国教师研修网同意、转账支付等程序规范开支参训学员生活费、班级管理费、专家授课费等经费。并为项目实施提供坚强有力的保障措施，如良好的培训场地、设备设施和学员食宿条件等。

三、借力国培，多措并举，力促教师拔节成长

（一）网络研修：借力网络，"六个做到"提素养

1. **网络课程内容丰富**。聚焦新师德、聚焦新理念（信息技术、核心素养）、聚焦新课标、聚焦新教材（统编教材），对提高青年教师素质具有很强的针对性和实效性。

2. **网络研修**——

做到了"三个结合",即学理论、搜资源、思问题三结合。

做到了"三个参与",即参与观课议课,参与集体备课,参与学科教学研讨。

做到了"三个评议",即对别人的作业进行评分,对别人的活动进行评价,对别人的问答进行评论。

做到了"四个引领",即坊主借助电话、QQ、微信,通过对话、示范、截图等进行理念引领、目标引领、方法引领、问题引领。

做到了"四个互助",即助信息互通、助资源互用、助经验互享、助优势互补。

做到了"四个发贴",即发问题贴、研讨贴、反思贴、评价贴。

"六个做到"促进学员深度学习,促进学员提升教学设计能力和解决实际问题的能力。完成了"四个一"学习任务,即提交一篇"关于问题解决的文章",一份"评课稿",一份"教学设计",一份"同课异构比较分析"。

(二)专题讲座:借力专家,分类讲座强理论

为提高青年教师的师德修养和学科素养,引领青年教师专业发展,我们邀请了省内知名专家举办专题讲座。

1. **学科专业知识讲座**:小学语文学科通识培训于10月22日在峨眉一小举行。远川教育阅读研究所张建以《语文核心素养如何在课堂教学中落实和体现》为题、成都墨池书院小学张一禾老师以《基于小学语文要素的高效教学研究》为题给语文授课。11月4日,小学数学学科通识培训在峨眉一小举行。乐山市教科所张丽执教观摩课并进行了课例分析、学法指导和专题讲座,有效提高了数学教师的教学设计能力。

2. **师德讲座**:11月2日上午,"师德素养"专题培训暨教育前沿理念培训在井研中学举行,井研、峨眉山、市中区三区县青年学员聆听了西南大学重庆江南中学教师王麟题为《敬业专业事业——新常态下做有作为教师》的专题讲座。

3. **信息技术讲座**:11月2日下午,成都金苹果锦城第一中学陈子斌以《信息化教学资源的高效检索技巧》为题给学员们做了生动讲述。

(三)教学观摩:借力本土,观课议课悟教法

示范观摩扬风采,评课研讨促反思。小学数学、小学语文分别于10月16日、10月25日,在研城小学开展了以"核心素养框架下的课堂教学转型与创新"为主题的教学展评活动,县内优秀教师同课异构,分别为学员们呈现了六堂精彩的观摩课,展示了我县在培养学生核心素养方面的实践经验。学员认真观摩,客观评议,深度研讨,倾情领悟新理念、新方法在真实课堂中的生动再现。

(四)多向交流:借力同伴,研课磨课炼教艺

专业提升,归于实践。为提升青年教师教学艺术,组织开展了一系列县内县外教学交流与展示活动,组织学员研课磨课、晒课议课、交流分享,碰撞思维火花,聚生教育智慧。

1. **开展跨县交流活动。**

(1)我县送课到县外。10月29日,小学数学跨县交流活动在峨眉三小举行。我县教研室数学教研员卢学锋以《关注知识形成过程发展关键能力》为题做专题引领,研城小学叶彦莉执教《圆的周长》。11月12日,小学数学跨县交流活动在市中区通江小学举行,三区县教师同课异构《长方体的认识》,井师附小龙飞献课赢得与会教师一致好评。11月29日,小学

语文跨县交流活动在乐山市市中区徐家扁小学举行。我县教研室语文教研员胡建华带去了精彩讲座。范玉梅执教二（上）童话故事《雪孩子》，冯芮执教三（上）文言文《司马光》。

（2）外县送课到我县。11月8日，峨眉山市三位语文教师莅临井师附小为井研的学员们传经送宝。峨眉三小伍娟献上《带刺的朋友》，峨眉一小胡燕妮执教《书戴嵩画牛》，峨眉山市师训中心语文教研员杜佳平围绕"统编小学语文习作单元教学"做专题讲座。11月16日，"市中区·峨眉·井研"小学数学青年教师助力培训跨县交流活动在我县研城小学举行。活动以"同课异构·专题引领·助力提升"为导向，聚焦"图形与几何"。研城小学王丹梅给我们带来了《三角形的面积》，峨眉博睿特周峰和乐山市市中区徐家扁宋霞同课异构《长方体的认识》。市中区研训中心教研员徐志刚，结合三位教师的课例，以《聚焦图形与几何，发展空间观念》为题做了专题讲座。

2. **开展送教下乡活动**。12月18日，小学数学坊送教活动在竹园小学展开。坊员宋金梅和竹园小学张鸣镝同课异构《多边形的面积整理和复习》，坊员评课，坊主引领。研城小学王晓文做了题为《浅议图形与几何的教学》的专题讲座，井师附小潘羽以《如何积累数学活动经验》为题做了专题发言，进修校王维华做了活动总结。两堂课一比较，竹园小学张鸣镝和坊员教师宋金梅感叹：学与不学，有专业指导和没人指导大不一样，感谢国培给了我学习的机会，锻炼的机会，成长的机会，一定努力学习，争取更大的进步。小学语文、数学坊的其他学员也结合工作实际开展好相关送教活动。

（五）**名师课堂：借力名师，专业引领破瓶颈**

12月11日，我县青年教师助力培训小学数学交流活动在马踏小学如期举行。活动分同课异构、评课、专家讲座三个环节，旨在破解"整理与复习"的难题。活动中，马踏小学陈小红、井师附小罗晓玲、成都蒙彼利埃小学唐治国三位教师同课异构《正方形和长方形的整理与复习》。成都市泡桐树小学正高级教师游琼英围绕"数学学科核心素养"和"分享式教学"这两方面，给学员带来了精彩的专题讲座，作了很好的引领。

12月19日，成都市罗良建名师工作室成员、武侯区教科院教研员门雨红，带领川大附小分校的滕明霞、徐芳两位骨干教师前往我县研城小学，参加小学语文青年教师助力培训活动。滕明霞从孩子们已经初步完成的习作入手，执教习作指导课《一件高兴的事》；徐芳则将教材中的精读课文《麻雀》作为"1"的立足点，开展了以"母爱"为主题的"1+X"群文阅读教学。研城小学毛金艳、井师附小杨冬梅与成都名师同台演绎了《品味母爱》群文阅读教学课和《击鼓传花》习作指导课。门雨红从习作教学和群文阅读两个专题进行了点评和指导。

（六）**跟岗研修：借力名校，拓宽视野生智慧**

11月12日，小学数学跟岗研修活动在乐山市博睿特小学举行。学员们在感受了博小充盈现代化气息的校园文化后，聆听了博睿特小学三节示范课，同时，与学员分享了"教育与现代技术融合"的个人经验。11月13日，小学数学跟岗研修活动在乐山艺术实验学校隆重举行。来自井研、峨眉、市中区的青年教师们参与活动。活动展示了两节数学课，并在市教科所林宾副所长的带领下进行了生动有趣的说课、评课、研课活动。下午林宾副所长给我们带来了一堂《基于研创学习的数学课堂教学变革》专题讲座。

11月20日，小学语文跟岗研修活动在仁寿师范附属小学举行，学员们聆听了导师黄菊英执教的习作指导课《人物对话》，王虹执教的《司马光》，张桃执教的《为中华之崛起而读书》，黄玉春执教的《雾在哪里》及主题讲座《小学语文统编教材如何备课》，仁寿县小龙人学校肖云的专题讲座《用心工作用情教育——争做"五心"班主任》，并参加了课后交流研讨活动。

11月21日，学员们与导师一同观看了学员代表陈秀红执教的《月迹》，赖颂执教的《掌声》，曾丽琴执教的《王戎不取道旁李》，易芹执教的《狐假虎威》。课后，各组导师对学员的授课进行了点评，阐述了各自的见解，提出了改进建议。学员们开展了深入的探讨和交流，分享了跟岗学习的体会与收获。

小学数学、小学语文跟岗研修活动的有效开展为学员返岗实践环节工作作了很好的示范和铺垫，每位学员返校后都在本校开展二级培训，上好示范课等，同时积极向县国培办报送课件，收到学员课件高达45G。

（七）课例展示：展示成果，回顾总结再提升

2020年5月21日，分别在县教师进修校、井师附小举行了小学语文、小学数学课例展示活动，共有9名学员用微课形式展示了培训成果，研修网陈昌发亲临现场指导。

5月22日，在县教师进修学校举行了"国培计划2019"青年教师助力培训总结表彰活动。语文工作坊坊主邝德友、数学工作坊坊主卢学锋做了工作汇报，学员代表廖传军、叶彦莉汇报了学习收获，进修校师训主任陈国祥作了项目实施工作总结。研修网陈昌发对我县青年教师助力培训工作给予了充分肯定。

四、百度盘点，构筑梦想，激励教师扬帆启航

（一）研修成果

1. 研制学员研修手册。

研制学员研修手册，展示学员学习过程和学习成果。

2. 收集学员研修成果。

开展助力培训教师征文活动，收到心得体会31篇、成长故事39篇、教育故事14篇，其他20篇。后期将修改完善，编辑出版——《茫溪流韵》续集《蒲亭众师行》，力争讲好国培故事。

3. 形成了小组研修模式。

在反复实践的基础上，形成了小组研修模式，组建研修小组、建立小组微信群，开展小组评课议课、小组跟岗研修、小组研课磨课。

4. 构建了"三轮九步"磨课研修模式。

凡是参加送教或学科展示活动的课例，均要经过反复打磨，坊内成立磨课专家团队，由学科教研员牵头，进行具体指导。"三轮"即个人上课议课改课、组内上课议课改课、坊内上课议课改课；"九步"即"三上（课堂教学）三议（评课议课）三改（修改教案）"。

5. 形成了"六个借力""一个提升"县域教师研训模式。

网络研修：借力网络，六个做到提素养

专题讲座：借力专家，分类讲座强理论

教学观摩：借力本土，观课议课悟教法

多向交流：借力同伴，研课磨课炼教艺

名师课堂：借力名师，专业引领破瓶颈

跟岗研修：借力名校，扩宽视野生智慧

课例展示：展示成果，回顾总结再提升

（二）研修效果

1. 成绩整体优秀。

井研县小学语文、小学数学工作坊共有学员100人，参训率100%，研修率100%，合格

率100%，平均98分。其中，90分以上的有97人。

学员成绩分数段统计表

分数	99-100	98-98.9	97-97.9	60-89
人数	49	39	9	3
比例	49%	39%	9%	3%
		97%		3%

2. 工作组织有序。

对培训文件和精神认识到位，对本单位培训工作主动策划、有效组织，确保规定动作不走样、具体操作有创新，安全和谐、保质保量地完成了各个阶段的培训任务，学员收获很大，进步很快，成长迅速，得到了县教育局和中国教师研修网的充分肯定。

3. 教师参训积极。

学员积极参加专家答疑活动、学情通报会，积极参加网络学习，积极参加网络社区活动、线上主题活动，积极参加线下集中培训、研课磨课、跨县交流、跟岗研修、返岗实践、课例展示活动以及班级群、小组群群聊活动，参与度高，参与面达100%。

4. 学员成长迅速。

通过线上线下活动的开展，参训学员的师德素质、理论水平和学科教学能力得到了极大提高，逐步从合格走向胜任，有的甚至快速成长为学科骨干教师、教研组长。

（1）教学水平提高

陈秀红荣获井研县青年教师课堂教学展评活动一等奖，乌抛小学黄克军、研经小学戴振中分获二等奖。

井师附小张杰在乐山市品格教育微班课展评活动、乐山市课堂教学大比武中分获二等奖。井师附小范玉梅在与县幼儿园的幼小衔接联合教研活动中执教识字读诗语文课受好评。

研城小学毛金艳到马边开展送教活动赢得了老师、学生的喜爱。

（2）教研能力增强

陈秀红、张杰的论文在井研县小学语文学科论文评选活动中均获得一等奖。

5. 培训效果明显。

学员代表陈秀红说：这次国培青年教师助力培训，聚焦了教师专业能力提升，专家的精彩讲座、名师的解疑答惑、送培团队的课例示范、同伴的经验分享，使我们更新了教学理念和方法，真是受益匪浅。这样的培训，我们喜欢！

校长漆革文说：此次青年教师助力培训解决了乡村教师见专家难、学习难、交流难、提升难、破除瓶颈期难的问题。同时，三轮九步、现场教研等校本研修形式很直观地为学校开展常态化校本研修提供了可借鉴、可操作的范式，值得推广！

6. 社会反响良好。

培训期间，学员积极撰写新闻稿件，对青年教师培训情况进行报道，有5篇简报被四川新闻网、井研教育等媒体刊用，促进了教师、学生、家长以及社会各界对教师培训工作的了解和支持，营造了良好的培训氛围，增强了学员参训自信心。

（三）存在问题

1.部分学员在交流互动中不够大胆，所提问题针对性不强。

2. 少数学员对网络教育平台操作不熟练，信息技术运用能力有待加强。

3. 部分区乡学校电脑配置较低，影响项目研修质量。

4. 工学矛盾依然存在，学员参训积极性受阻。

（四）下一步打算

1. 进一步提高服务意识，完善相关制度，科学管理，形成培训长效机制，努力调动学员积极性。

2. 创新培训形式，把关培训细节，提升培训质量。

3. 参训学员作为国培种子教师，返校后开展二级培训，在校本研修中发挥示范、引领、辐射作用。

4. 关注学员培训后的工作情况，将专家评估考核意见纳入《训后跟进实施方案》，各责任主体按要求落实落细相关工作。

青年教师助力培训的时间虽然短暂，但在这短短的六个月中，坊内教师接受崭新教学理念的洗礼和扎扎实实的技能训练，获得了多方面的收获，进步迅速。展望未来，我们将以此次培训为契机，把本次培训的理念、模式、方法和经验推广到县域青年教师培训，促进全县青年教师从合格走向胜任，为打造高质量的县域教育而不懈奋斗！

潜心服务　静心助力

井研县教师进修学校（乐山开放大学井研分校）　叶晓威

正是橙黄橘绿时，忽如一缕清风来。这是一缕"东风"，一缕从教育界吹来的新一轮课程改革之风，这就是强劲的"国培"之风。作为一个热爱教育、热衷教改的老教师，当然要闻风而动，携手一群教师培训的管理者，忙乘东风，勤耕苦作去服务"国培"，心随风动，行随情牵去助力成长。

曾记得，在教师研修网与井研县2019年"国培计划"青年教师助力培训小学语文对接座谈会上，有即将参加这次培训的老师提出，最好在跟岗研修阶段选择市外学校，他们希望因此获得成长的最大助力；还记得，在乐山、眉山两市国培工作部署会上，乐山市三区市县的管理人员在制定跟岗研修方案时又犯难了：是本市三县轮流近跟，还是走出市外优选？我县跟岗研修工作也迟迟得不到落实。这时，我不假思索，主动建言可以去联系我的母校，一所办学理念和教育教学质量在业界都响当当的百年老校——眉山市仁寿师范附小。虽然当时我也没有百分之百的把握能够顺利达成，因为我没有事先联系，而且没有考虑是50多人两整天的学习和"打扰"，但我相信精诚所至，相信事在人为。

我的提议立刻得到了教育局分管领导和县项目办的大力支持，且第一时间组织相关人员到仁师附小考察和洽谈。果然，我们学习的热情和诚意与校方对国培的理解和支持迅速达成一致，他们欣然接受，并悉心安排，让这次跟岗研修工作当时就拍板敲定了。当我们一行完成所有衔接工作，打算返回井研时，已是夜幕低垂，我只好把之前自己打算顺便回老家看望亲人的小心思悄悄藏了起来。

　　为了跟岗导师的确定和衔接，为了课程内容的精选和落实，为了学员外出参训几天食宿的合理和安全，我们管理团队几天后又去了仁寿师范附小第二趟。在学校里，找学校领导商谈活动安排，找相关导师讨论课程打算；在酒店里，全面调研食宿质量，反复询砍食宿标准，及时签订相关手续……经过一番紧张而有序的忙碌，相关工作得到逐一落实。到万事齐备心满意足之时，本想可以回家看看生病的长兄，但因为要赶回学校完成参加职评老师的继续教育学时证明，我探亲的愿望再次落空了。失望的同时，却又品味着那些因国培而收获颇丰的惬意和得意。

　　最忙碌而又充实的是学员在仁师附小跟岗研修的那两天了。我们第一时间提前赶到，兵分三路。一路再次进学校对接研修的时间、地点和内容；一路赶到饭店安排学员用餐事宜；一路守在酒店负责签到，清点兵马。我们精心计划，各施其责，关注每一个细节；我们对照研修方案逐一落实，确保服务无漏洞，有质量，力争万无一失。接下来两天的跟岗，我们每一个管理人员都与学员一起参观校园文化，采集新鲜信息；分别参与并走进教室一起听课、评课和磨课，感受教改东风；一起聆听讲座，访谈、座谈和交流，提升教学素养。同时，还随时关心学员生活，嘘寒问暖，让跟岗期间的食宿有质量，安全有保障。我们有一个共同的目标，就是全心全意做培训，尽心尽力为管理，潜心为这次国培服务，精心为青年教师成长多助力。

　　有一天吃过晚饭，我打电话告诉家里人终于可以回家一趟，他们都约在一起等我相聚。可刚挂断电话，电话铃又响了。原来是第二天要和指导老师同课异构的易芹老师，她想请我参加他们小组的最后一次磨课。我没有多想，立马赶到她的房间和大伙儿一起再次对照课标，重新研读文本，最后确定最佳的教法和学法。从课前导语，到环节过渡；从师生活动，到课后选读；甚至连教态、课件和板书设计，我们都从各抒己见到统一思想。看到大家信任的目光，在他们诚挚邀请下，我声情并茂地为老师们范读课文，还客串扮演了《狐假虎威》故事中那只狡猾的狐狸。磨课的要求严格又苛刻，但磨课的气氛轻松又愉快，房间里不时响起一阵阵欢乐的笑声。时间过得真快，待到易琴对第二天的授课胸有成竹，直到在场的每一个磨课老师都没有异议的时候，又是该道晚安的时间了。我只好发短信告诉姐姐，解释再次食言不能回家的理由。

　　我深深地感到，这一天晚上的磨课，这一次跟岗研修，易琴收获了成长，在场的几位磨课老师也获益良多。在分享他们不断攀升的自信心和满满的获得感的同时，我也独自领悟了"三过家门而不入"的别样滋味，静静地、美美地享受着那份静待花开和手有余香的快乐！

　　跟岗研修阶段为时两天的工作在忙碌中充实着，我们团队管理的精细受到了校方的多次称赞和学员的一致好评，圆满完成了研修计划，保证了研修质量。学员们纷纷表示，要把在这次国培中收获的那份对教育的热爱，对课改的执着化作今后工作的动力，坚定不移地走在学习的路上；还要带着这次国培收获的教育新理念、教改新技能、教学新方法投身教改，奉献教育，做一个最美教育追梦人！

　　对于一生做教育的人来说，参加这次国培的时间虽然短暂，但却意义非凡，它让五十名参培学员和所有导师以及所有管理人员，在这个金色的秋天相聚国培，相约教育，我们精心的"培"将伴着他们一路快乐成长，我们有理由期待这些青年教师的"研值"必将在这场遇见中花开有声……

整本书阅读教学指导之"四部曲"

井研县王村镇中心小学校　汪艳丽

摘要：《义务教育语文课程标准》中明确指出：要重视培养学生广泛的阅读兴趣，扩大阅读面，增加阅读量，提高阅读品位。因此，在进行阅读时，要引导学生多读书，好读书，读好书，读整本的书，关注学生通过多种形式的阅读，营造良好的阅读氛围。

关键词：整本书阅读；教学；指导

一、整本书阅读前，要指导学生选书

作为不同年龄段的学生，所喜欢阅读的书籍是不同的。其中，低年级的学生喜欢读一些绘本、简单的童话、儿歌等，尤其对图文结合版的书籍格外钟爱。如：《安徒生童话》《中外神话小说》《小淘气尼古拉的故事》《会飞的教室》《木偶奇遇记》《儿歌三百首》《令孩子惊奇的72个科学异想》《我的第一本科学漫画书》等。这个年龄段的孩子喜欢读故事类的书籍，更喜欢听故事。为此，作为教师，要适时激发学生对阅读的渴望，让他们在无拘无束的空间中开展课外阅读，从中体会故事中主人公的神奇经历与喜怒哀乐，真正从图文中领略童真童趣。

随着年龄的增长，中年级的学生从喜欢童话的故事情节到慢慢留意故事情节是怎么建构的；从体验主人公喜怒哀乐到慢慢尝试着用自己的语言将故事复述出来。此时的他们更喜欢故事情节性强的文学作品，如《爱的教育》《舒克贝塔历险记》《夏洛的网》《时代广场的蟋蟀》《昆虫记》等。

高年级的学生经过几年的阅读积累，开始有一定的阅读能力，能从文字中体会到其表达方式，找到文本的关键词句或重点段落作个性化的理解分析。《草房子》《爱的教育》《上下五千年》《鲁滨孙漂流记》《童年》《城南旧事》《生命的密码》《父与子》等。

二、扎实有效上好导读课

让学生有效开展阅读活动，首先就要让学生充满阅读兴趣。一本书，可以从多角度、多层面寻找"趣点"，以此作为导读的引导点。所以，导读课可以从以下几方面入手：

（一）激发学生对整本书的阅读兴趣，有效促成阅读欲望的生成

进行整本书的导读，其第一步是让学生对即将开始的阅读充满期待，这就要求从情感上激发学生读书的浓厚兴趣。

1. 用书的封面或插图激发学生的阅读兴趣

如《昆虫记》一书的导读课中，教师可以借助这本书的封面，让学生通过观察封面上的文字信息，了解到这本书的写作背景与内容梗概。通过一系列的文字介绍，学生对《昆虫记》的创作背景、作家简介、文学价值等有了全面的了解，同时也为学生开启了有趣的阅读之旅。在导读课中，我们还可以借助插图激发学生的阅读兴趣。如《昆虫记（青少年版）》中，教师可以展示有趣的插图——毛毛虫，引导学生自主观察插图了解毛毛虫的外形特点，想象金

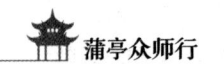

步甲怎样才能将浑身长满刺的毛毛虫变成美味的大餐。学生畅所欲言，各种掠食方法层出不穷。此时，教师有意向性地引导——书中是怎样介绍金甲虫的食物的，大家通过阅读就能找到。

2. 用书中的出色之处吸引学生

儿童文学家金波的作品《乌丢丢的奇遇》是一本深受广大儿童阅读的书籍。书中的情节巧妙，语言优美。导读课中，教师可以展示书中一处出色片段，通过教师范读其中的片段，当读到最出彩之处戛然而止，激发学生的兴趣。课后，学生就会迫不及待地打开这本书，透过自身的课后阅读去找寻答案。对于一些篇幅较长的作品，教师可以收集相关的视频或电影、电视剧的精彩场面播放给学生欣赏，让学生在观看视频的同时受到心灵的启发，激发阅读的兴趣。

3. 教师引领

教师畅所欲言谈论自己阅读书籍的感受来吸引学生，通过"现身说法"来激发学生的情感，创建强烈的读书欲望。

4. 榜样吸引法

如利用每天的晨读，教师引领学生投入阅读活动中，让学生的晨读行为有效发生，从而养成阅读的好习惯。

（二）顺藤摸瓜，搭建课内外阅读的桥梁

如在课文学习中，用朗读感受反复，用诵读体会自由，用对比引发思考，用评论推测故事。

（三）因势利导，探究问题

如部编教材三下《剃头大师》课后习题与《调皮的日子》整本书阅读中，充分利用课后思考题或精巧设计问题：课文为什么以"剃头大师"为题目？拓展阅读《咳嗽大王》《电视小子》，对比思考，得出结论！

三、推进课

整本书的阅读与单篇文章的阅读不同，单篇文章的阅读大多是"一次性"完成相关信息的提取、整合与运用。而整本书的内容信息量较大，所涉及的篇幅多，需要边读边记录、边读边思考，并用自己合适的方式进行整理、归纳。由此，整本书的阅读方法有独特性，需要学生在阅读过程中依据阅读目标进行不断探索、建构。

（一）呈现精彩处

在进行阅读前，教师要通过介绍书籍中最吸引人或最独特之处，如《乌丢丢的奇遇》一书的推进课中，教师可以展示部分内容，让学生自主发现这本书最大的特色——每一章前都有一首小诗，下一首诗的开头部分都是前一首诗的最后一句，最后又把每一章的开头串起来组成一首新诗。学生通过体会诗意和美感，真切感受到这本书的独特与精彩。

（二）进行阅读方法指导

如运用浏览性阅读激发兴趣、提升速读、引发讨论、培养思维；吸收性阅读即老师引导，学生圈画、摘录；细品性阅读即反复读、细咀嚼、慢品味。为保证阅读质量，应向学生提出要求——四到法：心到、眼到、口到、笔到。整本书的阅读需要真读，真实的阅读，真实的发生，回归文本，边读边思考，学生才会真正有所得。

（三）整体规划，合理安排

结合学生年龄特点，要根据所读书籍的特点提醒学生阅读中的关注点；提醒学生设计并记录阅读卡片科学安排，分层推进。如小说类阅读中，要让学生做真正的阅读者，养成认真阅读的好习惯，通过教师给予的阅读方法有效进行个人阅读，采用整体阅读与典型故事精读等阅读形式，在阅读中引导学生以读促写。

四、分享与交流课

（一）在分享与交流课前，学生认真细读书籍；课中不忘结合作家资料，如书评、导读材料、作家简介等；

（二）设计有效性的问题；

（三）充分关注学生的个性体验；

（四）设计精妙的延伸活动，如设计推荐卡、制作思维导图、书卡、作业单设计等。

整本书的阅读需要真读，真实的阅读，真实的发生，回归文本，边读边思考，学生才会真正有所得。

参考文献：

[1] 陈新铸，《指导学生课外阅读养成良好阅读习惯》.

[2] 马秀英，《浅谈如何提高小学生课外阅读的兴趣》.

[3] 顾婧璇，《小学高年级语文课内拓展阅读教学中教师作用的研究》.

浅谈乡镇学前教育家长满意度
——以L市M镇为例

井研县马踏镇中心幼儿园　文秋霞

摘要：学前教育作为我国基础教育的有机组成部分，在教育事业的发展中扮演着重要的角色。随着城镇化的发展，乡镇家长对学前教育的要求逐渐提升，继而相应的问题也不断突现。通过对M镇655名幼儿家长开展调查，结果显示：1.家长对乡镇学前教育总体上比较满意，对老师的满意度最高，对孩子的发展和学校的工作满意度次之，对环境设施的满意度最低。2.家长对公办园的满意度高于民办园。3.不同家庭背景的家长满意度水平各异。针对这些问题，建议幼儿园加强管理、完善各项制度，提升办园质量，关心留守儿童成长，加强家园交流合作。

关键词：乡镇；学前教育；家长满意度

随着社会的发展，家长对优质教育的需求日渐强烈，但乡镇幼儿园受经济发展的限制，基础设施落后，师资力量薄弱，教育质量远低于县城，不能满足家长的需求，也在一定程度上制约着我国社会的发展。家长作为幼儿园教育质量评价的主体之一，对学前教育质量的满意情况影响着幼儿园发展的方向。为了了解乡镇家长对学前教育质量的满意情况，改善乡镇学前教育的办学质量，提高家长满意度，促进幼儿得到更好的发展。我们采用问卷法、访谈法和文献法，对M镇幼儿园的家长进行了调查。

一、问卷调查结果分析

（一）幼儿园家长对幼儿园教育质量总体满意度

该镇幼儿园家长在四个维度上的得分均在 4.3 分左右，说明家长对学期教育的满意度总体比较满意。其中，家长对老师的满意度得分最高，对学校的环境和设施得分 4.2 分为最低。其他三个维度得分均超过 4.3 分，说明家长对老师、学校和孩子的发展这三个方面满意度较高。

（二）家长对不同办学性质幼儿园在各维度上的满意度差异分析

家长对公办幼儿园的满意程度在 4 个维度上均高于民办幼儿园，这与 M 镇的实际情况基本符合，当地公办幼儿园为乡镇示范性幼儿园，园所的管理规范合理，而民办园多为私人开办的小幼儿园。

（三）不同家庭背景的幼儿家长对学前教育质量满意度差异分析

不同年龄层、职业、学历家长满意度无明显差异。不同家庭月收入家长满意度显示：家庭收入 1000 元以上的无明显差异，月收入在 1000 元以上的家庭满意度显著高于月收入 1000 元以下的，其中 2000~3000 的满意度最高，1000~2000 和 3000 以上的次之。因此，幼儿园应该针对家长不同层次的收入情况，区别对待，以满足不同层次家长的需求，提高整体满意度。

（四）各维度内具体题项的家长满意度分析

环境及设施这个维度下的问题中得分均为 4 分以上。其中，家长对幼儿园防火、防毒和园所的校风、学习氛围的满意度最高，对教育环境的美化、教学设备、饮食结构的满意度居中，对周边环境、园舍布局、活动空间、班级人数的满意度最低。结合访谈得知，园所在防火、防毒的安全管理方面做得较好，老师经常通过班级群和安全教育活动宣讲这方面的知识，营造了较好的学习氛围。通过实地调研得知，该镇幼儿园园所多为十多二十年前选址和修建的，空间环境一般，对于园所建设投入的经费严重不足，教学设备陈旧老化，幼儿饮食结构单一，这是家长普遍不满意的地方，关于园所环境和饮食结构是今后幼儿园发展需要改善和解决的问题。

对老师的满意度这个维度下得分均在 4.27 分以上。其中对幼儿的关爱和照顾、言行仪表、品德教育、对老师的喜欢程度、老师耐心教导这 5 个方面得分均在 4.40 分左右，结合访谈和实地调研发现，幼儿园对幼师的要求较高，教师的教育教学行为规范；家长对老师的学历满意度居中；通过访谈得知，由于老师对于回访的不重视和园所管理的不到位，该镇幼师到幼儿家中家访这一方面落实得不够充分，家长满意度较低。

在收费及教育质量这一维度下，家长总体上比较满意。具体来说，家长对幼儿的知识是从游戏中获得的最为满意。在新课程改革的大背景下，游戏作为幼儿获得知识的重要途径这一先进的教育理念慢慢在乡镇幼儿园实施，家长也逐渐接受这一观念。对教育质量、幼儿园管理、家长沟通工作、对待家长热情方面比较满意。

在对幼儿发展的这一维度下，家长对通过幼儿园教育，孩子感到快乐最为满意；对幼儿的动手能力取得明显的进步比较满意；对与同学的相处、美德的培养和孩子自理能力的培养满意度相对稍低一点。据此，幼儿园还应进一步加强对幼儿动手能力的培养，让家长在幼儿身上看到实质性的进步。针对这些满意度较低的方面，幼儿园还需要花更多的时间和精力来探究。

二、问卷调查中反映出的乡镇学前教育的突出问题

（一）家长对幼儿园环境和设施的不满

问卷分析发现，家长对幼儿园环境和设施满意度最低，通过实地走访了解到，造成这一情况的主要原因是经费不足，对于民办幼儿园来说，主要的经费来源是幼儿的保教费，但民办园具有一定的商业性质，其经费主要用于教师工资的发放和必要教学玩具的购买；对公办园来说，受当地财政对乡镇幼儿园投入的限制，园所运营经费匮乏，只能从基础设施方面减少开支。综合民办园和公办园，研究者认为，经费问题是一切问题的根源，经费问题不解决，一切都只能是空谈。

（二）家长对家园沟通和教师反馈幼儿在园情况的不满

在对幼儿园教师满意度维度下，家长对家园沟通和教师反馈幼儿在园情况最为不满。通过与园长和教师的交流发现，乡镇幼儿园师资短缺，无法达到"两教一保"的要求，老师表示关于幼儿情况有家长问起沟通一下，没有问起没有主动去沟通。

（三）留守儿童问题

问卷第一部分孩子的主要看护人题目中，母亲为主的占46.3%，老人为主的占29.2%，共占比约为75%，而父母共同看护的不足20%。这反映了在乡镇上的一个突出问题——留守儿童问题。通过走访发现，当地经济条件落后，年轻父母大多选择外出务工，孩子的看护任务主要落在母亲和老人身上。父亲的角色在家庭教育中出现严重空缺，这一部分留守儿童的性格大都比较内向，行为习惯也较差，由老人看护的孩子也出现较多的隔代教育问题。

三、对提高幼儿家长对乡镇学前教育满意度的建议

（一）加强管理、完善制度，提高对乡镇学前教育的投入和扶持力度

学前教育虽然不属于义务教育阶段，但其处于我国基础的重要地位，但是政府和社会对于学前教育的重视度远远不够，这一现象在乡镇上尤为突出。政府在规划教育投资方面出现"重县城、轻乡镇"的现象。现在国家正在逐步加大对学前教育的投入，对政府而言，应设立乡镇学前教育专项教育基金，用于幼儿园发展的规划、园所环境设施的打造、教师的职后培训等，提高乡镇学前教育服务公众的能力。

（二）完善教师培训制度，提高幼师的职业幸福感

该镇幼师的专业知识普遍较为缺乏，缺少专业的培训。由于经费有限，老师参加培训和学习的机会很少，导致学前教育质量停滞不前，教师自身也表示职业幸福感很低。相关部门应鼓励县城优秀的老师送教到乡镇，积极开展经验交流，对在园的教师进行集中培训，为乡镇学前教育存在的问题提出切实可行的指导性意见。

（三）提升办园质量，关心留守儿童成长，加强家园交流合作

提高乡镇幼儿园的办园质量、为幼儿创造一个优良的教学环境是提高家长满意度的关键因素；对于留守儿童而言，要经常与其谈心，通过多种方式与其家长沟通，了解留守家庭真实的心声；家园交流方面，制定相应的制度，加强幼儿园、老师与家长的沟通，建立良好的家园关系，并对家长的建议和意见进行收集和处理，正确对待家长的合理需求，满足不同群体家长的要求，优化自身公共服务的质量。

参考文献：

[1] 李生兰，幼儿家庭教育[M]，上海：上海教育出版社，2000.

[2] 王叶，农村学前教育满意度调查研究——以河南省南阳市A镇为例[D]，浙江师范大学，2012.

[3] 张金果，0~3岁婴幼儿托育服务家长满意度调查研究——以J省为例[D]，东北师范大学，2019.

[4] 吴广、付岳燕，以家长满意度为导向的幼儿园优质发展策略[J]，基础教育研究（2014.07）

[5] 张奇，SPSS for windows 在心理学和教育学中的而应用[M]，北京：北京大学出版社，2009.08.

以绘本为载体开展早期阅读的研究

井研县马踏镇中心幼儿园　颜星熠

摘要：早期阅读已深入幼儿园课程中，将绘本作为载体开展早期阅读的探索与研究，可以较大程度地帮助教师有效地开展早期阅读活动，让幼儿从自读到悦读再到会读，其过程中获得阅读能力才能使幼儿具备不断自我教育的能力，从而为以后的自主学习、终身学习奠定基础。

关键词：早期阅读；载体；绘本

一、在早期阅读视域下以绘本为载体的意义

《幼儿园教育指南（试用）》指出：利用书籍、绘画等方式激发幼儿对书籍阅读的兴趣，培养阅读能力。早期阅读的核心是需要通过大量的插图书籍，帮助幼儿从口头语言过渡到书面语言，并全面培养儿童在语言领域中各个方面的能力。阅读是一个人必须具备的一种能力，而市面上能大量且便捷地获取阅读的载体就是绘本。绘本与其他儿童读物不同，绘本是最适合0~6岁孩子阅读的图书，其一，绘本中的文字相对于其他读物是文字较少、图案较多的读物，并且善于用显而易见的故事来反映幼儿平时难以理解到的人生道理，这是绘本最大的亮点；其二，绘本可以让图片"说话"，内容充满童趣，从儿童的角度出发，更贴近儿童的审美标准，幼儿会很快把角色代入到自己身上，从而感知故事情节，体会故事人物中的心理变化，更加容易吸引注意力；其三，绘本可以为儿童提供一个轻松、便捷、随处可看、随看随想的开拓性思维阅读模式，让幼儿增加阅读量的同时，丰富幼儿的情感以及阅读经验，为以后爱学习、愿意学习、终身学习打基础。

二、以绘本为载体开展早期阅读的实施策略

（一）创设一个舒适且自由的阅读空间

以舒适、明亮的阅读环境为主，幼儿可以根据不同的情境或内容进行有效阅读。例如，我们在楼梯角落处设立了亲子阅读区，并投放了沙发、地垫、靠垫、书架等，让幼儿在光线充足的时候可以进行自主阅读。在班级区域中，幼儿可以自己选择喜欢的位置进行独立阅读或与同伴讨论阅读。

（二）为幼儿提供充足且合理的时间环境

早期阅读的巩固与发展需要在大量的日常阅读中获得，单单只通过阅读活动或区域活动是不能得到有效提升的。因此，教师除了安排周计划里面的内容外，还在日常活动中保证了孩子有一定的阅读空间，这样的时间没有固定性，但具有针对性。例如，利用餐前餐后的时间为幼儿提供习惯养成类的绘本，可以巩固培养幼儿吃饭的好习惯，而且每次就餐后，吃饭速度较快的幼儿可以先进入图书区进行阅读；晨间来园、喝水、盥洗等需要等待的活动时，也为幼儿提供可移动书架，让幼儿在等待的过程中喜欢上阅读。

（三）剖析绘本特点，合理选材，从自主阅读到有效阅读

根据幼儿的年龄特点、阅读心理、接受能力、发展需求，教师从绘本内容上花工夫，力求丰富幼儿的生活成长等各个方面。经过前期对幼儿做调查研究发现，大部分幼儿喜欢色彩鲜艳、突出人物特征、角色动作夸张的绘本，除了吸引眼球外，更加能激发幼儿的好奇心，从选材上让幼儿喜欢上绘本。例如《我爸爸》《我妈妈》中的角色名称以家庭成员中的爸爸妈妈为原型创设，很大程度上还原了爸爸、妈妈生动的形象，这样别出心裁且贴近生活的趣味绘本可以很大程度上让幼儿更加喜欢上阅读。

（四）有效的绘本阅读是开展早期阅读的关键

1. 幼儿喜欢绘本不代表会看会读，要让幼儿抓住绘本中的故事重点，理解故事情节，感受故事的中心思想和情感体验。在阅读活动时，教师会从封面开始阅读，让幼儿在了解绘本名称及对主人公的描述后，得到一个预期的设想，再从中了解故事情节，明白其中的道理，关注绘本中阅读的重要元素。例如《打瞌睡的房子》，一听名字就会联想到为什么房子也会"打瞌睡"呢？再引导幼儿观察封面，提出一些开放性的问题，从而引出故事内容。

2. 归纳绘本阅读的内容，升华早期阅读的能力。归纳阅读主要作用为：帮助幼儿巩固所看到的内容，再结合角色表演、趣味游戏、小组互讲的形式调动幼儿参与的积极性，真正去体验故事中所表现的人物特点和情感，加深对故事的理解。从自读到悦读再到会读，让幼儿获得阅读能力才能使幼儿具备不断自我教育的能力。

三、以绘本为载体开展早期阅读的初步成效

1. 每周开展一次课题教研活动，加强教师对早期阅读的目标预设。一本好的绘本会嵌置着很多的教育信息，教师要站在儿童的角度思考，再以教育者的角度理解故事内容，从而把握住切入点。例如《鼠小弟的小背心》绘本分析，教师在明确阅读内容和经验的基础上确定教学目标，再根据目标进行有效提问。

2. 分小组合作阅读。在小组阅读时，为孩子们提供积极参与的机会，让每个孩子都有平等的机会展示自己。合作更使孩子作为参与者，充分展示集体的能力和水平，才能让不同层次的孩子获得不同程度的成功快乐，还能使孩子的注意力集中和持久。例如：在语言活动《朱

家故事》中，教师围绕姓氏展开小组讨论活动，大家积极地根据自己或他人的姓氏进行改编，在小组中自由表达，每个人都用图画的形式记录，汇报结果时由小组推荐一位组长向大家介绍，不足之处其余幼儿补充。如此一来就诱发了幼儿对故事内容的兴趣和专注力，进而提升了幼儿合作阅读的能力。

以绘本为载体开展早期阅读探索和研究是一个长期的教育过程，许多内容不仅是教学活动，必须建立大局认识，使早期阅读真正地融入生活习惯中，培养孩子自主学习、终身学习的能力，为儿童语言能力奠定基础，更好地促进儿童的全面发展。

井研县国培计划（2019）
青年助力项目小学数学跟进培训心得体会

井研县来凤小学校　易义

2019年10月15日至2020年5月22日，我参加了2019国培项目青年教师助力培训，收获很多。2020年10月28日至30日，我们再次相聚在一起，参加井研县国培计划（2019）青年助力项目小学数学跟进培训，按照相关的要求，我们组的每位教师认真参与，聆听讲座、观课评课，组织开展了教学专题研讨活动，集中解决教学设计的问题，有效促进教学能力的提升。

1. 聆听专家讲座，明确教育发展方向

这次培训，邀请到了进修校校长李勇成，乐山市教科所林宾所长和卢学锋校长做了专题讲座。从一个个鲜活的实例中，我认识到作为一名人民教师，我们要从思想上严格要求自己，在行动上提高自我的工作责任心，树立一切为学生服务的思想，提高自我的钻研精神，做到政治业务两过硬，增强政治自信，用高尚的人格魅力影响人，用崇高的师德塑造人。教师要深入学习各种现代教育技术手段，提高教学效率和工作效率。特别是林宾所长不仅介绍了"研创学习"的相关理论，还就教学设计的具体问题与每位教师进行了具体的分析讨论，也对我在今后的教学设计方面有了方向性的指导。

2. 种子教师传经送宝

种子教师宋金梅上了一堂《圆的认识》，重视学生的自主探究，鼓励学生用不同的思路，从不同的角度，用不同的方法解决问题。种子教师叶彦莉上了一堂《数与形》，引入精彩，环节紧扣，敢于跳出教材的限制，设置教学情境，在活动中让知识自然形成。带领所有的教师进行具体的教学内容探讨，打造一个高效的教学课堂。种子教师龙飞结合他的个人经验，给我们做了《迎未来教育他特色课堂》的专题讲座，这些理论和经验可以优化课堂教学，提高教学质量。

3. 团结协作返岗实践，积累实操经验

在学校返岗实践中，小组内的老师们都在努力地学习，积极地发表个人见解和评论，他们的观点独特新颖，方法行之有效。培训后积极研读教材和教参，分析学生实际情况，设计教学方案，并进行教学实录，写出心得体会。培训活动使我对教学科研方面的认识有了进一步提高，只有不断地去思考研究，才能不断提高自己的教育教学能力。

再次参与国培活动，是前面培训的延续与巩固，是对课程标准再次的解读，是与同行之间交流的过程，是综合运用教育心理学的过程，是综合运用教学理论的过程，是教法学法的最优化选择的过程，是教育教学从理论到实践，由实践到理论，再由理论到实践的科学过程。每一次培训都会有对教育教学的新的认识，学无止境。本次培训时间虽短，收获同样不少。还是应了那句老话：活到老，学到老。

初探习作
——神奇的想象

井研县马踏镇四合小学校　余群

在想象的世界里，什么都可能发生，一切都变得那么奇妙。如中国古代传说中的龙、《西游记》中会七十二变的孙悟空、美丽的七仙女等。这些人物和事物在现实生活中并不存在，都是人们脑海中想象出来的，但他们却让我们的世界变得丰富多彩。第五单元习作——奇妙的想象。习作题目会激发无穷的遐想。《最好玩儿的国王》《小树的心思》《滚来滚去的小土豆》《一本有魔法的书》《躲在草丛里的星星》《手罢工啦》《假如人类可以冬眠》这些都是本次习作供参考选择的题目。那么这一次的习作要求又是什么呢？大家可以选一个题目，写一个想象故事，也可以写其他的想象故事。要大胆想象，创造出属于自己的想象世界。想象是本次作文的关键，那么都有哪些想象的方法呢？

第一种方法，时空转换法

我们知道事物都是在一定的时间和空间当中存在的。在写想象作文的时候，我们可以将时空进行巧妙的转换。比如《宇宙的另一边》，我们可以想象趴在窗台幻想宇宙的另一边，在那一边有另一个我做着相反的事情。炎炎的夏天下起了鹅毛大雪，太阳从西边升起，石头能够开口说话，和人一样变得有生命，最后回到现实生活是不是很奇妙呢？

第二种方法，将自己物化与现实交汇

比如《我变成了一棵树》，"我"不想让妈妈叫"我"吃饭，想变成一棵树。这棵树上长满了鸟窝，请小动物们住进来，把好吃的食物分给它们吃。最后自己觉得肚子饿了，回到了现实，是不是听起来也很有趣呢？

第三种方法，将事物人化

比如习作例文中《一支铅笔的梦想》，一只调皮的铅笔溜出了教室，变成了植物开花、结果，跳进池塘撑起了雨伞，躲进菜场伪装成生菜，到运动场成为运动器材。这支铅笔呀，真的是让人读来忍俊不禁。

最后我们还可以换一个视角，突破常规来想象。

比如《尾巴它有一只猫》这篇想象作文，我们知道猫才拥有尾巴，可是有一条尾巴却坚信是自己拥有一只猫，而不是猫拥有它，这就是换视角，打破常规。

将这些想象创作的方法进行一个梳理：一、时空转换。二、将人物化。三、将物人化。四、反转视角。

想象是有依据的，想象作文是有中心的。

以《一支铅笔的梦想》为例，在写这篇想象作文的时候，我们发现想象的内容和本体特征相关联。铅笔身材细长细长的，不正是像豆角、嫩黄瓜和撑杆嘛？这也就是想象的基础。另外我们还发现所有想象都围绕着一个中心，那就是他们都是铅笔的梦想。铅笔梦想着自己的生活能够变得更加的有趣。

有了想象的方法，让我们一起为书中所给题目展开合理的想象吧！

第一篇《最好玩儿的国王》

国王在人们脑海当中的印象是一国之君，庄重威严。在《最好玩儿的国王》这篇想象习作中，我们可以想象国王变得非常有趣，让人高兴。通过突破常规，我们可以写出一个不一样的国王。比如国王喜欢和小朋友做游戏，他让每个国民都学讲笑话，国王养着一只很滑稽的狗，国王走路的样子很好玩儿，国王的王宫很有意思……

第二篇《一本有魔法的书》

书承载知识，供人阅读，而《一本有魔法的书》它有着神奇特异的功能。通过将物人化，我们可以写一本会魔法的书。比如书里能听到各种声音，书里的画面会动，书可以和人物对话，书会七十二变，书能督促读者阅读……听到这里，你是不是很想读一读这篇想象故事呢？

第三篇《手罢工啦》

我们都知道手能够做好多事情，可是如果有一天手罢工啦，那么这些事情都做不了。通过突破常规无手的不便，写出了手的作用。没有手，早上起床没法穿衣服，教室门打不开进不了教室，老师无法板书，人们无法招手、握手和拥抱……可见小手的作用是多么重要啊！

第四篇《小树的心思》

小树有什么心思呢？哦，原来他和人一样，也有着忧愁、烦恼和愿望，那就是他幻想自己变成一棵高大的植物。将物人化，写出小树的忧愁、烦恼和愿望。秋天担心叶子落了，可树下，行人打招呼却无人理睬。有人在树干上挖洞，没有同类型事物太孤单了，希望自己能开花……你读懂了他的心思吗？

第五篇《躲在草丛里的星星》

星星一闪一闪，亮晶晶的，多么可爱呀！可是有一只胆小的星星怕被人发现了，他躲在了草丛里。我们还可以想象是星星在玩捉迷藏游戏，所以躲在了草丛里。将物人化，写出星星躲藏时的心理状态，星星们玩捉迷藏，一颗星星躲在草丛里偷偷看喜欢他的男孩子，星星误以为草丛中的萤火虫是同类，躲在草丛中与他们嬉戏。多么有趣呀！

第六篇《滚来滚去的小土豆》

小土豆是一颗球形的蔬菜，我们可以想象土豆在地上走动，也是将物人化。写出了小土豆滚来滚去的经历，这样一篇小土豆历险记就诞生啦！还可以写小土豆旅行记，小土豆离家又回家，小土豆从无赖撒泼到慢慢长大……

第七篇《假如人类可以冬眠》

人类整个冬天都在睡觉，我们可以假设这些情景，通过假设写出人类冬眠带来的利与弊。人们再也不用忍受冬天的无聊了，人们会减少很多食物的摄入，人们的美梦会增多，人们无法欣赏到雪景，人们会在秋天疯狂吃东西……听起来也很吸引人吧！

通过书上的例子，我们知道如何发挥想象了。习作前先进行审题，利用想象的方法展开合理的想象。在以后的学习中，我们将继续学习想象的技巧、想象作文的写作提纲以及想象作文的修改方法等。让我们的想象变得更奇妙！

国培，教学生涯的新起点

井研县师范学校附属小学校　周彦彤

当拿到这次国培手册，翻到课程安排的时候，我禁不住地向往，想想可以和那么多的教育方面的专家面对面接触，可以和有那么多前卫的教学思想的老师聚集在一起学习、讨论、探究，是我进入教育系统以来首次这样大型的有意义的学习机会。向往之余，我也强烈地感受到国家对我们青年教师的重视，想要从根本上让我们青年教师提升自己的使命感，提升自身的本领，更快地进入到角色，把舞台提供给我们年轻人，让我们进行有方向有依据且大胆的探索，找到更好的方式完成教学任务，从而培养出我们所期待的学生。这就要求我们要在最短的时间内完成由教育工作者到学生的角色转换，认真、虚心、诚恳地接受培训，学习专注，认真地聆听和记录，及时完成作业。我们如饥似渴地接受着新鲜的理念，学习气氛十分浓厚，仿佛回到了学生时代。

首先是理论上的丰富，专家们将最前沿的教育理论知识传导给我们，让我们理解什么是数学学科本质，什么是学科核心素养，作为教师我们应该在哪些方面来提升自己的核心素养。对教育信息网络的培训，我也觉得受益匪浅，专家们针对我们在制作课件和查找资料有难度的问题上，各个击破，都给我们找到了解药，我们以后在教学中收集资料时遇到问题了就能迎刃而解。

接下来就是干货满满的有效课堂，给我印象最深的就是专家张丽老师上的《圆的认识》这一堂课了。张老师一开口，听到她字正腔圆的普通话发音，我就开始佩服她过硬的基本功，整个课堂学生探究多、讨论多、回答多，一个问题抛出来学生的办法也很多，这是我第一次看到真正地以学生为中心的一堂课，同时又融入了比较深刻的"数学文化"，她将古人的发现"圆，一中同长也"贯穿于整个课堂，让学生学到知识的同时，也感慨古人爱探索爱总结的前卫思想，感受到了数学的奥妙，也感受到了数学是一门具有探究性的学科。在她的讲座中，我听到了"研创"这个词汇，在我脑海里对数学学科的观念和认识统统被清扫干净，装入了满满的对数学学科新的认识和期许，我不禁感叹道原来数学的课堂可以是这样的，原来这才是真正的数学课堂的模样。思想上受到冲击，但是往正能量的方向靠近。

接下来在乐山实验艺术学校对"研创"有了全面的认识，对"研创"课堂进行了深一步的学习，从最初在字面上的理解，即研究创新的方法来创建课堂，到深入了解后明白了"研"是教师对问题的研究，包括问题的产生——以问题启蒙，问题的探究——以问题构建，问题的应用——以问题提升，问题的深化——以问题来发展，让学生在研究和探究问题中"创建知识结构""创生关键能力""创立价值品质",真实地感受到了"以学为中心为创而学"围绕着"研创"进行的课堂展示,让学生在以前的认知中和新的知识产生冲突,有了冲突就有了猜测,有了猜测就会生出探究,有了探究才会有验证,学生就会在这个过程中"思辨",有了验证,学生的学习的过程就会有明确的方向和目的,学生在学习时就更能了解到自己遇到了什么问题,自己是用什么方法来解决的,从而课堂就一气呵成,学生变成了这堂课的主角。通过林主任的讲解,我深刻地了解到了数学学科的本质,就是让孩子们去探究,让孩子们能融入课堂感受到这一堂课的价值所在。

我们下一站又来到了博瑞特实验学校,在具有高教学水平的学校去学习,不仅在学科上探讨学习获取最新的教法和理念,在学生管理方面也给了我们很多新的思路,如课堂点名软件、课件制作软件、视频制作 app 等等受益匪浅。

培训很短暂,但在学习中给我注入了鲜活的血液,让我感受到了教学的本质,也知道了怎样的课堂是学生和教师所期待的,并向着这个目标开始奋力前行。同时也很感谢这次培训,让我结识那么多的朋友,我们一起探讨,一起解惑,一起成长。

不忘初心铸师魂　牢记使命育英才
——参加三期校长国培的感悟

井研县马踏镇初级中学校　周云富

2018 年下学期、2019 年上学期、2019 年 11 月,笔者曾参加了两期中西部校长现代远程教育国家培训和一期骨干校长提升研修国家培训。通过学习,进一步明确了作为一名校长所需要具备的政治素养,应该达到的专业标准,应该如何管理学校,应该如何提高教师队伍素质,应该如何培育健康的学校文化,并结合自己的工作,思考了如何把这些用在学校的管理实践中去,实现校风、教风、学风再上新台阶。

一、校长要具备坚定的政治信念

研修期间全面学习了习近平总书记在大中小学校思政课教师座谈会的重要讲话,总书记告诉我们:教育者必须要先受教育,讲信仰者自己必须要有信仰。我认为讲得太好了,一语中的。教育工作者从事着最光辉的事业,履行着立德树人的光荣职责,要担当起下一代健康成长的引导者和领路人的责任,要引导下一代系好人生第一颗扣子,寻找人生的正确道路,从小开始逐渐树立正确的"三观"。教师自己就要先受教育,就要先成长为坚定的共产主义理想的信仰者。一校之长更要先行一步,学在教师的前头,才会"桃李不言,下自成蹊"。一个优秀的校长,必须有着崇高的理想信念和深沉的家国情怀,心中装着祖国和人民,把目光投向新时代和实践,不断从教育实践和中华民族的伟大复兴中汲取养分、丰富思想,才能成为学生树立"四有"的学习榜样。

研修指导老师谢志恒教授也告诉我们:中国共产党的"初心"和"使命"是"为全中国

人民谋幸福，为中华民族谋复兴"；教育工作者的"初心"和"使命"是教育必须把培养社会主义建设者和接班人作为根本任务，培养一代又一代拥护中国共产党领导和我国社会主义制度、立志为中国特色社会主义事业奋斗终生的新一代人才。各级校长的"初心"和"使命"是不忘"教育强国"的初心，牢记"民族伟大复兴"的使命；不忘"教育为民"的初心，牢记"创造美好生活"的使命；不忘"立德树人"的初心，牢记"培养接班人"的使命。

校长作为从事太阳底下最光辉事业中的一员，是人类文明的继承者，担任着传播先进知识、传播先进思想、传播真理、塑造灵魂、塑造生命、塑造新人的时代重任。我们要贯彻党的教育方针，立德树人，教书育人，明白"为谁培养人"、"培养什么样的人"、"怎样培养人"。作为一名农村初中的校长，我在大学期间就坚定地加入了中国共产党，成了其中光荣的一员。一直以来，我始终坚信马克思主义，坚信共产主义，拥护中国共产党的领导，忠诚于党的教育事业。通过这三次培训，我对"立德树人"又有了新的认识。第一，抓好"立德树人"，要树立以人为本的教育观念。尊重学生、理解学生，是教育工作中以人为本的基础；关心学生、赞美学生，是教育对以人为本精神的落实；鼓励学生、培养学生，则是以人为本的最高境界。第二，抓好"立德树人"，要把先进的教育理念变成清晰的工作要求。培养学生良好的学习习惯，对事业、生活、人生起着不可估量的作用。第三，抓好"立德树人"，要建立良好的育人环境。学校的校风好，才能让学生精神状态饱满热情、积极向上，师生的人文素养进一步得到升华。在我的影响和带动下，近两年，我校党支部有2名党员教师，获得了县"党员先锋示范岗"的荣誉。

二、校长要达到专业标准

时代在发展，对校长的要求也在发生变化，现代学校的校长要树立五条基本的理念："以德为先"是道德使命；"育人为本"是办学目标；"引领发展"是角色要求；"能力为重"是实践导向；"终身学习"是时代要求。

现代学校校长的责任是："制定学校发展计划、营造育人文化"；"领导教学课程改革、引领教师专业发展"；"加强内部管理、适应外部环境"。校长要按照《义务教育学校管理标准》，从保证学生公平的权益、促进学生德智体美劳全面成长、引领教师专业提升、提高教育教学水平、打造安全美丽环境、建设新时代现代学校管理制度六大方面，努力实现学校管理标准化。

通过研修学习，对照上面的标准，我主要的差距在于"引领教师专业发展"方面。校长要从文化、组织、制度、行动四个方面加强对教师的引领。校长要引导教师寻找正确的专业发展方向，必须制定教师专业发展规划，培养教师专业发展的正确价值取向。营造良好的人际关系，关注教师幸福，提高教师生活质量。校长要成为一个学习者，要成为一个教育教学的研究者，要不断提高自己的人格素养。

三、校长要提高管理水平和能力

（一）坚持学习

作为校长，要经常性地学习党的各种文件、方针、政策，学习先进教育理念、摸索教育教学规律、改进教育教学方法，学习校长专业标准，提高自身的教育理论水平；学习其他学校的先进管理经验，提高自身的管理水平；通过学习提升自身能力素质，在教育教学改革创新上，做教师的引路人。

通过这三次培训学习，我从众多的权威、同行们那里了解到最前沿的教育理论、教育最本质的核心，在学习的过程中感受着幸福与洗礼，在洗礼中体验着收获与快乐。

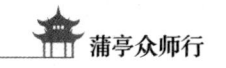

（二）依法管理

特别是听了曾凡有教授的讲座后，深感教育要规范化管理，必须依法管理、从严治校。第一必须要完善规章制度。规章制度的目的要明确，内容要详细。多让大家讨论，达成共识，选出最佳方案，职工大会通过后形成制度。广大教师只有参与制度的制定，才乐于去遵守，制度才能贯彻落实。同时，必须要用正确的方法、方式来行使教育权力。教育管理必须注重公正程序，特别是涉及人的问题时，更应遵循法定程序谨慎操作，并切实保障校园安全，努力建设平安和谐的校园环境。

（三）质量优先

学校教学质量是我们追求的目标，是家长们的期待，是教师安身立命之本。加强师德教育，提高教师努力工作的内动力；加强制度管理，提高教师完成目标任务的外在动力；不定期进行教学"六认真"检查，加强对教学过程监管；定期召开质量分析会，加强对目标任务的提醒和责任的落实；召开总结会，加强对责任的追究。

（四）真诚服务

听了名校校长们的讲座后，作为主持学校工作的校长，要丢掉官本位意识，要坚持尊重、关心、服务教师，服务学校师生。提高角色岗位担当，当好校长而不当家长，处事果断而不武断，深入教育教学第一线，深入教师、学生、课堂，做到思想同心，事业同干。对工作认真负责，敢于创新，对待老师多肯定、多鼓励，多给老师搭建平台，让他们有荣誉感、幸福感。与同事相处，常联系、勤走动，多沟通。少一点评比，多一点引领。

四、校长要强化教师队伍建设

通过研修学习，我深刻认识到多元共建师资团队非常重要。

（一）抓好教学研究

没有教学研究，就没有教师成长，就没有质量提升。这是这次培训先进学校传送的宝贵经验。如：成都盐道街中学的专家引领，成都十七中教育集团学校教师联盟，峨眉三中靠教育科研新课程打造教师团队，强化业务研修，抓教师基本功；抓两头促中间，打造优秀教师团队。创新教研模式，开细、开实教研活动，每次教研活动都有预定的主题和教研流程。围绕学校教师教学实际遇到的问题，教材或课堂中的小问题、小环节、小角度展开；搭建各种展示平台，教师基本功展示课、老教师的公开课、优秀教师比赛课、学科带头人的优质课、中青年教师的入格课、教研组的同课异构等等，相互学习，共同提高，就能抓出教研的实效性。

（二）抓好信息技术运用

当今时代，信息技术日新月异，地球村早已是不争的事实。现代教育技术具有直观、形象、迅速、容量大、更新快等等特点，主要用图像、声音、文字表现教学内容，使教学内容的形、声、色等，直接诉诸学生的感官，为学生的学习提供生动、活泼、有吸引力的课堂，同时也为教师教学的顺利开展提供形象的表达工具。

（三）抓好学生辅导

学生之间，智力、基础、认真程度、注意力、学习习惯等存在较大差异，需要教师课余对学生进行个别化的辅导。通过一对一的辅导，学生能迅速掌握知识、技能。多年的实践告诉我们，这是一种有效地巩固知识、技能的方法，我校的辅导蔚然成风，效果很好。

（四）抓好教学常规

有布置必有检查，有检查必有反馈，有反馈必有纠正。

总之，校长要按照"四有"好老师的标准，督促教师改革课堂教学，优化教学方式，加强教学过程管理，完善作业考试辅导，促进信息技术与教育教学融合发展，努力提高课堂教学质量，让学生人人能得到充分的全面的发展。

五、校长要重视校园文化

人本来是散落的珠子，文化就是把人串起来的那根线。这是这次培训的感悟。校园文化是一种影响学生健康成长的文化，能够使人充满思想、底气和智慧，能够升华人的观念、品味、学养，也能够让学校真正成为师生一路进取和成长的精神家园。学校应以文化为引领，促学校内涵发展。

学校文化应植根于当地的历史血脉之中。笔者曾工作过的千佛中学，位于井研县千佛镇，学校有着近100年悠久的办学历史，依千佛寺而建。千佛寺的传说扑朔迷离，这里哺育了南宋忠臣邓若水和革命前辈李亚群，"九子十翰林"的故事家喻户晓。千佛寺原坐落于校园之内，不仅衬托出学校办学历史之悠久和文化底蕴之深厚，而且其求学励志的学林佳话，更砥砺和影响着历代千佛学子敦品笃学。学校提炼成的校训是"崇德砺志，博学笃行"。教风是学高为师，身正为范。学风是知行统一，勤奋求真。以翰林文化、国学文化、爱国主义为支撑，构建学校的校园文化。生生不息，薪火传承，形成独特的校园文化。

学校文化要植根于当地环境，因地制宜。学校曾有一段残垣断墙，结合当地环境，把它做成一段仿古镂空的古围墙，上面做了几幅古代有深远教育意义的二十四孝图，透过镂空的围墙，能够清晰看到外面黄灿灿的油菜花、花上采蜜的蜜蜂。古与今结合，既有历史的厚重，又有今天鲜活的灵动，让人有不一样的感受。

通过以上措施，我担任校长的马踏初中2019年中考，初三名次从初二全县第15名上升到第7名，超额7人完成普高目标任务；本人被评为井研县首届"蒲亭教育名家"。

"国培"虽然结束了，但我对教育的思考，对当好校长的实践，绝不会停步。"一个好校长就是一所好学校"，是永远镌刻在我心底那份沉甸甸的责任。

参考文献：

[1] 孙丽琴，以人为本，立德树人，《开心》，2017.

[2] 黄雅丽，理直气壮开好思政课用习近平新时代中国特色社会主义思想铸魂育人，《实践（思想理论版）》，2019.

[3] 王斌，创新教育干部和教师培训机制促进义务教育均衡优质发展，《中小学校长》，2017.

[4] 陈旭，高举新时代伟大思想旗帜引领一流大学改革发展，《中国高校社会科学》2018.

[5] 何雨韩，新高考改革背景下高中政治课教学面临的挑战与对策研究，2019.

[6] 祠燕，理论学习增知识，跟岗学习促成长——南京学习之所感、所悟，《中学课程辅导（教学研究）》，2015.

[7] 义务教育学校管理标准，百度百科（网址：http://baike.baidu.com/view/18092391.html）.

[8] 傅伊彤、周亦婷，浅析新时代如何做好一名思政课教师《中外交流》，2021.

其他篇

成长与修炼
——校长的素质与能力提升

井研县教师进修学校（乐山开放大学井研分校）　李勇成

今天的教育界流传着代表新理念的教育格言"一流学校靠文化，二流学校靠制度，三流学校靠校长"，"一流领导在思想，二流领导在建章，三流领导在乱忙"，"一流教师求风格，二流教师重规范，三流教师享清闲"，"今天的教育要从正确做事到找正确的事做"，所有这些说法都隐含着对太墨守成规的思考重视，也体现着对品质层次的追求。

一、校长的素质

校长素质是指适应校长职务所必需的政治思想、道德作用及文化知识、专业能力、健康等基本素养与品质。

1993年教育部颁布的《全国中小学校长任职条件和岗位要求》中指出：1.基本政治素养：坚持正确的政治方向，热爱教育事业，热爱学校，热爱学生，团结班子和教职工，勤奋好学，作风民主，公正廉洁，工作认真负责，一丝不苟，勇于进取及改革创新精神。2.岗位知识、政治理论基础、国情知识、政策法规知识、学校管理知识、教育心理学知识。3.岗位能力：（1）制定学校发展规划和工作计划；（2）善做思想政治工作，采取有效措施，促进学生的全面发展。（3）要具有教育教学、教研工作能力。（4）善于发挥个人与集体作用和力量。4.以育人为中心，不断提高教育教学质量。5、有一定的文字表达和思维创新能力。

2018年中共中央、国务院《全面深化新时代教师队伍建设改革的意见》中指出：加强中小学教师队伍建设，努力造就一支政治过硬、品德高尚、业务精湛、治校有方的校长队伍。面向全体中小学校校长，加大培训力度，提升校长办学治校能力，打造高品质学校……支持教师和校长大胆探索，创新教育思想、教育模式、教育方法，形成教学特色和办学风格，营造教育家脱颖而出的制度环境。

1. 校长是学校之魂；
2. 一个好校长造就一所好学校；
3. 校长素质是学校教育成功的保证。

二、校长理念与能力

校长是履行学校领导与管理工作职责的专业人员。

（一）基本理念

1．以德为先

坚持社会主义办学方向，贯彻党和国家的教育方针、政策，将社会主义核心价值体系融入学校教育全过程，依法履行法律所赋予的权利和义务，热爱教育事业和学校管理工作，具有服务国家、服务人民的社会责任感和使命感，履行职责道德规范，立法树人，为人师表，公正廉洁，关爱师生，尊重师生人格。

2. 育人为本

坚持育人为本的办学宗旨，把促进每个学生健康成长作为学校一切工作的出发点和落脚点。扶持困难群体，推动平等接受教育；遵循教育规律，注重教育内涵发展，始终把提高质量放在重要位置，使每个学生接受有质量的教育；树立正确的人才观和科学的质量观，全面实施素质教育，为每个学生提供适合的教育，促进学生生动活泼地发展。

3. 引领发展

校长作为学校改革发展的带头人，担负着引领学校和教师的发展，促进学生全面发展与个性发展的重任。将发展作为学校工作的第一要务，秉承先进教育理念和管理理念，建立健全学校规章制度，完善学校目标管理和绩效管理机制，实施科学管理、民主管理，推动学校可持续发展。

4. 能力为重

将教育管理理论与学校实际相结合，突出学校的实践能力和管理能力，不断提高与完善规划学校发展，营造育人文化，领导课程教学，引领教师成长，优化内部管理和调适外部环境等方面的能力，坚持实践、反思、再实践、再反思，强化专业能力提升。

5. 终身学习

牢固树立终身学习的观念，将学习作为改进工作的不竭动力；优化知识结构，提高自身教学素养；与时俱进，及时把握国内外教育改革与发展的趋势；注重学习型组织建设，使学校成为师生共同学习的家园。

（二）校长专业能力与行为

1. 规划学校发展的专业能力与行为

（1）诊断学校发展现状，及时发现和研究分析学校发展面临的主要问题。

（2）组织社区、家长、教师、学生多方参与制定学校发展规划，确定中长期发展目标。

（3）落实学校发展规划，制订学年学期工作计划，指导教职工制定具体行动方案，并提供人、财、物等条件支持。

（4）监测学校发展的实施情况，修正学校发展规划，调整工作进度，完善行动方案。

2. 营造育人文化的专业能力与行为

（1）绿化、美化校园环境，精心营造人文氛围，建设优良的校风、教育风、学风，设计体现学校特点和教育理念的校训、校歌、校徽、校标等。

（2）精心设计和组织艺术节、科技节等校园文化活动，充分利用好重大节庆日、传统节日等，开展各种主题教育活动。

（3）建设绿色健康校园信息、网络，向师生宣传各种正能量。

（4）凝聚学校文化建设力量，发挥师生及社团的主体作用。

3. 领导课程教学的专业能力与行为

（1）统筹国家、地方、学校三级课程，推动校本课程的有效开发与实施，为学生提供丰富多样的课程教育资源。

（2）认真落实课程标准，切实减轻学生过重的课业负担。不得随意提高课程难度，不得挤占音体美等课程时间，确保学生每天一小时课外体育活动。

（3）建立听课、评课制度，深入课堂听课，并对课堂教学进行指导。

（4）积极开展教研活动和改革，建立完善教育教学评价制度，不片面追求学生考试成绩和升学率。

4. 引领教师成长的专业能力与行为

（1）建立健全教师专业发展制度，推行校本教研，完善教研训一体的机制。

（2）关注每一位教师的发展，指导教师制定专业发展计划，加强青年教师培养，支持教师轮岗交流，推进信息技术在教师专业发展中的应用。

（3）扎实开展师德师风教育，严禁教师变相体罚学生，严禁教师从事有偿补课。

（4）维护和保障教师合法权益和待遇，关爱教师身心健康，建立代教代酬的激励制度。

5. 优化内部管理的专业能力与行为

（1）形成学校领导班子的凝聚力，充分发挥党组织的政治核心作用。

（2）建立教工代表大会参与学校管理的民主权利，实行校务会议等管理制度。

（3）建立健全学校人事、财务、资产管理等规章制度，不得违反国家规定收取费用，不得以向学生推销或者变相推销商品、服务等方式谋取利益。

（4）努力打造平安校园。

6. 调适外部环境的能力与行为

（1）优化外部育人环境，努力争取社会的教育资源对学校教育的支持。

（2）充分发挥家长委员会的作用。

（3）建立健全家校合作育人机制，建立教师家访制度。

（4）积极发挥在社区建设中的作用。

三、成功与理想的校长

1. 成功校长的内涵

校长的典范魏书生是我国当代教育家，曾当过中学语文教师、校长，现任盘锦市教育局局长。他曾经谈到一个成功校长应有的内涵：

（1）崇高的教育事业心是促其改变的动力。

（2）正确的教育思想是改革的灵魂。

（3）丰厚的理论基础是其改革导向。

（4）锐意创新实践是其改革的基石。

2. 理想校长

勇于实践，反思习惯。

善于思考，努力求新。

智慧决策，提升素养。

追求卓越，永不停步。

做一个成功的卓越校长，可以选择的途径是：读书、行路、阅人、拜师和体悟。（读万卷书不如行万里路，行万里路不如阅人无数，阅人无数不如名师指路，名师指路不如自己去悟。）

我国著名教育家朱永新谈理想校长：

（1）清晰认识到自己的价值与使命，具有奉献精神与人文关怀。

（2）珍惜学校的名誉胜过爱护自己的眼睛和生命。

（3）不断追求自己的人生理想和办学理念，具有独特办学风格。

（4）具有宽广的胸怀，具有极强的感召力和凝聚力。
（5）善于协调上下、左右关系，能调动一切可以调动的力量，以促进学校发展。
（6）十分重视教育科学研究，并成为科研工作出色的组织者和身体力行者。
（7）能够给教师创造一个辉煌的舞台，善于让每一位教师走向成功。
（8）能够使学校具有优美的自然环境和浓厚的文化氛围。

高中音乐教学中的多媒体应用

井研县教师进修学校（乐山开放大学井研分校）　范艳

摘要：随着科学技术的发展，特别是计算机技术的推广应用和普及，多媒体技术在中小学课堂教学中得到了广泛的应用。运用多媒体技术可以将一些我们平时用语言难以表达清楚的教学内容完美呈现，有助于教学重点和难点的突破。本文中简要解读了多媒体运用在高中音乐教学中的重要作用，并且分析了相应的策略。

关键词：多媒体技术；高中音乐教学；运用；分析

在教学过程中把丰富多彩的视频、动画、图片等资料展示给学生，可以引起学生的学习兴趣，活跃课堂气氛；通过某些问题的设置，可以调动学生参与教学过程的积极性，加深他们对问题的认识和理解；选择合适的媒体进行教学，可以增大我们的教学容量，节约时间，同时也能扩大学生获取信息的渠道。如果没有计算机多媒体技术，单纯靠传统的粉笔、黑板等教学工具来进行教学，显然是跟不上现代化教学的要求的。计算机多媒体技术运用在课堂教学中的形式很多，本文只是谈谈多媒体课件在中小学课堂教学中的运用问题。

多媒体课件是指教师或多媒体制作人员，根据教案设计的内容，制作出一套适合教与学的、包含有大量多媒体信息的辅助教学系统。简而言之，"多媒体课件"就是老师用来辅助教学的工具。教师根据自己的创意，先从总体上对信息进行分类组织，然后把文字、图形、图像、声音、动画、影像等多种媒体素材在时间和空间两方面进行集成，使它们融为一体并赋予它们以交互特性，从而制作出各种精彩纷呈的多媒体应用软件产品。在教学中，它与传统的教学手段相比具有明显的优势和特点：

（一）丰富的表现力

多媒体课件具有呈现客观事物的时间顺序、空间结构和运动特征的能力。对一些在普通条件下无法实现或无法用肉眼观测得到的现象，可以用多媒体生动直观地模拟出来，引导学生去探索事物的本质及内在联系。可以将一些抽象的概念、复杂的变化过程和运动形式，以内容生动、图像逼真、声音动听的教学信息展现在学生面前。这样，就使原本艰难枯燥的教学活动充满了生机和活力。

（二）良好的交互性

一个好的多媒体课件具有友好的人机交互界面。友好的人机交互界面除了有美观大方的页面，还包含各种类型的图标、按钮、窗口、热键、热区等，让教师在课堂上更有灵活性，可以根据实际选择不同的学习路径。多媒体课件良好的交互性还表现在可以运用适当的教学策略，营造"自主学习"的环境，由传统的"以教促学"的学习方式转化成为学习者通过自身与信息环境的相互作用来得到知识和技能的新型学习方式，更好地体现"因材施教"的个别化教学思想，是教育技术发展的一个飞跃。

（三）极大的共享性

网络技术的发展和多媒体信息的自由传输，使得教育在全世界交换和共享成为可能。课件所包含的教学内容通过联接在网络上的计算机进行相互传递，实现网络上的信息资源共享。以网络、光盘为载体的多媒体课件，使知识的传播不再受时间、地点的限制，单位、家庭及社会都可以成为学习"学校"，学习的时间可以根据个人情况加以选择。优秀教师的教学经验通过网络传播，让更多教师立体地感受和学习，北京某名校的教学资源可以通过多媒体课件让我们井研的学生现场参与到学习活动中去。

例如，在讲解《沂蒙山小调》这一课节中，此歌曲中涉及了一些历史文化，教师便可以播放相关的抗日视频以及图片，让学生能够了解到当时创造沂蒙山小调的来源，进而在学习的过程中更多地理解音乐中的情感，同时也极大地激发了学生的学习热情，激励学生不断进行探索，在欣赏音乐的时候更加容易体会到在1940年抗战最困难的时期，在沂蒙山区费县北部山区的白石屋村虽然贫穷，但是有良好的群众基础，地理位置又足够隐蔽安全，为抗战做出了较为重要的贡献，在此背景下可以让学生更加珍惜当前的美好生活。

例如，在教师讲解《梁祝》这一音乐课节时，教师在课前预习的10分钟内可以将梁山伯同祝英台的爱情故事讲予大家听，之后播放一段梁祝中"化蝶"的片段，让学生加深理解两人间惊天地、泣鬼神的爱情故事，学生在理解歌词的过程中，对学生的音乐素养提升具有重要作用。

结束语：

在目前的高中音乐教学中，若想真正意义上地提高教学质量，不断应用多媒体技术便显得尤为重要，同时多媒体的信息量颇多，也能够帮助学生拓展视野，在视觉和听觉的冲击下培养学生的学习兴趣，创设良好的学习氛围，让学生在欢快的环境下学习，学生便可以掌握更多的音乐知识，提高音乐课堂教学质量，对培养学生的人文素养以及音乐素养具有重要的作用。

参考文献：
[1] 陈媛，多媒体在高中音乐教学中的运用 [J]，音乐时空，2014（1）：176-176.
[2] 杜克，多媒体在高中音乐教学中的运用 [J]，文摘版：教育，2015（7）：162-163.

家校互动双管齐下共创未来

井研教师进修学校（乐山开放大学井研分校）　范艳

摘要： 教育是一项系统工程，教育管理是一项三管齐下共同作用的多边活动。学校教育、家庭教育是最重要的两大组成部分。本文就学校教育、家庭教育管理存在的问题进行了探讨和总结，提出了家校互动的现实意义和进行家校互动的有效措施。

关键词： 家校互动教育；合力协调一致；双管齐下；共创未来

国运兴衰，系于教育。教育成功，重在管理。教育是一个系统工程，教育管理是一项三管齐下，共同作用的多边活动。学校教育、家庭教育管理是最重要的两大组成部分，两种教育的互动、和谐，在市场经济大潮中，对党的教育事业显得尤为重要，只有家校互动，双管齐下，才能共创教育美好的未来。

一、家校教育管理存在的问题

1. 学校教育管理存在的问题

（1）打着素质教育的旗号，实施着应试教育的方略。

（2）脱离实际的"两张皮"教育大有市场。在当前学校教育管理中，教育内容与学生实际没能有机结合，校内校外严重脱节。

（3）学校教育没能尽到指导家庭教育的责任。

2. 家庭教育管理存在的问题

（1）打工家长用钱物代替对子女的家庭教育。"留守孩子"已成为社会尤其是媒体关注的焦点。

（2）望子成龙、望女成凤的急功近利思想严重。

（3）家庭成员在教育孩子时各唱各的调，形不成合力，随意性大。

二、家庭教育互动的重要意义

上述问题的存在，主要是由于家庭和学校教育没有有机地结合起来。家校互动是解决问题的根本。

1. 学校教育在学生的发展过程中起着主导作用

这是由学校教育的特性所决定的。学校教育是在人为设置的环境中进行的一种教育活动，在活动中，其主体是学生和教师。学校可为广大师生实现教育目的和教育任务提供各种条件和服务，学校还会开展大量的有目的、有意识、有计划的活动，这些活动是为学生精心设计的，目的是使学生能获得更好的发展。学校能帮助学生选择合适的发展方向，这种方向既能体现社会发展需求，又适合学生的本身的个性特点。同时，教师也能给学生以全面、系统、深刻的影响。学校教育可使学生获得较为全面的发展。

在现实中，尽管学校教育存在着不足，还满足不了社会日益增长的教育需求，但因此而否定学校教育的主导作用和所创造的成就是极端错误的。学校教育有党的教育方针为指南，有主管部门的正确领导，有专业的教师队伍，仍然是教育人的理想场所。从这个意义上讲，学校教育是学生健康成长的坚强有力的后盾。

2. 家庭教育担负着启蒙教育的职责，是学校教育的有益延续和补充

"家庭教育是人生的第一篇章，是个体社会化的奠基教育。"父母是孩子的第一任老师，天然地、理所当然地担负着启蒙教育的职责。父母的正确引导，对子女养成良好习惯，培养良好品德，陶冶高尚情操，具有重要的奠基作用。学生走出学校后，时间待得最久的是家庭，接触次数最多的是家长（或监护人），家庭教育当然是孩子成长过程中所应受的第二位教育活动。如果家长自身懂得教育子女的科学方法，能与学校教育保持同步，再巧妙借助最具教育优势的亲情，兼用"教师"多"学生"少的绝佳条件，完全有理由相信，你的孩子说不定就是政治家或科学家，或军事家，或经济学家……家长不想让他（她）成"龙"成"凤"恐怕也很困难了。

3. 家校互动是教育获得成功的重要途径之一

学校教育是主导，家庭教育是学校教育的延续和补充。二者相互依存，相得益彰。如果说学校教育是红花，那家庭教育就是绿叶。有了绿叶扶持的红花才会更加娇艳；有了红花提携的绿叶才能更富有生机。学校教育有了家庭教育的积极配合就会获得最大限度的成功，家庭教育有了学校教育作保证就会发挥最为积极的作用，两种教育的互动定会培养出最出色的社会主义现代化建设的"四有"接班人。学校教育离不开与家庭教育的互动，学校教育与家庭教育的互动是教育合力的基本形式，是教育好学生的必备条件。如果学校教育与家庭教育脱节，就会导致两者作用的相互抵消，极有可能使教育失败。

三、家庭互动的有效途径

1. 学校教育与家庭教育的联动方法

（1）开好家长会

家长会是学校教育与家庭进行互动的一种基本途径。在召开家长会的过程中，学校向家长们汇报教育学生的情况，争取家长们对学校教育工作的理解和支持，家长也应该将自己的意见告诉学校，促进学校改进工作。常见家长会形式是先学校报告会，后分班座谈。还可以组织以家长们发言为主的家庭教育经验交流会和教育成果展示会。

（2）做好家访

家访是教师主动与学生家长进行沟通的一种互动活动。目的在于了解学校的情况，与家长共同商讨好学生的措施。每一位教师都不能等学生出了问题才家访，应防患于未然，把家访工作作为一项基本任务来完成。家访同样适合于科任教师。家访应有记载。

（3）建立书面联系

可分定期和不定期两种。定期书面联系须家长签注意见后再返回学校，不定期联系是特殊情况下（学校重大活动，临时需家长了解学校教育情况）学校主动将有关内容印发给家长，家长签注意见后再返校。

（4）建立电话联系

这是信息技术发达情况下常用的方法。尤其适用于对"留守孩子"的父母。远在天边，声在耳旁，便捷迅速。每次电话联系后应做好记录，包括时间、对象、主要内容等。

（5）有条件的情况下，还可举办家长学校。

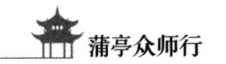

2. 家庭教育的要求

（1）树立正确的家庭教育观念

家长应该清楚地认识到教育子女责无旁贷，要有正确的目的，而不仅认为"养儿为防老""光宗耀祖"，必须采取科学的态度和方法，而非棒打出人才；孩子成功有多种含义，不要仅仅理解成只有上大学才是出路。家长有了正确的观念，才有可能教育好孩子。

（2）营造民主、平等、和谐的家庭氛围

这需要家庭主要成员付出努力。夫妻要互敬互爱，善待老人，为孩子作表率。家庭娱乐要文明健康，防止不良书刊、影视作品对孩子的负面影响。处理人际关系要礼尚往来，诚实守信。有了良好的家庭氛围，才能让孩子感到家的温暖、幸福，为孩子的人生铺就平坦大道。

（3）晓之以理，导之以行，严格要求

以理服人，才能让孩子心悦诚服；大耍家长威风，只会加重孩子逆反心理，家长与孩子会越走越远。说理后还要引导孩子采取实际行动。"严是爱，宽是害"，严而有度，宽而不松。当然也应允许孩子犯错误，关键是不要再犯同样的错误，这是家长应注意的一点。

（4）以身作则，言传身教

家长要时刻以对孩子高度负责的态度检点自己的言行，给孩子树立良好的榜样，这样才能在孩子的心目中有威信可言，教育孩子才有成效。

（5）协调一致，统一要求

家长之间不可相互拆台。教育子女有冲突，切不可当着孩子的面，对孩子的要求要与学校、班级、教师要求保持一致。

（6）主动与孩子的老师交换意见，随时了解子女的动向，积极配合教师对子女进行有效的教育。

参考文献：

柳海民，《教育学》，中央广播电视大学出版社 2011：401.

立足课堂　巧妙导学　发展学生思维品质

井研县教育科学研究室　王燕

《普通高中英语课程标准（2017年版）》将思维品质列为英语学科四大核心素养之一，意味着对学生思维品质的培养成为基础教育阶段的重要内容，其具体要求是"能辨析语言和文化中的具体现象，梳理、概括信息，构建新概念，分析、推断信息的逻辑关系，正确评判各种思想观点，创造性地表达自己的观点，具备多元思维的意识和创新思维能力"。[1]

学生在学习英语这门语言的过程中，必然也在学习思维。英语语言的思维特性是很显性的，汉语和英语两种语言有思维共性，但也有很多思维的差异性，而这种差异性就是英语教师要在思维品质发展中特别关注的，即在教学过程中要正确引导学生用英语思考辨析的能力，包括辨析、推理、理解、理性表达、用英语进行多元思维和解决问题等活动。目前我们使用的教材及课外读本中都有着思维的内涵，教师要充分利用好这点去发展学生的思维品质，根据学生的思维发展的最近发展区来设计相应的教学活动。[2] 在小学英语阅读教学中我做了一些尝试，下面以"外研版教材（三年级起）四年级下册 Module 10 Unit 1"为依托，从我的两次教学经历谈谈自己的思考。

一、活用拼读规律，培养学生辨析能力

【教学环节 1】

教材第一部分内容：一个有趣的小故事。

1. 出示以下五组单词，通过认读已学单词引导学生自己拼读新单词。

cat, hat/clock,chicken——Jack

hill——Jill

tell,well——fell

down——town

about, trousers——found

2. 翻开书，让学生自己小声读文本：Jack and Jill went up the hill, Jack fell down, Jill found a town.

3. 学生熟读后播放动画，让学生跟读直至流利朗读（2 遍）。

此环节中，采用语音拼读导入，既直截了当，缩短导入时间，又培养了学生辨析能力。学生通过朗读已学单词和观察新单词，都能发现它们的发音规律，快速并准确地读出新单词，快速并流利地朗读这篇韵律小故事。

二、创设多维情境，培养学生理解能力

【教学环节 2】

1. 就刚才所读教材第一部分小故事第一句"Jack and Jill went up the hill"提问：Who went up the hill？ What did Jack and Jill do？ Where did Jack and Jill go？ 老师提问学生回答后，让学生互相问答。

2. 再次播放动画，在 fell down 处暂停，让学生猜测其意思。指着画面让学生感受其故事情节，引导学生理解"fell down""found a town"的意思。

3. 学生理解了新词意思后追问学生：What happened to Jack？ 引导学生回答：Jack fell down. 另外出示一些人物摔倒的图片，问学生：What happened to …？ 然后让学生互相问答：A: What happened to …？ B: …（学习新单词 happened，fell off）

对于所有学生来说每篇阅读文本中或多或少的都会存在一些不认识、不会读或不理解的词、句。如果把这些词、句挑选出来单独教学，使得它们成为支离破碎的语言点，或许学生能暂时记住这些词或句的意思，但却不知道如何正确使用。相反，如果把这些词、句放在语篇中教学，以语篇情境为载体，让学生通过上下文、图片、动画等情境提示猜测和理解词义、句意，教学效果会截然不同。当然不可能仅靠一节课的教学就能凸显其优势，必须长期坚持，学生通过一定的积淀方可显现出明显的效果。

阅读教学的情境创设与语言点和语法引入以及某活动操练等的情境创设不同，其主要目的是要引导学生通过视、听的途径正确模仿朗读文本，借助视、听正确理解文本。在此环节中，

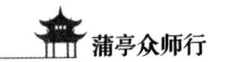

故事情境用动画的形式展现出来，很直观，学生很快就明白了新词新句的意思。学生理解了新词后，再对图片中发生的类似情境进行问答练习，及时巩固了对新词的理解和记忆。这种方式不仅避免了教师讲解翻译，更是培养了学生直接用英语思维的习惯。

三、科学提问，及时追问，培养学生逻辑推理能力

【教学环节3】

教材第二部分内容：桑姆和大明的故事

1. 教师问：What happened to Sam？ What happened to Daming？ 让学生自读课文寻找答案。订正后追问：What bumped Daming's head？ 学生不能回答，让学生再读课文找答案，同时教师提示：Did Sam fall off his bike？ Did Daming fall off his bike？ Daming didn't fall off his bike. Why did Daming bump his head？（学习新单词watermelon, bump——bumped）

2. 学生再自读课文，回答以下问题（采用追问形式让学生厘清文本）Where was the watermelon from？ Why did they buy a watermelon？ Why did Sam carry the watermelon on his bike？ Why were they hungry or thirsty？（学习新单词carry——carried, thirsty）

3. 学生再自读课文，回答问题：Why did Sam take Daming and the watermelon to the hospital？（学习新单词take...to..., hospital）

4. 教师问：Did Sam have a good time yesterday？ Why？（学生自由发表观点）

第一次根据此设计授课时，出现了两种状况：一是学生在回答Why did Sam carry the watermelon on his bike？ Why were they hungry or thirsty？这两个问题时不能从故事文本中寻找答案，他们按照自己的想法来回答，而他们的认知水平又不能用英语表达，就只能用汉语表达。二是可能问题难度有点大，学生理解问题题干有难度，在生词较多的情况下其阅读障碍更大，所以回答问题的学生人数较少。鉴于此情况，我对其中几个问题进行了调整，将特殊疑问句改为一般疑问句方式提问。第二次在另外一个班级授课时，学生都能阅读文本，再根据图片提示理解词义、句意，在教师层层追问之下，推断故事情节并正确回答问题。两次教学设计的问题都能引导学生阅读、梳理和整合文本并推断故事情节，进而转化为自己的语言表达。第一次的问题题干可能高于学生现有水平，只激发了少部分学生的阅读兴趣与积极性，多数学生处于被动状态，但是这少部分学生表现出的思维相当活跃。第二次调整后的问题比较符合大部分学生学情，学生参与面增加了许多。

提问是英语阅读教学中常用的方法之一，有效的、有意义的提问能激发学生阅读兴趣，提供想象空间，培养学生逻辑推断能力，并能拓宽学生思维，增强学生学习能力。而问题设置、提问技巧、教师引导以及追问发挥着至关重要的作用。首先问题设置要基于学生现有认知水平，可适当拔高或拓展，但难度不能太大，从知识层面达到知识不断复现与新知有效承接的教学目标。另外问题设置要基于文本又高于文本，从学生层面达到鼓励学生敢于根据所给信息形成英语新的概念的教学目标。其次教师提问要有技巧，追问要适时精当，当学生不知道怎么提取信息时教师要采用恰当的问题引导学生再读文本，当学生回答比较精彩时教师更要及时追问，引导学生理解和深层挖掘文本内涵，从学生层面达到拓宽学生思维的教学目标。最重要的是所有问题的解决必须放手于学生独立地仔细地阅读文本完成，也可以阅读文本后采用小组讨论的形式完成，教师要给学生充分阅读、思考和组织语言的时间，教师要给学生充分展示的机会，学生只有真实参与思考、学习与锻炼，其思维品质才能得到真实的发展与提升。

四、合理朗读、表演，培养学生理性表达和解决问题能力

【教学环节4】

1. 朗读

（1）播放动画，让学生跟读。

（2）学生自读。

（3）分角色朗读。

2. 表演故事：首先四人小组表演，然后点个别小组上台表演，其余学生仔细倾听，评析各组的表演。

3. 讲故事：①让学生扮演大明，向大家讲讲自己昨天的经历。

②讲讲自己的故事（过去发生的趣事、糗事等等）。

朗读文本可以增强学生语感，可以增强学生辨析能力；表演故事和讲故事是对故事内容的进一步理解，也是对语言的运用。教师引导学生表演或者讲故事，不仅会调动学生积极参与此活动的情绪，还训练了学生的听力及理解力，因为学生只有听懂并读懂了或者说理解了文本，才能正确组织语言并做出相应的表演，同时，通过表演和讲故事也能促进学生更积极地学习、理解、记忆相关词汇和句子，也能增强学生语言表达能力和解决问题的能力。

总之，发展学生的思维品质是一项长期的工程，持续的、系统的英语阅读教学是发展学生思维品质的有效途径之一，教师在阅读教学中深入解读文本，设计以学生为主体的多样的学习活动，有意识记忆和无意识记忆相结合，持续培养学生发现、辨析、理解、理性表达、解决问题等方面的能力，不断提升学生学习和思维能力，促进学生思维品质的发展。

参考文献：

[1]《普通高中英语课程标准（2017年版）》，人民教育出版社，2018.

[2]《鲁子问教授：英语学科核心素养要从四个方面落实》，2016.07.06.

浅谈"课外练笔"的重要性

井研县马踏镇黄钵小学校　潘介康

引言："语言构建与运用"是语文学科四大核心素养之一，因此，语文教学活动中的"习作"教学就成了增进学生语文学科素养，学习正确、熟练、有效使用祖国语言文字的集中体现，落实培养学生语文核心素养的重要方法和途径。自然而然，"习作"的教与学也就成了语文教学实践活动中的重点，然而教学实践告诉我们，"习作"却是语文教学中的难点，是广大语文教师时常思考、讨论、交流、欲解决而又难解决的问题。

一、学生习作困难的主要表现及原因

学生，尤其小学生，习作中的困难主要表现在：首先，选材困难。由于学生平时忽略了

对生活的观察与积累，临到习作，很难在短时间内检索到有用的信息，从而导致选材难，迟迟无法下笔，或者选材不当，偏离了习作主题，更有甚者，迫于教师要求胡乱应付；第二，驾驭语言文字的技巧显得生疏而笨拙，思维不开阔，记叙不完整，描写粗略，议论不能紧扣主题，想象贫乏，表达没有层次，缺乏真情实感；第三，只能借助一些习作范例，生搬硬套，东拼西凑，甚至全文抄袭，这样的习作毫无实质意义，完全背离了习作活动的本质要求，根本无法完成落实语文学科核心素养的教学要求。

习作，对于小学生来说确实是一件非常头痛的事情。造成学生习作困难的因素是多方面的，既有教师因素，也有学生因素，但无论是教师因素，还是学生因素，其中有一个因素，应该得到广大语文教师的重视，那就是课外疏于练笔。

小学语文部编教材中，第二、第三学段编排的习作活动有限，通常情况是每个单元训练一次，一个学期共8次，加上小练笔2次，一个学期，学生的习作实践也仅有10次。要是在语文教学活动中，教师仅局限于如此有限的习作实践活动，那么，学生动笔行文的次数少，临到作文时，缺少素材，思路狭窄，习作技巧拙劣、生疏，一味闭门造车，纵然冥思苦想，也难以写出一篇像样的文章就不足为奇了。

二、落实语文核心素养，提升学生习作能力的对策

由于平时课堂上的教与学，受教师、教材内容、教学进度等多种因素的影响，学生习作的自主性难以发挥，而课外练笔却不受时间、空间、内容、外在人为因素的干扰与限制，学生能随时、主动捕捉生活中引起内在共鸣的点滴小"痕迹"，从而激发写作欲望与灵感，自由发挥，并及时记录下来。这样能充分发挥学生的主观能动性，由于受限少，学生的兴趣也会更高。通过长时间的课外练笔，学生就会积累下丰富的习作素材，在一次次的课外练笔实践中，学生能学会并熟悉一些表达方法与技巧，学生的习作能力便会得到渐进式的提高。在多年的教学实践中，我也就是这样做的。结果证明，凡养成了"课外练笔"习惯的学生，写作能力大大提升，考场作文用时短，一气呵成，高分层出不穷。

课外练笔之所以能多方面提高学生的写作水平，是因为课外练笔本身具有以下特点：

（一）内容的真实性

古人刘勰在《文心雕龙》中曾说过："为情而造文"，就是说优美的文章，必须表现真挚的思想感情。课外练笔正是引导学生把真实生活提炼成文句，表情达意。如某些时候，自己身边的人和事，文章某个感动的片段，均会产生强烈的表达欲望，胸中会有千言万语，想要倾吐为快。这个时候，完全可以行诸文字，并且锤炼词句。课外练笔的最佳时期，就这样不期而至。"用我手，写我心"，学生在这种氛围下写出的文章最具有真实性，真正地做到了"言之有物，言之有理，言之有序"。

（二）题材的丰富性

小学生课外练笔的领域极为广泛，在不同的时空条件下了然于心，适用于手。心里有什么，我就用笔写什么。来几句新事物，写数行欢乐事，直抒心中感触。著名儿童文学家冰心曾说过："心里有什么，笔下就写什么，此时此地只有一个真实的'我'……只听凭自己此刻的思潮如涌，选择所学的词句，从胸中流到纸上，从指上流到笔尖。"我们小学生内心的喜怒哀乐，生活中的种种感动，校园生活的多彩片段……都可以成为自由练笔的素材。每一次活动，每一件事情留下的影像就是自己练笔的素材之所在。

（三）形式的灵活性

课外练笔包括的范围即广阔的生活，题材可随手拾取，形式体裁也不拘一格。可写成生活日记、观察日记或周记，可写成感受、评论；也可以叙事，记人，写景……题目让学生自己来定。我鼓励学生把目光投向学校之外，在万花筒般的社会生活中，在美丽的大自然中，找寻心灵中精彩一瞬间。生活素材多了，写作次数密了，自然就觉得得心应手了。长期坚持不懈，很容易地形成了自己的特点和风格。

（四）手法的多样性

学生课外练笔，首先把视野引向学校、家庭、社会以及更广阔的大自然。生活内容的复杂性和多样性，决定了表现手法的多样性。学生在练笔时，如何做到"言之有物，言之有理，言之有序"呢？内容决定形式，对印象较深的，可以记叙，也可借事议理；对现实生活中的某种感动，可以独抒己见，发表评论，也可直抒胸怀。对大自然的各种美景可以形象描绘，也可用咏物抒情、托物言志。这样就使记叙、议论、抒情、描写等能力都得到了相应的训练。再加上自己对生活的那种感悟，那份灵感，多写多练，学生驾驭文字的能力就更上一层楼了。

俗语说"好记性，不如烂笔头"，坚持课外练笔，可培养学生写作兴趣，激发创作灵感，渐进式地提高作文水平，也是我们广大老师教好作文的重要方法。

结语： 小学语文习作教学，既是培养学生语文学科素养的重点，也是提升学生语文学科素养的难点。要突破这个难点，就需要广大语文教师在日常的教学实践过程中，既要重视习作知识的传授，为学生提供必要的习作示范，更应该为学生创造更多的实践体验机会，把课外练笔落到实处，尊重教育教学规律，大胆放手让学生自主练习。对于学生习作的评价，多运用欣赏、鼓励、理解、认可的教学机智，少一些批评指责，让学生更多地体验到习作成功的喜悦，培养并保护学生的习作热情，让学生主动积累习作经验，从而有效促成学生习作能力的持续提高。

启蒙与奠基
——学前教育教师的初心和使命

井研县教师进修学校（乐山开放大学井研分校）　李勇成

1978年，75位诺贝尔奖奖金获得者在巴黎聚会。有记者问当年诺贝尔物理学奖获得者卡皮察："你在哪所大学、哪个实验室里学到了你认为是最重要的东西？"出乎意料的是，这位白发苍苍的老人回答道"是幼儿园"。记者愣住了，又问："你在幼儿园学到了什么呢？"老人如数家珍地说道："在幼儿园里，我学会了很多很多，把自己的东西分一半给小伙伴们。不是自己的东西不要拿，东西要放整齐，吃饭前要洗手，做了错事要表示歉意。午饭后要休息，学习要多思考，要仔细观察大自然，从根本上说我学到了全部东西，就是这些。"

诺贝尔奖获得者的话充分体现了幼儿教育的重要性，孩子从幼儿阶段学到的东西将影响他一生。

一、幼儿教师的初心和使命

就是开启未来，奠基人生。

《中共中央国务院关于学前教育深化改革规范发展的若干意见》中指出："学前教育是终身教育的开端，是国民教育体系的重要组成部分，是重要的公益事业"，"坚持规范管理，遵循幼儿身心发展规律，实施科学保教……促进幼儿健康快乐成长"。"到2020年，全国三年毛入园率达到85%，普惠性幼儿园覆盖率（公办园和普性民办园在园幼儿占比达80%）"。"至2035年，全面普及学前教育"。

大力加强幼儿园教师队伍建设，"健全教师培训制度，出台幼儿园教师培训课程指导标准，实行幼儿园园长、教师定期培训和全员轮训制度。……重点加强师德师风全员培训，非学前教育专业教师会员补偿培训和未成年人保护方面的法律培训……切实提高教师专业水平和科学保教能力"。

严格教师队伍管理。强化师德师风建设，通过加强师德教育，完善考评制度，加大监察监督，建立信用记录，完善诚信承诺和失信惩戒机制等措施。提高教师职业素养，培养热爱幼教、热爱幼儿的职业情怀。对违反职业行为规范，影响恶劣的实行"一票否决，终身不得从教"。

"注重保教结合，幼儿园要遵循幼儿身心发展规律，树立科学保教理念，建立良好的师幼关系。"

二、幼儿身心发展规律和特点

（一）在生理发育基础上，幼儿能较好地控制自己的身体和动作，能学习和掌握一些基本的职能。【动作技能】

主要指幼儿大动作技能和精细动作技能的发展。

据研究，人的大脑有1500多亿个细胞，其中神经细胞120亿个，其中98.5%~99%的细胞处于休眠状态，大约有1%~1.5%的细胞参加脑的神经活动。每个人脑中活动的细胞量多少决定着每个人的聪明与记忆。所谓神经活动的细胞，是指一个神经细胞与另一个神经细胞，由神经链连接起来，形成神经回路，产生各种高级神经活动。

新生婴儿大脑重有400克左右，3岁时脑重量已达1080克，4~5岁则增加到1350克，已基本接近成人1400克的重量。儿童脑重量的增加是由于神经细胞结构的复杂性和神经纤维分支增多，长度伸长造成的。幼儿成长到4至5岁已经具备了进行精细动作的生理基础，为幼儿教育奠定了基本条件。

（二）由于心理和言语的发展，幼儿通过与客观互动增加，与周围人们的交往逐渐形成其智力。【认识和语言发展能力】

主要指幼儿感知觉、记忆的发展，概念、判断、推理的发展。

玩是孩子的天性和权利，也是开发他们智力的重要有效手段。这个时期，幼儿对外界的刺激特别敏感，容易接受外界信息，儿童的先天潜能发挥得最好、最充分，从而获得某种能力。

布卢姆认为："5岁以前是儿童智力发展最迅速的时期"。研究表明：2~3岁是儿童口头语言发展的关键期，4~5岁是儿童学习书面语言的最佳时期。

（三）游戏是幼儿的主导活动，是幼儿的生活内容

玩游戏使孩子的注意力、观察力、记忆力、想象力、思维能力得到充分的发展。

弗洛伊德认为，个体在进行游戏时，体验着潜意识的作用，每个人的游戏都是填补不能满足的愿望和克服创伤性事件的手段。

埃里克森则认为，游戏是情感和思想的一种健康的发泄方式。在游戏中，儿童可以"复活"他们的快乐经验，也能修复自己的精神创伤。

桑戴克认为，游戏是一种学习行为。

皮亚杰认为，游戏是儿童对世界的探索。

维果茨基认为，游戏是一种高度的动机行为，它的实质是愿望的满足。

可见，游戏对幼儿的发展起着至关重要的作用。它不仅符合幼儿的认知特点，能唤起幼儿的感知、观察、注意、记忆、思维、想象等，还能在轻松愉快的氛围中促使幼儿智力的发展。

（四）幼儿园的社会性和人格发展

幼儿开始形成最初的人格特点，除先天气质特点外，幼儿的人格萌芽已经受到外界环境的强烈影响。

幼儿性格年龄特征表现为：A、活泼、好动。B、好奇、好问。C、好模仿。D、好冲动。

这一阶段，幼儿社会化行为开始形成，并形成了初步的社会认识。如对自我、对他人、人际关系、社会群体、社会角色、社会规范、社会生活事件的认知。

很多心理学家认为，幼儿心理健康十分重要，这一阶段的心理创伤对其以后人格发展有难以估量的影响。在幼儿期限的心理功能的发生形成的关键期，如言语、智力、人格、情感等。

三、幼儿学习与发展

幼儿园教育应尊重幼儿的人格权利，尊重幼儿身心发展规律和学习特点，以游戏为基本活动，保教并重，关注个别差异，促进每个幼儿富有个性发展。

幼儿园教育是全面的、启蒙性的，可以相对划分为健康、语言、社会、科学、艺术等五个领域。在领域的内容相互渗透，从不同角度促进幼儿情感、态度、能力、知识、技能等全面发展。

（一）健康

健康是指人在身体、心理和社会适应方面的良好状态。

发育良好的身体，愉快的情绪，强健的体质，协调的动作。

良好的生活习惯和基本生活能力是幼儿身心健康的主要标志，也是其他领域学习与发展的基础。

幼儿可以建立良好的师生、同伴关系，学习科学的生活常规、生活习惯和生活自理能力，安全和自我保护意识，以及勇敢、坚强的意志品质，乐观、合作态度。

（二）语言

语言是交流和思维的工具，幼儿期是语言发展，特别是口语发展的重要时期，幼儿语言的发展贯穿于各个领域，也对其他的学习和发展有着重要影响。

幼儿的倾听与表达，阅读与书写准备。

研究表明：2~3岁是儿童口头语言发展的关键期。4~5岁是儿童学习书面语言的最佳时期。

（三）社会

幼儿社会领域的学习与发展过程是其社会性不断完善，并奠定健全人格基础的过程。人际交往和社会适应是幼儿社会学习的主要内容，也是其社会性发展的基本途径。良好的社会性发展对幼儿身心健康和其他各方面的发展都具有重要影响。

组织幼儿积极参加集体活动，养成亲近他人、尊重他人、平等待人、互助合作的态度，初步形成人际交往技能。

鼓励幼儿喜欢并适应群体生活，遵守基本的行为规范，具有初步的归属感。

（四）科学

幼儿科学学习的核心就是激发探究兴趣，体验探究过程，发展初步的探究能力。成人要善于保护和发现幼儿的好奇心。

幼儿的思维特点是以具体形象为主，应注重引导幼儿通过直接感知、亲自体验和实际操作进行科学学习，不应为追求知识和技能的掌握，对幼儿进行灌输和强化训练。

（五）艺术

艺术是人类感受美、表现美和创造美的重要形式。

每一个幼儿心里都有一颗美的种子，幼儿艺术领域学习的关键在于充分创造条件和机会，在大自然和社会文化生活中萌发幼儿对美的感受和体验，丰富其想象力和创造力，引导幼儿学会用心灵去感受和发现美，用自己的方式去表现和创造美。

幼儿学会感受和欣赏，表现与创造的初步意识和行为。

（六）劳动

社会在发展，时代在变化，但是劳动依然是人类社会赖以生存和发展的基础，劳动教育依然是立德树人的基本内涵之一，幼儿园劳动教育是指劳动意识、劳动观念的教育。劳动促进幼儿的智力发展，培养幼儿良好道德品质，劳动教育还能促进社会能力的发展（幼儿社会角色的认知和社会交往能力发展）。

浅论教师与学生之间的矛盾

井研县教师进修学校（乐山开放大学井研分校）　廖频

摘要：老师和学生之间的矛盾形成，不仅有老师为了维护权威，不尊重学生，以有色眼镜看待、挖苦讽刺学生，以成绩至上的唯一标准品评学生；也有学生对老师的不尊重，学生的妄自尊大、唯我独尊的偏激思想；还有家长的无理取闹，推孩子的教育给学校；而且更有有失偏颇的社会舆论等多方面原因。要有效解决这些矛盾，离不开师生之间的沟通，老师要理解、宽容，以公平、公正之心对待学生，学生要理解、尊重老师，家长要和老师携手，共同为孩子营造良好的学习环境，法律更要赋予老师相应的惩戒权，才能促进学生身心健康成长，才能让他们成为社会主义的建设者和接班人。

关键词：教师；学生；矛盾

教学过程是师生进行认知信息交流的过程，是彼此情感交流的过程，是师与生、生与生之间在和谐的气氛中，老师无私地分享自己的知识，学生愉悦地享受学习的乐趣，是师生之间最和谐的旋律。但近来新闻头条不断有师生之间不和谐音符报道，如四川仁寿县一学生因对老师日常管理不满拿砖头打了老师，老师因抢救无效去世，江苏常州一小学生写了一篇《大圣三打白骨精》读后感，作文中感悟不要被社会上很多表面上的虚情假意所蒙蔽，因老师的批语是这句话没有正能量，结果这小孩子因为批语跳楼自杀。手机报或网络头条的新闻时时出现类似报道，在各种舆论宣传下，家长们对老师极端不信任，怕孩子在学校受委屈，有些学校为了消除家长的担忧，无奈之下只能安装监控让家长随时观察孩子在学校的日常，没有条件的学校，家长则让孩子带录音笔。种种尴尬下，老师不敢管学生了，对学生的一些不良习惯、行为听之任之，家长又觉得老师不负责任，要求学校换老师，于是老师和学生之间逐渐产生隔阂，这些隔阂日积月累，渐渐成为矛盾，矛盾不断因小事升级，最终就有了老师打学生，学生打老师，学生自杀老师被追责。究竟是什么原因造成了学生和教师之间这样的矛盾呢？我认为原因有以下几点：

（一）教师方面

1. 教师不尊重学生的个性差异，只求维护自己的权威

有的老师在教学之中，为了维护自己的权威，形成了如下想法：我想怎么做，你就一定要怎么做！如果你不按我说的做，那你就是不听我的，你就该受到惩罚！恰恰是老师的这种自以为是的权威，让学生对这样的老师非常反感。正值青春期的孩子与这样的老师产生冲突就更为激烈，于是老师这样说，学生就偏要那样做，就是不听老师的。老师呢，唯我独尊，不断地给这类学生施压，而学生就像加了压的弹簧一样，弹簧受不了压力断了时，师生之间的矛盾也升级了。

2. 偏见

老师用有色眼镜看学生，甚至用恶毒的语言辱骂学生，学生深恶痛绝，心生怨恨，师生矛盾越积越深。有的老师，当学生犯错时，不去了解真实情况，以有色眼镜看学生且极尽讽刺挖苦，甚至辱骂。有一位朋友对我说，他的孩子性格特别开朗活泼，属于爱闹腾的那种。孩子初二时的班主任一点儿都不喜欢他，常用有色眼镜看他孩子，班上其他同学犯错，班主任可以宽容，可以理性地批评，但是到了他的孩子，不管事与他孩子有无关系，只要被班主任抓住就会不分青红皂白地骂一顿。他气愤地说了件事："有一天中午一位孩子向他孩子借东西，他孩子让隔桌同学把东西传过去，结果这个传东西的孩子想扔过去，不想却扔到另一个孩子的脸上，那个孩子拿起来又扔向其他同学，于是全班开始击鼓传花，整个班闹腾了一中午。班主任发现后并没有批评其他人，单单把他孩子叫到办公室且不听他孩子的解释，骂他孩子："这个班都让你带坏了……你就是一颗老鼠屎……你以后只有当汉奸……"甚至后来他和爱人到了办公室，班主任当着他们也是这样骂的孩子。孩子说梦话都是对老师的恨。后来他们夫妻俩只能不离人地关注孩子，开导孩子，陪伴孩子。朋友说他和爱人在孩子初二那年提心吊胆地过日子，怕孩子产生过激行为，造成终身的遗憾。朋友说哪怕这事过去好几年了，孩子都不愿提起那位班主任，甚至别人说起孩子照样会咬牙切齿，不能释怀。

3. 老师成绩至上，唯成绩论

老师成绩至上，唯成绩论成了少数老师的评判标准，致使师生矛盾不断升级。有些老师，一味偏袒成绩好的学生，对学生不公正、不公平，对差生不闻不问，不关心他们的心理成长。成绩好的学生和成绩差的学生犯错，老师只会批评差生，久而久之，差生认为老师是针对他的，认为老师就是只看成绩，成绩好，哪怕犯的错再大也可以原谅，成绩差，哪怕做得再好，也得不到老师的关注、表扬。成绩差的学生在得不到老师的关爱后破罐破摔，更加不上进，成绩

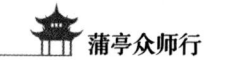

也越来越差，老师对此类学生也更加头痛，最终出现这样的怪象：老师认为这类学生就是朽木，学生认为这样的老师偏心眼，师生你瞧不惯我，我瞧不起你，双方恨不得从来没有认识过，师生哪有和谐，只有矛盾！

（二）学生方面

1. 学生尊师观念淡薄

当前对教师的认知是不公正的，一说到教师，就是高工资、不尽责、乱收费、乱补课、收礼、暴力等等，新闻上这样的报道比比皆是，学生对老师再不是崇拜，再不是敬畏，再不是尊敬。在校园，或听到有些学生毫无顾忌对老师说长道短，品头论足，直呼其名；或谈笑中以老师外貌缺陷取绰号，即使被老师撞见，也是面不改色心不跳；或昂首挺胸从老师身边走过且不屑一顾甚至翻白眼；更有甚者在课堂上对老师挥拳相向。学生不再尊重老师，这样的行为必然会影响老师教学，站在讲台上不过是为了生活，消磨了教师对工作的热情。

2. 学生心智不成熟

学生心智不成熟，"妄自尊大""唯我独尊"，哪怕一点点的挫折也承受不了，偏激的思想必然产生过激的行为。现在的学生个性鲜明，他们没有受过挫折，经过风浪，过着衣食无忧的生活，渐渐地变得"妄自尊大""唯我独尊"，根本受不得一点批评，一点挫折。特别是进入青春期的孩子们，自我意识更加膨胀，"老子天下第一"的傲气，这时可能一句话，一个词都会影响他们的思想转变，而老师的言辞不可能永远都是表扬，一旦忠言逆耳，思想偏激的学生就会有过激的行为，就如仁寿学生用砖打老师，江苏学生因作文被批负能量跳楼等，这样的行为不仅是家长永远的痛，也是老师永远的痛，试问这样的学生哪个老师又敢去说他的不对！

（三）家长方面

现在有很大一部分家长特别是农村的家长认为孩子学和不学是老师的事，孩子学习不好就是老师没尽责，而我国长久以来提倡的"快乐教学"，让许许多多的家长认为孩子快乐就好，学习不是最重要的，作业能完成多少就完成多少，完不成也没关系。而有些家长认为孩子只要在学校里不受到批评就行，如果受到了批评，那我就要找校长说个子丑寅卯出来。有位老师含泪说，班上有孩子总是不完成家庭作业，他在微信群对家长们说，如果有孩子一周有三次不完成作业，那么就让孩子去教室后面站着上一节。结果有位家长在群中说"郭沫若读书还逃过学，最终也成材了，如果不完成作业要站着上课就是对我孩子不公平"，并打校长电话要求严惩这位老师变相体罚学生。试问谁敢教这样的学生，而孩子成绩上不去却又是老师的错，是老师你没有教好我的孩子，哪怕是学生放学后出了事，都会归结到老师的身上，学生学得不好，考试成绩不理想了，一些"大帽子"言论就出现了："没有学不会的学生，只有教不好的老师"，"没有教不好的学生，只有不会教的老师"。但家长们就是忘记了，孩子是你自己的，教育孩子不是学校、老师单方面就能完成的，孩子的健康成长一定不能离开家长与老师共同的引领。

（四）社会方面

舆论的有失偏颇使老师批评惩戒学生缩手缩脚，甚至干脆放任不管，最终教师的教育教学受到掣肘。当前社会对教师职业有一些的偏见，想当然地认为当教师，假期长收入高哟……而一旦哪儿出现新闻说某某老师和某某学生发生了什么不愉快的事，不管这事儿的前因后果，舆论多数认定是老师的错。有失偏颇的舆论让老师不愿去批评、惩戒学生。这样的偏颇让老师极怕哪些爱小题大做，不断找学校，找教育局无理取闹，让教学秩序变得一片混乱的家长，这样的偏颇让老师们谈惩色变。碰上这样的家长，老师对其孩子的错本着多一事不如少一事的态度听之任之，放任不管。然而这样的后果就是，学生可以不听老师的话，可以不做作业，可以在课堂上随意下座位，可以在上课时连连怪叫，可以对老师大打出手。老师没了威信，课堂没了秩序，课堂教学谈何效率！而这样的学生，如何能成社会主义的建设者，如何能成社会主义的接班人！

（五）对策

这四个方面的原因使师生之间不断地产生矛盾，这些矛盾如何才能有效地解决呢？我认为有两点最关键：

1. 师生之间及时沟通，理性、宽容、公平、公正，家校合一

老师要想学生跟随课堂节奏，要想与学生心灵契合，在平时的学习和生活中就务必时时与学生沟通，沟通，再沟通，才能在课堂教学中与学生配合默契。同时老师也要多站在学生的角度想一想，如果自己处在那样的处境，会怎样想？怎样做？要以理解宽容、公平公正之心去处理各种矛盾，让学生接受自己。有些师生之间的矛盾可能是老师的一个不经意的眼神，一个不起眼的手势，一句不好听的话造成的。老师作为孩子思想的引领人，一定要充分地信任和尊重他们，在语言上一定要是积极的、乐观的、阳光的、正能量的。学生要尊敬老师，理解老师的一片苦心，这个世上除了父母，谁会不厌其烦地规劝、指正你的错误；谁会三番五次叮嘱你注意安全；谁会在你受到挫折，情绪低落时为你指点迷津，为你加油……唯有老师！而家长一定要记住"孩子是自己的""你才是孩子的第一任老师""你的言传身教会影响孩子的一生"。家长和老师一齐携手，共同营造一个轻松愉悦的学习环境，让孩子树立正确的人生价值观，促进他们的身心健康成长，使他们成为社会主义的"四有"新人。

2. 必须给老师一定的教育惩戒权

我们国家的教育提倡"赏识教育""快乐教育"已经很多年了，但我认为老师还是应该要有一定的惩戒权，俗话说"无规矩不成方圆"，"教育不是和风细雨"，"奖励和惩戒本来就是教育中不可或缺的一部分"，因为有些学生不交作业，上课说话影响他人，打同学，不管老师怎样苦口婆心地劝说还是屡教不改，对这样的学生必须有一定的惩戒。值得老师们高兴的是教育部 2019 年 11 月 22 日发布了《中小学教师实施教育惩戒规定（征求意见稿）》，提出了教育惩戒是教师履行教育教学职责的必要手段和法定职权，细化了惩戒内容，确立了教育惩戒权的法律边界，防止了广大教师滥用惩戒权。

总之师生关系是在教与学的双边实践过程中，通过师生人际交往而形成的教师与学生相互认知、信赖和情感亲近的一种特殊的社会关系，是教学活动的重要组成部分。师生关系的和谐与否对教学活动的进行起着至关重要的作用。师与生之间的矛盾要化解不能只有老师起主动作用，而必须是师、生、家、社四个方面共同努力才能完成。

参考文献：

[1] 何子威，浅谈教师与学生的关系 [J]，福建高教研究，2010（2）：26-27.
[2] 韦启旺，教师与学生沟通的艺术研究 [J]，教育观察，2013，2（8）：12-14.

"学以致用"是教育理论读书演讲的更高境界

井研县教师进修学校（乐山开放大学井研分校）　李晓君
井研县研城镇初级中学　李筱瑛

摘要： 本文以一次演讲比赛为案例，针对演讲中的共性问题，有主次地介绍了如何写好演讲稿，这是做好演讲的前提。重点介绍了如何写一本书的简介，演讲稿的内容要写学以致用的三个方面的内容：能引起共鸣的心得体会和感悟；学以致用，帮我们解决了教育教学上的什么问题；科学质疑。对写好演讲稿，做好演讲，有针对性的指导价值。

关键词： 教育理论；读书演讲；学以致用

引导教师学习新的教育理论书籍，不断提高教师研教执教的水平，是学校教师继续教育的内容之一；而开展教育理论读书演讲比赛，目的是看看教师学习新的教育理论书籍后，是否能解决自己教育教学中的问题，解决的程度如何。众所周知，演讲的好坏，看演讲稿。笔者近期参加了井研县雷刚地理工作室举行的"读书点亮生活　感悟教育真谛"演讲活动，结合其他学校和名师工作室教育理论读书演讲的情况，发现水平参差不齐。笔者根据自己的经验，分享如何完成高质量的读书演讲稿。

一、如何写一本书的简介

不少读书演讲比赛的演讲稿，首先要介绍演讲者读了什么人写的什么书，这本书的作者在教育教学上有何成就。其次，这本书写了什么内容，要阐明作者的什么教育理念。其中，这本书写了什么内容，要阐明作者的什么教育理念，不少演讲者就没有提纲挈领地把所读之书的主要内容和阐明的教育理念给高度概括出来，分享给听众。这样让听众无法知晓这本书是本什么内容的书，阐明了作者什么样的教育理念。那么，如何写一本书的简介，即主要内容呢？

1. 善于串连

一本书的书名，高度概括了一本书的教育理念；而一本书的目录，则是一本书内容的缩写。演讲稿要简介一本书的内容，把这本书的目录中的短语或句子，科学地串起来就成了。然后对照书名，就容易发现作者要阐明的教育理念了。

下面是笔者按上述方法，用《魅力课堂——高效与有趣的教学》一书目录中的短语，串起来的这本书的主要内容和要阐明的教学理念。

《魅力课堂——高效与有趣的教学》的主要内容与阐明的教学理念

时下中小学掀起了课堂教学改革的热潮，出现了一批课堂教学改革的新著，《魅力课堂——高效与有趣的教学》就是其中的一本。这本书，作者以二辑十章的篇幅，用中小学各科的案例，主要是语文和数学的案例，阐述了自己高效与有趣的教学的内涵是：一要"把握教学内容"，从五个方面入手:"高层次的学科素养","高品质的思维能力","扎实的学科基本功","正确先进的价值观","通联广达"。二要"把握教学形式",做好这五点:要"引生入'胜'","好问题驱动教学","打比方举例子作比较","让学生动起来","乐趣兴趣情趣"。这样做,就能让课堂充满魅力。

上述这段文字,虽还不够透彻,但比较准确地简介了这本书的主要内容与要阐明的教学理念。演讲者通过演讲,结合课件展示,就一目了然地将本书的主要内容呈现给听众。

一次成功的读书演讲的第一步,要尽量通过目录和正文中的标题,串起这本书的主要内容;对照书名,找到要阐明的教育理念。然后才能把本书的主要内容和阐明的教育理念,准确地分享给听众,让听众通过演讲者的口,了解这本书到底写了什么,这是成功演讲的第一步。

2. 功于提取

如果要透彻地、准确地高度概括这本书的主要内容,则要结合时下的教育改革要求和潮流,在读懂读通这本书的前提下,结合本书的目录和正文中的标题去提取。一是通过这本书每章节的下级目录或内容去提取,二是通过研读每一章节的内容去概括,三是将前两种方法融合。我们以这本书的部分章节为例。进行说明。

这本书的作者在"把握教学内容"的第一章"高层次的学科素养"下级目录中,有这么一段话,见横线处。

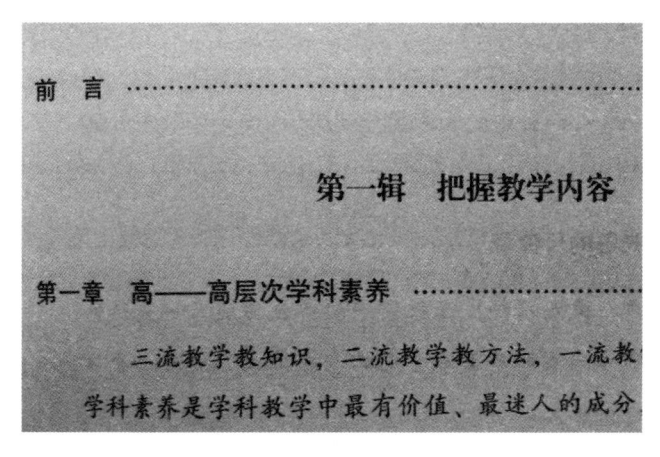

在知识爆炸各学科教学内容教不完的今天,各学科的教师如何整合"用"好教材而不是"教"教材,是八仙过海,各显神通。教师要把这门学科中有别于其他学科的最有价值最迷人的成分筛选出来,教给学生。那么,什么是最有价值的学科知识?一个标准,就是这门学科知识中对学生今后生活与发展有用的那部分知识,把这部分知识筛选或提取出来。这部分知识就是"最有价值最迷人"的知识。

读者如果认真阅读本章后,会赞同笔者对这本书关于数学、语文学科知识特点的提取、概括和串连:

作者认为义务教育的数学学科"最有价值、最迷人的成分",一是"数学的精神、数学的思想研究的方法和着眼点",[1] 二是揭示数理规律的知识。而义务教育的语文学科"最有价值、最迷人的成分"则是:"文化传承","人生感悟","情感共鸣","美的熏陶"。[2]

上面这段文字中,关于数学学科知识的特点的概括,引号内的内容是书中的短语,"揭示数理规律的知识"，是阅读书中第3~8页内容后的概括。而语文学科知识特点，引号内的内容，则来源于书中的三级标题。

演讲者将自己对这本书每章节准确的解读，用规范的简明的文字描述出来，在描述的过程中，凡能用作者原句和短语的，尽量用作者的原句和短语，以保持演讲内容忠于原著的原汁原味。

演讲者将自己对这本书的每章节的准确解读，用简明的规范的语句概括出来，串成一篇短文，就是关于这本书的精准的内容提要，也就是提取的主要内容。

二、"学以致用"——教育理论读书演讲的更高境界

理论是用来指导实践的，教育理论读书演讲比赛的更高境界，是"学以致用"。包括三个层次：

第一个层次——能引起共鸣的心得体会和感悟

我们听到的不少读书演讲，演讲者主要演讲自己读书后的众多感悟。这些感悟，心得体会多，但老调新弹，或新瓶老酒，缺少新意；质疑和致用不足，没有深度；感悟零散杂乱，哪些是作者的观点，哪些是演讲者的解读和感悟，哪些是作者的做法，哪里加入了演讲者的新创，混淆不清，交代不明，等等。这些问题，影响了演讲的质量和效果。那么，什么样的心得体会和感悟，才是演讲值得分享的呢？

演讲者读了这本书，结合自己的教学实际，肯定有不少的心得体会和感悟，从中筛选出有特色的心得体会和感悟，看看个人的这些有特色的心得体会感悟，哪些能代表同行的心声，哪些能反映目前本学科教育教学存在的共性问题；再看看这些心声和问题中，哪些是急切需要解决的，把它们提出来，运用本书新学到的哪些理论，分析这些心声和问题的成因，提出解决的对策。这才是值得分享的心得体会和感悟。

第二个层次——学以致用，帮我们解决了教育教学上的什么问题

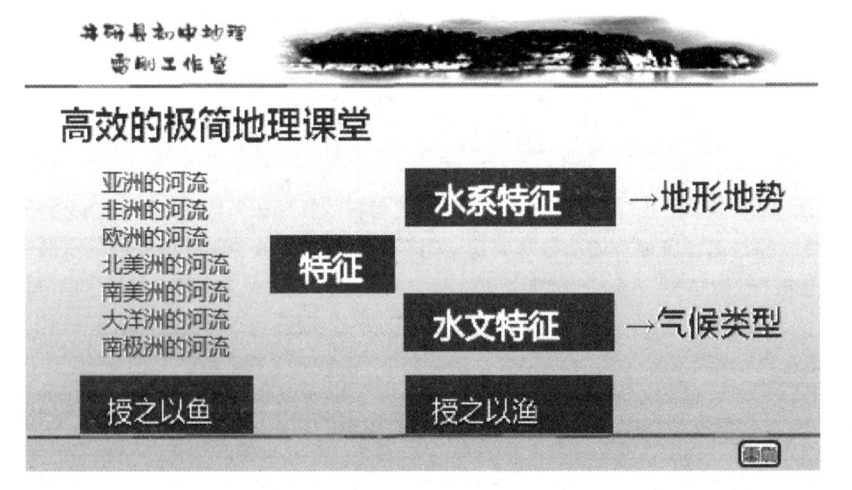

更多的时候，我们阅读教育理论书籍，是想找到解决自己教育教学中存在的问题的良方。雷刚地理工作室的名师培养对象马踏中学的淡丽老师，就做得较好。她介绍了《魅力课堂——高效与有趣的教学》的主要内容后，抓住本书构建高效课堂的主张，结合本工作室研究构建

极简初中地理课堂的改革目标和初中地理知识的特点，为初中地理教师支着：建议选择一个代表性的案例，通过这个案例，教给学生规律性的知识，学生习得这个规律性的知识后，就容易举一反三地去掌握同类地理知识。她以《亚洲的河流》为例，通过引导学生学习《亚洲的河流》，习得亚洲河流的特征由水系特征和水文特征组成，水系特征受地形的影响明显，水文特征受气候的影响显著。学生习得这一规律性的知识后，就能运用这一规律性的知识，自主解决同一类型的如欧洲的河流、北美洲的河流等的知识，而不必每个大洲的河流都要去学习。从而节约教学时间，实现极简导学。

另外，三江初中的李建钢老师，分享了《读懂一本书：樊登读书法》中的"沉浸式讲书法"，让他理解了同伴的课堂做法，并用于改革自己的课堂教学。胜泉初中的程海军校长从《学习究竟是什么》一书的"刻意练习"中，找到了改变一个人不良习惯的路径：现有习惯的后果——写下障碍——把你要改变的习惯，告诉一人，让他监督你——一次专注一个习惯，并从可接受的程序入手。

那么，教育理论读书演讲"学以致用"应如何写呢？

先摆明演讲者在教育教学中有什么困惑或问题，这个困惑或问题对自己教育教学的影响；然后交代清楚所读教育理论书籍中的什么内容或哪些内容，是如何对接你的困惑或问题，让你找到了困惑或问题破解的新方法、新路径或新策略等。自己是否已经在实践中去验证？在实践中去验证时，所读教育理论书籍中的这些内容，哪些有用，哪些进行了自己的"加工"，效果如何？如果只是理论上的解惑或解决问题，就要说明要在教育教学的实践中去验证理论，丰富理论。如果已经在进行实践，一定要遵行实事求是的科学精神，如实汇报实践的情况。

第三个层次——科学质疑

教育理论没有绝对的真理，任何理论都来自实践，且要在实践的基础上发展。在这个教育理论倍出的今天，一些理论可能是谬论，敢于运用科学的理论，在阅读教育理论中发现谬论，大胆质疑，不仅是教育良知的体现，更需要教育勇气。可以说，我们的演讲比赛多的是心得体会感悟的呈现，少有学以致用的交流，鲜有大胆质疑的声音。这种质疑包括对同一理念的不同解读、勘误、指正、学术争鸣，等等。

《魅力课堂——高效与有趣的教学》的作者，在该书第一章中，对义务教育语文这门课程有别于其他课程的特点的描述是："文化传承"，"人生感悟"，"情感共鸣"，"美的熏陶"。笔者执教过小学、初中、高中的语文，对语文这门学科的特点，也曾有过深入的思考。笔者认为这本书的作者，更多的是从"语情"的角度，来描述语文学科的特点，但它忽略了语文首先是门工具。笔者认为，语文就是用语言文字为工具，描述古今中外不同时代的人类的生存状态以及不同时代的人对人类生存状态的认知（看法）。如果忽略语文首先是门工具，其主张的"文化传承""人生感悟""情感共鸣""美的熏陶"的载体是什么？是建筑？是绘画？是音乐？是数字？显然不是，是能够独立并能替代这些的语言文字。

上面这段文字，则是对《魅力课堂——高效与有趣的教学》的作者关于语文学科特点的不同解释。这属于温柔的学术争鸣。

不少教育理论书籍读书演讲比赛，很少有这种教育教学理论与实践的争鸣、勘误、指正等，而这些内容的演讲，更能说明教师对教育理论阅读研究得深，并与教育教学实践中存在的问题结合思考得好，而这却更能推动教育理论建设更健康、更好地为教育教学实践服务发展。这是教育理论书籍读书演讲"学以致用"的更高境界。

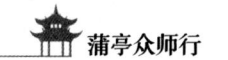

三、演讲稿的构成

（一）标题

教育理论读书的演讲稿，忌用所读书名后缀"读后感"三字作为演讲稿的标题，如《读〈魅力课堂——高效与有趣的教学〉有感》，这样写，没有把你最深的感悟表达出来，无法出彩。

规范的写法是：将你最深的感悟用诗意的语言描述。如《走向教育的星辰大海——读〈魅力课堂——高效与有趣的教学〉有感》《以〈概念为本的课程与教学〉：培养核心素养的绝佳实践》。

通过演讲标题，第一时间揭示自己演讲的主旨，让听众通过标题，先入为主地记住你要讲什么，赢得先机。如果标题不能揭示你演讲的主题，演讲的第一印象则不突出。

（二）正文

1. 首段

首段是演讲稿的开篇之言，规范的写法是：为什么要读这本书——这是谁写的这本书，书名的全称是什么。

2. 第二部分

简介作者在教育教学领域的成就，简介这本书的主要内容。简介这本书带给我的感悟或收获。用语简明、准确为好，为下面的精彩部分的出现作铺垫。

3. 精彩部分

演讲内容虽不拘一格，但以"学以致用"为要务。自然演讲的精彩部分，就是"学以致用"部分，它是演讲的重点，也是难点，是百花齐放。"学以致用"主要包括：能引起共鸣的心得体会和感悟；学以致用，帮我们解决了教育教学上的什么问题；科学质疑。

（三）找准主题

写演讲稿，先要通过活动主办方的标题，找准演讲的主题，围绕主题去提取你所读之书与主题直接相关的内容及其自己的感悟。本次读书演讲比赛的标题是"读书点亮生活 感悟教育真谛"。所读之书点亮的是"教书"这一职业生活，感悟的是所读之书中的教育教学的"真理"，所写的内容是所读之书中的"何真理"，能解决自己教育教学中已有的"何问题"、"何疑惑"，解决得什么样。

（四）演讲稿的语言

演讲须在规定的时间完成，用语简明、准确、直截了当，阐述要深入浅出，善于将专业术语、生动的生活语、演讲语有机结合，达到通俗易懂、雅俗共赏的演讲效果。

（五）演讲

1. 着装：整洁大方，最好穿职业装，化淡妆。
2. 语速：适当，不能过快。
3. 要有激情。
4. 边讲边观察听众的反映，调整自己的语速和语调。

如果你是评委和听众，是不是渴望通过听演讲，听到让人耳目一新的心得体会感悟，感受到振聋发聩的教育呼声，闻到符合教育规律的大胆质疑，得到可以借鉴的教学新招。如果都是泛泛而谈的心得体会感悟，是不是听之无趣，用之无效，耗时劳命啊。

上述建议，只是笔者旁观者清的个人观点。相信在一线的教师，对于教育理论书籍的读书演讲稿如何写作，演讲才能更加出彩，比笔者更有高招。抛砖志在引玉，祝愿我们的教师通过读书演讲，多读书，读好书，也写好书。

注释：
[1] 赵希斌，魅力课堂——高效与有趣的教学，华东师范大学出版社，2021:2.
[2] 赵希斌，魅力课堂——高效与有趣的教学，华东师范大学出版社，2020:2-17.

守正创新，精准施策，井研师训新作为

井研县教师进修学校（乐山开放大学井研分校）　李勇成　但木根　陈国祥　邝德友

"教师教育是教育事业的工作母机，是提升教育质量的动力源泉。"近三年来，井研教育积极探索教师全员培训新思路、新机制、新举措，全面提高教师队伍素质，为推动全县教育事业优质均衡发展做出了新贡献。

一、立足现实，破解难题，确立全员培训新思路

井研是一个经济欠发达的浅丘农业县，因多种原因，教师队伍年龄结构老化，"断层"现象突出。教师参训热情不足，发展动力不强，教学理念滞后，教学技艺不精，思想素质和业务素质已不能完全适应新时代教育教学工作的要求。

面对严峻现实，教育局新一届领导班子确立了"112"工作思路，即坚持一个引领（党建），围绕一个中心（教学质量），握牢两大抓手（队伍建设、基础建设）。以"永葆激情，敢于担当，坚定信心，勇于创新"的工作状态，促进井研教育内涵提升，助推县域教育优质发展。

为了加强教师队伍建设，打造一支高素质、专业化、创新型的教师队伍，我县的总体思路是：

（一）实施"1332"教师培养计划

通过3~5年培训，培养10名蒲亭教育名家，30名井研教育名师，300名学科骨干教师，2500名能胜任教育教学的学科教师。

（二）开展干部、教师全员培训

通过全员集中培训，提升教师思想素养和教育理念；通过全员干部轮训，提升干部政治素养和管理水平；通过全员校本研训，提升教师教学能力和教育科研能力。

二、守正创新，精准施策，落实全员培训新举措

（一）创新机制，充分激发教师参训热情

1. 完善激励机制

（1）完善质量奖励机制。制定《井研县中小学教育教学质量评价奖励办法》，设立教育质量专项奖励。

（2）完善绩效考评机制。修订《学校（单位）目标管理工作实施办法》，对全县义务教

· 217 ·

育学校奖励性绩效工资分配实施分类考核、同类评比、差异分配,全面打破校际、校内"大锅饭"现象,充分体现"多劳多得,优绩优酬"原则。

(3)完善晋职晋级机制。教育系统各级各类优秀人员推荐、职称评定、干部调整等均把教育教学质量作为核心指标。

2. 建立培训机制

(1)打造教师培训团队。大力加强各级骨干教师、学科带头人、教育名师、特级教师的培训、管理和使用,建立本土教师培训团队。

(2)构建研训实施体系。建立"县级培训机构—责任督导区—学校—教导处(教科室)—教研组—教师个人"六级教师研训实施体系,强化研训过程管理,确保各个环节质量。

(3)建立培训主体责任。根据县培训部门、本土培训团队和学校实际,制定主体责任清单,明确教师培训任务;紧盯重点,签订教师培训责任书;量化考核,促进教师培训工作制度化、规范化。

3. 健全督查机制

成立教育局督查股,采用随机巡查方式,对学校常规工作包括师训工作进行全方位巡查。发现突出问题制发专刊通报,发点球到人到岗,明确整改要求,落实整改时限,并通过"回头看"检查整改到位情况。

4. 建立惩戒机制

制发《井研县教育系统对干部教师进行提醒、函询和诫勉的实施办法》,对每年教学质量综合考核排名靠后的学校或教师,由教育局进行集体约谈。

(二)精心部署,科学制定培训实施方案

1. 健全机构,明确职责

成立以局长为组长,分管副局长、师训部门负责人为副组长的教师全员培训工作领导小组,根据培训项目具体情况,设置工作组开展工作,明确职责,落实责任。

2. 开展调研,确定主题

为了增强培训的针对性和实效性,采取座谈、问卷、课堂诊断等多种方式,多方面搜集教师培训需求信息,在分析归类的基础上聚焦培训主题。

3. 设置课程,精选教师

根据培训主题,制作培训模块,将培训模块上传省教科院等培训机构,委托培训机构精选专家和名师担任授课教师。授课教师与我县具体商谈,确定培训课题,完成课程设置。

(三)创新模式,精准实施教师全员培训

1. 全员集中培训

(1)全员集中轮训。2018年3~4月,邀请省内知名专家学者,分8期,每期3天,围绕十九大精神解读、师德师风、教育教学、班级管理、心理健康等内容对全县教师开展全员集中轮训。通过培训,全县教职工以德立身、以德施教、立德树人的育人理念得到更新。

(2)全员集中培训。2019年3月23日至24日,围绕学科核心素养、教师专业发展、信息技术与学科深度融合、师德师风等内容,采取现场直播方式,以井研中学录播教室为主会场,52个教室为分会场,对教师全员开展同步直播培训。由全国、省级知名专家李松林、李存金、郭斌、徐猛授课。通过培训,促进了教师教学理念和专业发展意识的迭代升级。

2. 全员干部轮训

（1）校长培训、教导主任（教科室主任）培训

2018年，围绕党的十九大精神、党纪党规教育、当好校长所需专业知识与能力等内容举办乐山市"十三五"校长任职提高培训"井研班"。全县62名校级干部参加培训，提高了全县学校的管理水平。

2019年，对全县教导主任（教科室主任）开展了三期教学管理拓展训练。训练内容丰富多样，包括借班上课、听课评课、质量分析、经验交流、主题演讲、专题讲座等，时间短，容量大，训练紧张但收益很大。

（2）财务培训、党务干事培训

2018年，对全县154名校长、总务主任开展了为期3天的井研县教育系统"十三五"财务人员集中培训，4名专家为参培的中小学校长、财务人员作了6场精彩的专题讲座，提高了学校后勤管理水平，为有力防范和化解财务风险提供了保障。

2018年，在县委党校首次举办党务工作者培训，全县公办学校（单位）及部分民办学校69名党务工作者参训，促进了全县教育系统党建工作的提质升级。

3. 全员校本研训

校本研训是教师培训的有效途径。全县各级各类学校按照教育局"立足岗位、全员参与、一校一品、常态发展"的总体要求，探索形成了多种类型的参与式校本研训模式，促进了校本研修活动的蓬勃开展。

（1）扎实开展校本研训

校长、教导主任经过县级培训以后，认真落实相关要求，带领教师扎实开展"五个认真研究"常规研训活动。

①认真研究作业布置：比较不同教材（教学辅导用书），分析出题人的意图，比较题的优劣，进行修改并思考如何设计作业。

②认真研究作业批改：分析学生作业错误案例，先独立分析，后交流分享，再实践反思、总结升华、改进教学。

认真研究教学设计：独立备课形成初案；交流讨论形成改进方案；借鉴网络资源形成三次教案。

④认真研究真实课堂：一是观摩名师名家课堂，开展教学案例分析；二是开展同课异构，上课教师借班上课，提前上交教学设计，课后撰写教学反思；三是开展一期一次的赛课活动，本土培训团队的专家教师全程参与磨课、观课、议课，与听课教师一起全面评课、全新评课、高标准评课，并跟踪指导上课教师。

⑤认真研究考试：以学生身份做试卷，并评分；研究命题及评分标准，树立学生意识。

"五个认真研究"活动，聚焦"质量"核心，瞄准教学过程，为研训一体化搭建了支架。譬如，县幼儿园"跨步共享户外自主游戏中教师的有效观察与适时介入研讨"，既促进了教学研究的深入，又促进了教师保教能力的提高。

（2）积极打造研训特色

①广泛开展各类联合教研。一是学科联合教研。通过中小学英语联合教研发展到各个学科的联合教研，不仅培养了一大批中小学学科教师，也促进了教学质量的全面提升和中小学在教学内容和教学方法上的过渡与衔接。二是跨县"教研联盟"。自2014年起，井师附小与

五通实验小学、犍为新城小学、沙湾小学结成跨县"教研联盟"。通过每年的春、秋两季四校轮流开展多个学科教学研究活动，增进了校际交流，也促进了教师、学科和学校发展。

②巧借"东风"开展校本研修。近年来，井研中学积极探索教师培训新模式，形成新经验。一是"跟师跟岗"。运用政府采购方式，与教育培训中标公司合作，对师生开展"跟师跟岗"培训活动；二是远程直播。与成都七中东方闻道网校合作，通过开设直播班，让部分师生在上课、考试、作业等环节与成都七中前端班师生同步开展直播课程，有效促进了教师专业发展。

（四）亮点纷呈，基本形成全员培训体系

1. 构建了县域教师全员集中培训模式

（1）操作模式

模式一：全员轮训（一批＋二批＋…，分期轮训）

模式二：集中培训（主会场＋分会场，同步直播）

（2）管理模式（"五个到位"）

课程到位：前期调研＋设置课程＋聘请专家

参与到位：签到考勤＋听课笔记＋心得体会

管理到位：行政班主任＋单位负责人

巡查到位：教育局领导＋股室负责人

服务到位：承办学校＋后勤班主任

这种模式适合培训体量不大、培训资源短缺的丘区农业县；有利于节约成本、开阔眼界、解决工学矛盾，借用优质资源提高区域培训品质，促进教师快速发展。

2. 构建了县域教师分层分类培训新机制

（1）递进式分层培训：新教师培训—青年教师助力培训—骨干教师培训—教育名师培训

（2）并列式分类培训：校长培训＋教导主任培训＋总务主任培训＋党务工作者培训

3. 构建了六级校本研训实施体系

县级培训机构—责任督导区—学校—教导处（教科室）—教研组—教师个人

4. 构建了区域联合教研制度

（1）中小学联合教研、低幼联合教研

（2）跨学区联合教研、跨区县联合教研

5. 构建了"四环九步"课例研修模式

四环：确立主题—研课磨课—成果展示—总结提升

九步：（研课磨课）三晒三议三改

6. 构建了"学·思·炼·晒"四步培训迁移模式

教师参加培训——受训教师总结反思——提炼培训内容——举办讲座或上展示课

三、真抓实干，砥砺奋进，师训工作取得新成效

（一）教育发展彰显活力

2019年12月17日，《中国教育报》第五版以《围绕教育中关键的人做文章——位"外来"局长的教育经》，整版报道了井研县教育发展、教师培训的工作情况。6月18日，《教育导报》第4版以《组织部来的教育局长》为题，整版报道井研教育事迹，教育导报、川教之声、乐山教育微信公众号相继头条推送。沙湾区、犍为县、九龙县相继实地考察井研教育尤其是

教师培养情况；市委常委、宣传部长于丽，市委常委、市纪委书记喻在岗先后调研井研教育，给予一致好评。

2019年全年，井研教育累计荣获省市县表彰奖励25项，比2018年增加12项。

（二）教师发展持续向好

通过培训，全县教师的思想素质大幅提升，教育理念得到更新，教学能力得到提高，干事创业的积极性得到充分发挥。

2019年，教师参加乐山市各类教学展评活动，6人获一等奖，17人获二等奖，10人获三等奖；参加乐山市优秀论文评选活动，50余人分别获得一、二、三等奖。与2018年相比，教学比赛和论文获奖人数增长20%；研城中学杨云梦在四川省初中语文教师教学能力展评活动中获一等奖；王佑东在"一师一优课 一课一名师"活动中获教育部一等奖，谭徐、漆建春和张玉强的事迹被学习强国四川学习平台刊载。2019年，名师工作室组织教师32人先后送教到了美姑县、马边县、宝兴县等地，所授的课获得了师生们高度赞扬。井研中学郭金玉到菲律宾支教，其敬业态度、专业精神得到菲律宾方面的高度认同。教师们的优秀研修成果《茫溪流韵——井研县教师培训实录》由经济日报社出版并公开发行。

（三）特色项目稳步推进

建立了研城小学、井师附小、研城中学等群文阅读实验基地，"研创学习"课改基地，研城小学等"品格教育"实验学校；创建了10个县级名师工作室；新增省、市、县级教育科研课题50多个。

（四）农村名校崭露头角

2019年，井研中学、马踏中学、研城中学、井师附小荣获乐山市教学质量管理一等奖。井研中学百年校庆活动彰显国学内涵。研城中学学生足球队在乐山市校园足球联赛中荣获初中组第一名，并代表乐山市参加四川省初中学生校园足球联赛。

（五）教学质量大幅提升

教学质量调研测试取得可喜成绩。高考再创辉煌。中考总平均分由全市第七名上升到第三名，语文排名第二。小学市抽考总评排名较去年相比上升了3个名次，英语学科平均分全市排名第一。成功举办首届"平安杯"社会主义核心价值观主题教育艺术展演活动，展示了井研县素质教育成果，深受社会各界好评。

四、正视现实，瞩目未来，寻求师训工作新突破

（一）积极探索学科全员培训的体系和模式

通过建设学科培训基地学校，组织全县学科教师分期分批到基地学校参加学科培训，提高教师学科教学能力。

（二）积极探索"抱团发展""强弱结对"等校本研训模式

力争通过努力，形成体系和特色，提高研训质量。

（三）大力加强骨干教师培养

进一步合理配置好教师资源，让全县各级各类学校均有自己的师训力量。

展望十四五共盼师训新篇章
——井研县教师培训报告

井研县教师进修学校（乐山开放大学井研分校）　但木根　陈国祥

"十四五"时期是我国开启全面建设社会主义现代化国家新征程、向第二个百年奋斗目标进军的又一个五年。国家进入新发展阶段对教育提出新要求，教育必须与国家事业发展要求相适应，夯实经济社会发展和国民素质提升的根基，培养更多适应高质量发展的各类人才。落实立德树人根本任务，要把培养教师作为教育根本的根本。为此，作为教师培训部门，按照高质量发展、精准化培训的要求，"以教师发展为中心"谋划未来，为打造一支高素质、专业化、创新型的教师队伍而努力。

一、教师、校园长培训需求、困难和建议

（一）面临现状

我县教育面临的最大挑战就是师资队伍整体素质不够高，学科带头人、骨干教师偏少，学科发展不均衡。我县教师能力素质提升面临的主要问题可以概括为"三低三少"。

1. **专业水平低**

从总体上看，全县中小学教师的学历水平基本达标，从任课教师担任学科所需要的专业角度来考察，其专业水平偏低，缺乏相应的学科知识，课程知识和学生管理知识不足，因此专业知识和业务能力难以适应新形势下教育发展的需要。

2. **教学水平低**

一是业务素质不高。部分教师继续教育和终身学习意识不强，专业知识陈旧，教育科学知识贫乏。二是能力素质欠佳。部分教师不能使用现代化教学手段和教学设备，缺乏教育、教学综合能力。三是心理素质偏低。部分教师难以适应教师特殊劳动的需要，情绪不稳定，敬业精神较差，缺乏创新意识。

3. **师训人员理论水平低**

我县培训管理人员，大部分来自于一线，具有丰富的教育教学实践经验，但理论水平总体不高，培训方案研制、培训课程的设置、培训评价标准制定、训后跟踪指导工作开展难度大。

4. **培训机会少**

由于乡村学校规模小、办学经费紧缺，乡村学校人员编制偏紧，工学矛盾突出，乡村教师教学工作较重等原因，教师外出培训机会少，能力素质无法得到根本提高。

5. **教学名师少**

据调查，目前全县有特级教师2人，教育名师26人，省市县校级骨干教师781人。但他们大多分布在全县规模较大的学校，而规模较小的乡村学校只有一两名代表，有的甚至一个也没有。这样的不均衡现象，使得乡村学校教学质量和教学研究以及教师队伍整体素质受到了一定影响。

6. 收入待遇少

县域内教师收入待遇和乡村学校教师补贴标准不高；对完成工作任务的教师同县域内其他事业单位工作人员目标奖励额度差异较大。教师工作积极性受到一定影响。

（二）存在的困惑

1. 进一步激发县域教师参培积极性、主动性，变"要他培"为"他要培"，有效解决参训学员工学矛盾。

2. 开展更高效的需求培训调研，设计出体现主题式、递进式的实效性强的培训课程。

3. 设计科学合理的培训考评细则，让考评更全面、科学、真实有效。

4. 有效的训后跟踪，推动学用结合，让培训在"动态迭代"中不断地优化、调整、完善，促进参训教师专业的可持续性发展。

5. 实现"国培""省培"与"市培""县培""校培"的有机融合，构建立体化、多元化、本土化的县域教师培训体系。

（三）培训需求

1. **教师培训需求**：对职业道德和心理健康通识培训；对部分紧缺学科教师进行学科培训。希望专家学者到基层实地考察，深入课堂，现场指导。聚焦细化的小接口的问题作为培训的内容，进行课程设置。多开展送教下乡活动，送教送培要与研课、磨课、教材解析、课堂示范的培训方式结合起来，采取混合式培训、集中培训＋分散、线上＋线下的学习方式，实施整校整学科培训，以便教师训后教研，培训部门训后跟踪。组织外出跟岗名师名校学习，开阔视野，更新教育教学理念。

2. **校园长培训需求**：多开展学校管理专项培训，多提供外出学习机会，多与名师、名校长对话，提升解决办学重点难点问题的能力，在专家指导下凝练办学思想、创新教育实践。

（四）工作建议

1. **建立乡村教师继续教育新机制**

一是走出去，请进来。每年安排一定数量的乡村教师脱产进修，邀请各级专家和名师开展教师培训。二是加强乡村教师和校长的教育培训工作，努力构建乡村教师终身教育体系，实施"乡村教师素质提高工程"，开展以新课程、新知识、新技术、新方法为重点的新一轮教师全员培训和继续教育。三是为乡村教师搭建专业发展平台。分学区设立远程教育站，通过QQ群、微信群、工作坊、名师工作室等多种形式，用现代教育手段培训师资，提高乡村教师的教学水平，弥补乡村优秀师资不足的缺陷。举行"优质课竞赛""教师基本功竞赛"等比赛，以激发教师专业发展的积极性，增强教师培训实效。

2. **加强乡村名师、名校长队伍建设**

一是采取有效政策，吸引优秀人才到乡村任教，鼓励城镇教师到乡村支教；二是采取多种方式定向培养"一专多能"的本土化乡村教师，切实解决乡村学校缺少骨干教师和骨干教师不稳定的问题；三是探索乡村名师、名校长公开遴选、培养、管理、使用机制，打造一批德才兼备、结构合理、相对稳定的乡村学校名师、名校长队伍；四是建立特级教师、教育名师、骨干教师考核和津贴发放制度，鼓励乡村教师学习提升，专业发展。

3. **合理核定乡村学校教师编制**

综合考虑乡村中小学区域广、生源分散等特点，结合生师比和班师比合理核定教职工的编制。

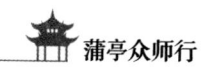

4. 改善乡村学校学习、工作环境

一是进一步添置教育教学设施，满足教师教育教学需要；二是进一步加快网络基础设施建设，建立乡村教师图书馆，为教师读书、学习提供基本条件。

5. 提高乡村教师社会、经济地位

一是优先发展教育，鼓励全社会尊师重教，切实保护教师的合法权益；二是加大经费投入，提高县域内教师收入待遇，提高乡村学校教师补贴标准，全面提高教师经济地位；三是要对完成工作任务的教师给予同县域内其他事业单位工作人员相同额度的目标奖励。

6. 加强乡村学校师德师风建设

关注教师精神成长，用师德塑造教师灵魂，规范教育教学行为，培养教师甘于寂寞、乐于奉献的精神，让每一位教师都能爱岗敬业、爱生如子。开展评选"最美乡村教师"活动，寻找"最美乡村教师"，寻找教师的最美故事，成就教师，发挥榜样作用，提升教师的职业幸福指数。

7. 建立乡村学校教师激励机制

党委政府、教育部门、学校应该努力创造一种奖勤罚懒、鼓励先进、重用能人的机制。在职称评审、福利待遇等方面向乡村教师倾斜，向骨干教师倾斜，向优秀的中青年教师倾斜。

8. 县与县之间多交流，采取"抱团发展""强弱结对"等研训模式，形成我市教师培训体系和特色，提高研训质量

9. 建立市（县）级教师培训网站，让全市（县）教师共享优质的培训资源

在实施各级各类的培训过程中产生了大量优质资源，由于缺少平台，这些资源受益面有限，建议建立市（县）级教师培训网站，上传优质的培训资源到网站，让全市（县）教师共享。优质培训资源包括专家讲座、名师课堂、教研课改资源等等。根据全市（县）每个学段、主要学科、不同类型学校（条件好的学校为A类、条件较好的学校为B类、条件差的学校为C类），采取对应"约课制"，邀请对应的一线名师（骨干）上课，并进行课堂实录，上传到市（县）教师培训网站上，供不同类型学校教师学习借鉴。

10. 强化培训团队专项研修

对我市承担乡村教师培训任务的骨干教师、学科带头人、名师、专兼职培训者、研训员采取集中面授与网络研修相结合的方式，进行培训能力提升专项培训，打造高水平专兼职培训团队，从而形成各级各类学校自己的师训力量。

二、教师、校园长发展体系建设的初步设想与工作计划

（一）初步设想

1. 立体开放的承训体系

在国培引领下，构建"国培—省培—市培—县培—校培"五级联动的新型教师培训体系。

2. 构建六级校本研训实施体系

县级培训机构—督导责任区—学校—教导处（教科室）—教研组—教师个人。

3. 培训设置遵循的原则

以国培为引领，由散点式走向进阶式，实施全员培训，抓实校本培训，促进全县教师专业成长。

（二）工作计划

1. 以国培为引领，创新培训模式

按照每年省市下达"国培计划"相关培训的项目任务要求，认真组织实施好国培计划项目，

借鉴国培计划创新培训模式和改进培训薄弱环节。

2. 由散点式走向进阶式，促进教师自主发展

统整教师职业生涯的各个学习环节，明确教师从入职、上岗、熟练、骨干、名师、名家各个阶段的培训与学习内容，并结合教师个人成长规划，自我设计学习方式、自我提升学习成效，清晰教师专业发展的学习和培训路径，进阶内容和目标明确，教师的专业发展才更具自主性、多样性、特色性。

（1）新教师入职培训

培训对象：新聘教师（入职培训和见习期培训）。

培训内容：教师职业道德、教学常规、班级管理与班主任工作艺术、教育科研。

培训方式及时间：集中培训，在8月下旬集中组织实施，时间5天。

（2）全县中小学县级骨干教师培训

培训对象：遴选出的全县中小学县级骨干教师。

培训内容：以中小学教师专业标准、基础教育新课程、教育教学技能、教学研究、信息技术应用教育等为主要内容，更新骨干教师教学观念，改进教学方法，提升教学水平，促进城乡教育更加均衡化发展。

培训方式及时间：县内集中培训，在10月集中组织实施，时间3天。

（3）教育名师工作室研修（培训）

培训对象：10个名师工作室主持人及35名培训对象。

培训内容：基础教育改革与发展展望、师德与心理健康、中小学课堂教学变革、教师核心素养、教育科研、教育名师发展途径、现代信息技术与课堂深度融合。

培训方式及时间：选定的省外高校集中培训，在7月中旬组织实施，时间7天。

（4）开展校级干部培训

培训内容：党的十九大精神、党纪党规教育、当前井研经济社会发展形势与任务，当好中小学校长所需专业知识与能力等。

3. 实施两类全员培训，促进全县教师专业素养整体提升

（1）开展全县教师全员集中培训

培训对象：全县学校（单位）全体教师。

培训内容：师德与心理健康、教育科研、信息技术、高品质课堂。

培训方式及时间：邀请省市教育专家、一线名师为授课教师，采取集中培训+分散研修方式进行，时间待定。

（2）全县教师人人开展校本研训

教研室、进修校认真贯彻落实上级教育行政部门对教师培训工作的相关要求，制定校本研训指导意见，通过县级、区级教研会，促进学校教师人人开展"五个认真研究"校本研修活动（认真研究作业布置、认真研究作业批改、认真研究教学设计、认真研究真实课堂、认真研究考试）。"五个认真研究"活动，聚焦"质量"核心，瞄准教学过程，为研训一体化搭建支架。